200만 회원 웹사이트는 어떻게 만들어지는가

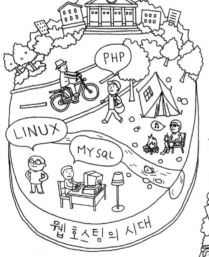

무료홈페이지의 시대

FREE
1998
GAMESS.co.kr
HTML

웹호스팅의 시대

PHP
LINUX
MYSQL

SERVER HOSTING
LOG
AD
DOMAIN

서버호스팅의 시대

CLOUD
KT Cloud
AWS

클라우드의 시대

200만 회원 웹사이트는 어떻게 만들어지는가

지은이 황영준 | **1판 1쇄 발행일** 2015년 6월 10일
펴낸이 임성춘 | **펴낸곳** 로드북 | **편집** 장미경 | **디자인** 김준(표지), 박진희(본문)
주소 서울시 관악구 신림로 29길 8 101–901호 | **출판 등록** 제 2011–21호(2011년 3월 22일)
전화 02)874-7883 | **팩스** 02)6280-6901

ISBN 978-89-97924-16-5 93000
정가 25,000원

이메일 chief@roadbook.co.kr | **블로그** www.roadbook.co.kr

예제 소스 다운로드
http://www.roadbook.co.kr/143

질의 응답 사이트
http://roadbook.zerois.net

시작하라, 그러면 여러분도 200만 회원 홈페이지의 주인장이 될 수 있다

이 책은 필자가 16년간 운영한 그리고 지금도 운영하고 있는 게임세상(http://www.gameSS.co.kr)이라는 커뮤니티를 **나홀로 기획/개발/운영/디자인** 하면서 200만 회원이 될 때까지 몸으로 부딪히며 배운 내용을 담고 있다.

게임세상은 크게 4가지의 시대를 겪으며 운영되는데 이 책 역시 4개의 시대로 구분하여 내용을 구성했다. HTML로만 만들어진 **무료 홈페이지의 시대**부터 PHP와 MySQL과 같은 개발적인 내용이 있는 **웹 호스팅의 시대** 그리고 홈페이지를 알리고 분석하는 방법과 돈을 벌어들이는 방법 중 하나인 온라인 광고에 대한 내용이 있는 **서버 호스팅의 시대**, 마지막으로 비용의 효율성을 위해 선택한 **클라우드 호스팅의 시대**로 구분된다.

홈페이지는 단순히 개발하면 끝나는 무기물이 아니다. 애완견을 키우듯이 끊임없는 관심과 애정을 보여주어야 조금씩 커나가며 결국은 많은 이들이 사랑하는 홈페이지가 된다.

이 책은 개발적인 내용보다는 운영 방법에 대한 내용에 더 많은 지면을 할애하고 있다. 필자가 전문 개발자가 아니기 때문이기도 하지만 어떻게 운영을 하는지가 개발 못지 않게 중요하다고 생각하기 때문이다.

이 책 중간중간에 자주 하는 이야기지만 필자가 제일 중요하게 생각하는 점은 무엇이 되었건 시작해 보라는 것이다. 기획/개발/디자인/운영에 대해 전혀 모른다고 홈페이지를 만들 수 없는 것은 아니다. 그리고 홈페이지를 만든다고 무조건 수많은 회원을 가져야 하는 것도 아니다.

본인이 관심 있어 하고 좋아하는 것들을 하나씩 하나씩 학습하고 홈페이지를 통해 실제 적용하고 또한 홈페이지를 방문하는 사용자들과 함께 호흡하는 일들은 홈페이지를 통해 수익을 내는 것과는 상관없이 분명히 재미있고 의미가 있는 일이다.

필자는 L게임을 서비스하고 있는 게임회사에서 웹 기획과 웹 PM 업무를 담당하고 있다. 만일 게임세상이라는 홈페이지를 만들고 운영하지 않았다면 어쩌면 웹과는 전혀 상관없는 일을 하고 있을지도 모를 일이다.

아쉽게도 지금의 게임세상은 금전적으로는 크게 성공을 하지 못했지만 16년간의 홈페이지 운영은 필자를 웹 전문가로 발전시키는 데 아주 큰 도움을 주었다.

처음 홈페이지를 만들 때 200만 회원을 만들려는 목표가 있었던 것은 아니다. 다만 꾸준히 운영하고 관심을 갖고 발전하려고 노력하다 보니 어느덧 200만 회원이 되었다.

이 책을 읽는 독자라면 분명히 필자보다 더 큰 열정과 능력이 있다고 생각한다.

시작하라 그러면 여러분도 200만, 아니 1,000만 회원을 가진 홈페이지의 주인장이 될 수 있다.

마지막으로 책 제목부터 내용 하나하나까지 많은 관심을 가져주신 충훈님과 종오님 그리고 책의 삽화와 표지 디자인에 도움을 준 김준님과 늘 웹에 대해 함께 고민하고 있는 서호님, 의영님, 희성님, 진호님, 경석님, 정혁님, 성환님과 이 책을 쓸 수 있도록 도움을 주신 유석문 이사님께 감사의 말을 드린다.

2015년 5월 비오는 어느날
신사동의 한 사무실에서 황영준

1. 이 책은 웹에 대한 완전 초보자가 어떻게 200만 회원 웹사이트를 만들어갈 수 있는지 구체적인 과정을 담은 책이다. 무료 홈페이지시대 → 웹 호스팅의 시대 → 서버 호스팅의 시대 → 클라우드 호스팅의 시대를 단계별로 거쳐보길 추천한다. 앞 단계라고 해서 구시대적인 내용이 아니다. 처음엔 무료 홈페이지부터 시작해볼 것을 추천한다.

2. 실습은 단계별로 따라 할 수 있게 정리하였다. 혹 실습 과정에서 화면이 조금 바뀌었거나 책과 다른 점이 있다면 당황하지 말고 먼저 비슷한 메뉴를 찾아 시도해보고 그래도 안 되면 로드북 Q&A 사이트에 질문을 올려 해결하길 바란다.

3. 강조할 부분은 박스로 정리하여 기억이 쏙쏙 될 수 있도록 했다. 박스를 만나면 주의 깊게 다시 한번 생각하는 시간을 가져보길 바란다.

> 서버의 리소스를 손쉽게 선택함으로 사용자에 최적화된 물리적 환경을 유지할수 있고 결국 이는 비용의 절감으로 연결되게 되는 것이다.
>
> **클라우드 호스팅의 가장 큰 장점은 서버의 리소스를 쉽게 변경할 수 있다는 점이다.**

4. 이 책의 실습 언어는 PHP로 되어 있다. PHP라고 무시하지 말자. 페이스북도 처음엔 PHP로 만들었다는 걸 아는가? 그리고 PHP를 몰라도 상관 없다. 이 책이 PHP의 모든 것을 알려주진 않지만, 최소한 자신감은 갖게 해줄 것이다. 시작하라. 그리고 하나하나 배워나가면 된다.

```
index.php
파일로 저장

<?
    include("header.php");
    include("contents.php");
    include("bottoms.php");
?>
```

5. 궁금한 사항은 Q&A 게시판에 문의하길 바란다. 문의한 순간 저자와 담당 편집자에게 바로 확인 메일을 보내고 최대한 빠른 답변을 받을 수 있다.

http://roadbook.zeris.net

08_모바일 홈페이지에 대한 이야기

09_홈페이지 운영의 성공과 실패에 대한 생각

01

200만 회원을 만든
웹 운영자 이야기

"시작하라, 그렇지 않으면 아무것도 이룰 수가 없다."

200만 회원을 보유한 게임세상을 운영한 지 어느덧 16년이 흘렀고 이 책을 통해 게임세상을 만들면서 배웠던 것과 고민했던 것, 그리고 실패했던 것을 글로 남겨보려고 한다. 필자가 모 게임회사에 다닐 때 어떤 분과 우연히 웹에 대한 이야기를 나눴고, 과거 게임을 자주 즐기던 시절 게임세상을 많이 이용했다는 이야기를 들은 적이 있다. 세상에 많고 많은 사람들 중에 내가 만들고 운영했던 홈페이지를 잘 이용했다는 이야기를 듣는 기분은 참으로 묘했다.

지금은 한때의 오만함(?)과 운영 미숙으로 방문자가 많이 줄어든 서비스이긴 하지만, 16년간 운영된 게임세상을 통해 내가 경험했던 것들을 공유한다면 웹을 꿈꾸는 사람들에게 조금이나마 도움이 될 수 있겠다고 생각하여 이 책을 쓰기로 결심하였다.

90년대에 유행하던 것

1990년대의 대세는 하이텔, 나우누리, 천리안과 같은 PC 통신이었다. ATDT 01410, 이야기, 하늘소, 머그 게임은 그 당시 IT에 관심이 있었다면 누구나 기억하는 단어일 것이다. 1990년대 말에는 한메일이라는 이름의 무료메일 서비스와 야후와 같은 검색포탈의 등장으로 한국의 인터넷 전성기가 시작되었고, 세이클럽, 네띠앙과 같은 다양한 인터넷 서비스들이 오픈되던 시기였다.

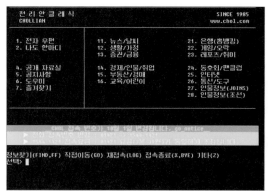 

▲ 1990년대의 PC 통신 천리안(왼쪽)과 하이텔(오른쪽)

또, 스타크래프트, 디아블로, 둠2, 삼국지 시리즈는 그 당시 게임을 즐겨하던 사람이라면 누구나 알고 있는, 말그대로 대박 인기 있는 게임이었다. 필자 역시 게임을 정말 좋아하는 게임 매니아다. 중학생 시절 APPLE IIe에서 플로피 디스크로 즐겼던 로드러너는 아직도 필자의 머리에 크게 각인된 게임이었다.

1990년대의 필자는 다양한 게임을 즐기는 것이 무엇보다도 큰 즐거움이었다. 이러한 게임들을 즐기기 위해서는 하이텔의 게오동과 같은 커뮤니티에 유저들이 올린 다양한 글이 큰 도움이 되었다. 하지만 아쉽게도 PC 통신의 자료들은 통신비와 월이용요금 때문에 무료로 이용하기에는 어려움이 있었다.

당시 언론에서는 연일 인터넷 이야기가 화제가 되었고 필자 역시 인터넷을 통한 홈페이지에 관심을 가지게 되었다. 홈페이지를 만들면 누구나 접속해서 자료를 쉽게 공유할 수 있다는 인터넷 홈페이지는 필자에게 큰 충격으로 다가왔다.

> 아! 홈페이지를 만들자. 내가 즐겼던 게임 정보를 공유할 수 있는 공간을 만든다면 무료로 누구에게나 게임 정보를 제공해 줄 수 있겠다.

라는 생각이 바로 게임세상의 이야기가 시작되는 시발점이 된다.

(사실 이러한 사이트들이 인터넷에 없지는 않았다. 하지만 2% 부족한 사이트들이었다)

필자가 홈페이지를 만들기 전에 한 일은 바로 자료 모으기였다. 천리안과 하이텔 나우누리의 모든 유료 계정을 가지고 있던 필자는 PC 통신 내 게임 동호회의 자료실부터 게임사의 공식 홈페이지까지 모든 사이트를 돌며 자료를 모으기 시작했다. 이렇게 모인 최초의 매뉴얼과 치트(게임을 손쉽게 플레이할 수 있는 숨겨진 키워드) 자료는 약 200여 개, 모든 파일들을 하나씩 압축하고 이름을 달고 HTML의 기초적인 태그들을 공부하고 드디어 게임세상을 인터넷에 오픈하게 된다.

무료 홈페이지 시대의 게임세상

1998년 5월 18일, 필자가 태어난 날도 아니고 필자의 군대 전역 일도 아니며 또 누군가의 기념일도 아니다. 바로 게임세상이 세상에 태어난 날이다. 그 누구에게는 아무렇지도 않은 날이겠지만, 필자에게는 어떻게 보면 필자의 인생을 바꾼 날이다.

만일 게임세상이 존재하지 않았다면 어쩌면 필자는 지금과 같은 IT 업종에서 웹을 전문적으로 다루는 일을 하지 않았을지도 모른다. 게임세상을 오픈하면서 인터넷에 더 많은 관심을 가지게 되었고, 현재는 게임회사에서 웹 기획과 PM 업무를 천직으로 여기며 살고 있다.

▲ 초창기 게임세상의 화면

위에 보이는 화면은 바로 게임세상의 초창기 버전의 모습이다. 당시에 나름 야후를 벤치마킹(?) 해서 나홀로 한땀한땀 만든 사이트이다. 이때는 my.netian.com/~hahoo라는 도메인(3-2절 참고)으로 게임세상은 시작된다.

게임세상을 처음 만들었을 때의 하루 방문자가 3명(필자 본인과 친구들)이었다. 이렇게 시작된 홈페이지는 시간이 지나고 자료가 추가되면서 서서히 방문자가 늘게 된다. 이 시기에 하루에 100명정도가 웹사이트를 방문했던 것으로 기억한다.

네띠앙에서 제공하는 무료 홈페이지를 이용하던 이때에 HTML의 기본적인 태그들과 기초적인 포토샵 등을 학습하며 사이트를 운영했다. 무료 홈페이지 시대에서 배운 HTML 태그에 대한 내용은 앞으로 **2장. 무료 홈페이지의 시대**에서 좀더 자세히 다룰 예정이다.

무료 홈페이지에서 게임세상의 운영은 사실 너무나 재미있었다. 나날이 늘어가는 방문자와 조금씩 늘어가는 자료들은 홈페이지 운영의 참재미를 알게 해주었다. 하지만 혼자서 운영하는 홈페이지는 많은 어려움이 있었다. 슬슬 늘어나는 유저들의 지속적인 자료 요청 글들, 저장공간의 한계, 네트워크 트래픽 제한 등 홈페이지 운영을 위한 가장 기본적인 문제점들이 하나 둘씩 발생하게 되고 이러한 문제점을 무료 홈페이지만으로는 해결이 어렵다는 걸 느끼게 된다.

이렇게 발생된 문제점들을 해결하기 위한 대안이 바로 웹 프로그래밍이 가능한 환경이 제공되는 웹 호스팅 서비스로의 이전밖에는 없다는 점을 알게 되고 비용을 들여서라도 웹 호스팅으로 서비스를 이전해야겠다는 결정을 하게 된다.

이전을 결정하게 된 때의 게임세상 방문자수는 하루에 500명쯤이었다. 물론 회원가입 시스템이 전혀 없던 때였기에 회원은 당연히 0명이었다.

웹 호스팅 시대의 게임세상

게임세상이 웹 호스팅으로 서비스 이전을 했던 때는 1999년 11월 즈음으로 기억한다. 사실 처음부터 게임세상이 유료 웹 호스팅을 이용했던 것은 아니었다. 1990년대 후반만 하더라도 일부 호스팅 업체에서 무료로 웹 호스팅 서비스를 제공했지만 이러한 무료 서비스는 역시 개발환경이 지원되기는 하지만 여전히 제한된 저장 공간과 트래픽에 대한 문제점이 있었다.

웹 호스팅으로 서버를 이전한 후에 게임세상에는 회원가입 기능과 자료실 업로드 기능 등 다양한 개발적인 기능들이 추가되었고 운영적으로는 사용자의 자료 업로드가 가능해지게 된다. 물론 사이트 규모가 지속적으로 늘어나자 어쩔 수 없이 무료 웹 호스팅에서 유료 웹 호스팅으로 서비스를 이전할 수밖에 없었다.

이때 하루 방문자가 5,000명쯤이었던 것으로 기억한다. 이때의 도메인은 http://hahoo.new21.net 이었다.

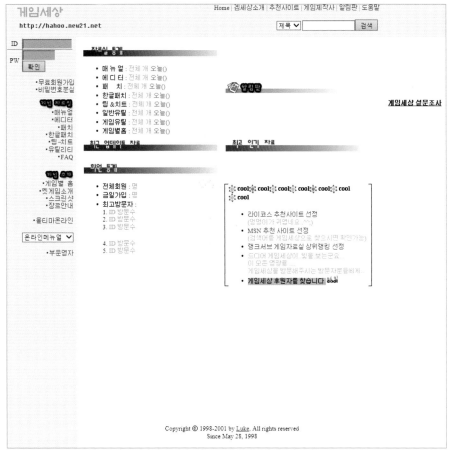

▲ 웹 호스팅 시대의 게임세상

이렇게 게임세상은 나날이 발전하게 되고, 회원가입 시스템을 도입한 2001년 6월부터 하루 150명씩 가입하던 회원은 2002년 하루 약 500명씩 가입하는 사이트로 발전하게 된다.

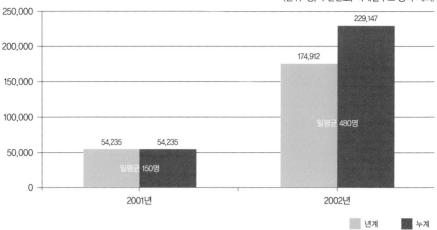

(단위: 명, 주민번호, 이메일주소 중복 제외)

▲ 게임세상의 일평균 회원가입자수

이 당시에는 유저들이 하루에 수십 개씩 게임자료를 업로드하였다. 웹 호스팅을 통해 게임세상을 운영하던 중 웹 호스팅 업체로부터 한통의 이메일을 받게 된다.

사이트 트래픽이 과도하여 더 이상 웹 호스팅 서비스는 불가하다

는 메일이었다.

사실 웹 호스팅이라고 하는 것은 하나의 서버에서 여러 개의 홈페이지가 운영되던 것이었고 게임세상의 과도한 트래픽은 결국 한 서버에 있던 다른 사용자들이 운영하던 홈페이지에도 영향을 끼치게 된다. 결국 이러한 과도한 사이트의 트래픽은 서버 호스팅으로 이전을 할 수밖에 없는 상황에 몰리게 된다.

3장. 웹 호스팅의 시대에서는 어떻게 웹 호스팅 환경에서 PHP와 MySQL을 이용하여 홈페이지에 필요한 핵심 서비스를 개발하는지 자세히 다룰 예정이다.

서버 호스팅 시대의 게임세상

서버 호스팅의 운영 비용은 사실 필자가 예상하는 비용을 훨씬 상회했다. 월 10만원 내외의 운영비용이 들어가던 웹 호스팅에서 월 30만원 이상의 서버 호스팅으로의 서비스 이전은 필자에게 금전적으로 사이트 운영에 대한 큰 부담으로 작용하게 된다. 이때 고민하게 되는 것이 어떻게 하면 사이트를 더 많이 알릴지 그리고 어떻게 하면 수익을 통해 운영 비용을 보전할 수 있을 것인가였다.

2002년 서버 호스팅으로 이전 당시 게임세상은 누적 회원 20만명, 일 방문자수는 약 1만명에 이르게 된다. 꾸준히 방문자가 늘던 게임세상 역시 홈페이지의 얼굴인 도메인의 필요성을 느끼게 되며 게임세상GameSeSang의 영문약자인 "www.gameSS.co.kr"라는 도메인으로 서버 호스팅으로 이전과 함께 새로운 얼굴을 가지게 된다.

▲ 서버 호스팅 시대의 게임세상

이렇게 나날이 발전되고 있던 사이트에 비용적인 투자를 할 만한 여력이 없던 필자는 어떻게 하면 저렴하게 사이트를 운영할까, 어떻게 하면 돈을 벌 수 있을까를 고민하게 된다. 이때 배우게 된 것이 바로 온라인 광고를 통한 수익 창출과 사이트의 트래픽을 줄이는 방법 그리고 본격적인 사이트 알리기에 대한 방법과 사이버 머니의 도입 등이었다.

게임세상의 사이버 머니인 GM은 2002년 9월에 도입하게 되는데, 이때 누적 회원 30만명, 하루 방문자수 3만명 정도를 유지하고 있었다. 사이버 머니의 도입과 꾸준한 운영으로 4년이 지난 2006년까지 게임세상의 회원은 누적 170만명, 하루 방문자수는 10만여 명까지 증가하게 된다.

이때 게임세상을 활성화했던 방법으로 로그 분석을 통해 사용자의 검색어를 분석하고 네이버나 국내 유명 포탈사이트의 인기 검색어 순위, 인기 게임의 자료를 우선적으로 업로드하는 운영 방법 그리고 검색 엔진에 최적화된 텍스트 기반의 홈페이지가 그러한 역할에 크게 기여하지 않았나 생각된다. 이때 네이버나 야후와 같은 검색엔진에서 **스타크래프트 매뉴얼**이라는 검색어를 입력하면 게임세상에서 제공되는 자료가 최상위에 뜨기도 했었다.

이렇게 나름 잘나가던 게임세상의 트래픽을 이용하여 구글 에드센스를 이용한 온라인 광고, 제휴 광고, 제휴 쇼핑몰 등의 운영을 통해 월 30~40만원 정도의 운영비용은 충분히 충당되었고 어느 정도의 수익도 냈었다.

하지만, 잘나가던 2006년을 지나 2007년부터 2011년까지 게임세상을 운영하던 필자는 게임세상 운영에 거의 손을 놓게 된다. 손을 놓게 된 가장 큰 이유는 이직한 회사에서 너무 바쁘기도 했지만, 온라인 광고를 통해 들어오는 수익과 잘되고 있다고 안도감이 필자를 오만하게 만들었던 것 같다.

하루 최고 10만여 명의 방문자수를 보이던 게임세상은 2011년 5천명으로 방문자가 줄어들게 된다. 참고로 아래의 그래프는 게임세상의 누적 회원수와 회원가입자수에 대한 수치를 보여주는 그래프이다.

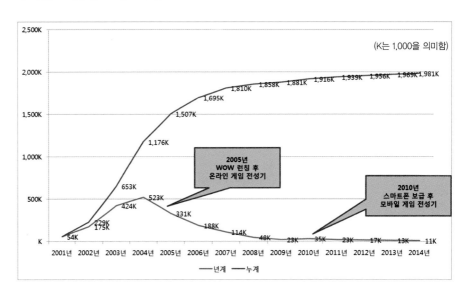

2005년에는 월드 오브 워크래프트와 리니지를 통해 온라인 게임이 한창 활성화되던 때였고, 이때 기존 PC 게임 위주의 정보 제공 사이트에서 온라인 게임 정보 제공 사이트로의 변화를 놓친 게 무엇보다도 큰 원인이 아니었나 하는 생각이 든다.

안일한 운영과 시기를 놓친 서비스의 도입 등은 결국 게임세상을 쇠락의 길로 들어서게 만들었다.

4장. 서버 호스팅의 시대에서는 게임세상이 잘나가던 때의 온라인 광고와 로그분석 방법, 검색엔진 상위노출 전략 등 사이트를 알리고 돈을 버는 방법 등에 대해 자세히 이야기할 예정이다.

클라우드 시대의 게임세상

과거 혼자 개발/운영/디자인까지 진행했던 때와는 달리 대학교 후배들과 함께 2011년 11월 약 6개월간의 개발기간을 거쳐 게임세상은 대대적으로 개편을 하게 된다. 이때의 회원수가 196만명, 일 방문자수는 5천명까지 줄어든 때였다.

▲ 현재의 게임세상

하지만 게임세상의 가능성을 굳게 믿었던 필자는 개편을 통해 어느 정도의 사용자가 돌아올 것이라고 믿었다. 개편을 하고 기존에 알던 다양한 광고 방법을 통해 사이트를 알리고, 다양한 정보의 업데이트를 통해 열심히 운영을 했지만 아쉽게도 5천명의 방문자는 더 이상 늘지 않게 된다.

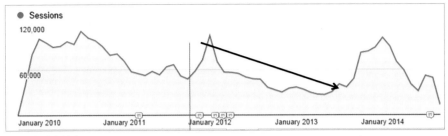

▲ 개편 후 게임세상의 PV

이때 놓친 또 하나가 바로 모바일 시대에서 반드시 필요한 모바일 홈페이지 지원과 모바일 게임정보 제공 등 사이트의 서비스 확장을 하지 않은 점이었다.

또 하나의 문제는 바로 운영 비용이었다. 서버 호스팅을 통해 운영하던 서버 비용과 네트워크 트래픽 비용은 고스란히 적자로 다가왔고 과거 12만명을 기준으로 운영하던 웹 서버는 어느덧 줄어든 방문자로 인해 넉넉해지게 된다.

웹 호스팅으로의 이전은 힘들 듯하고 그럼 대안이 무얼까? 그때 알게 된 것이 바로 AWSAmazon Web Service, KT Cloud와 같은 클라우드 서비스였다. 클라우드 서비스의 가장 큰 장점은 하드웨어적인 서버의 확장과 축소가 쉽고 운영 비용이 웹 서버에 비해 저렴하다는 것이다. 그래서 2011년 11월 개편과 함께 서버 호스팅에서 클라우드 서버로 게임세상은 집을 옮기게 된다.

현재 2015년, 어느덧 게임세상을 운영한 지 16년이라는 세월이 흘렀고 지금은 비록 낮은 방문자수를 보이고 있지만 회원수 198만 5천명, 게시물의 뷰수 7,300만을 넘는 게임세상의 저력은 아직까지 남아있지 않을까?

회원수	1,985,000명
등록 게임수	6,000개
전체 자료수	18,000개
다운로드 수	21,000,000회
뷰수	73,000,000회
운영기간	16년

비록 현재의 게임세상은 5천명까지 줄어든 방문자와 비용적인 측면에서는 적자를 면하지 못하고 있지만, 게임을 잘하고 싶은 사람, 게임을 잘 만들고 싶은 사람, 게임을 잘 알고 싶은 사람을 위한 게임세상은 계속 운영할 예정이다.

다음 장부터는 **무료 홈페이지 시대** 〉 **웹 호스팅의 시대** 〉 **서버 호스팅의 시대** 〉 **클라우드 호스팅의 시대**까지 16년간 게임세상 운영을 통해 배웠던 것들에 대한 이야기를 좀더 자세히 다뤄보도록 하겠다. "무료 홈페이지 시대"가 앞에 있다고 해서 구시대적인 것이 결코 아니다. 여러분도 처음에는 무료 홈페이지부터 시작해서 점차 단계별로 사이트를 확장해나가는 방법을 통해 여러분이 원하는 서비스를 만들기를 바란다. 또한 서비스를 하고 있는 독자도 이 책을 통해 많은 도움을 받았으면 하는 바람이다.

- 시작하라, 그렇지 않으면 아무것도 이룰 수가 없다.

- 직접 해보지 않으면 알 수 없는 많은 것들이 있다.

- 겸손하지 않으면 망한다.

- 작은 오류를 무시하는 운영은 망하는 지름길이다.

- 사랑을 받으려면 먼저 사랑하라는 말도 있지 않은가?

- 남들이 제공하지 않는 서비스 or 콘텐츠를 제공하라.

- 내가 방문하지 않으면 사용자도 방문하지 않는다.

- 다른 곳에는 없는 콘텐츠를 생산하라.

- 도메인은 쉽게 기억되어야 하고 쉽게 입력할 수 있어야 한다.

- 한 번의 큰 변화보다는 여러 번의 작은 변화가 중요하다.

- 퍼온 10개의 자료보다 직접 작성된 1개의 자료가 더욱 더 가치가 있다.

- 살아 있는 홈페이지를 만들기 위해서는 유지보수 편의성을 고려해 개발해야 한다.

- 고객은 자신의 정보를 남에게 제공하기를 좋아하지 않는다.

- 가능하다면 SNS 로그인 기능을 연계하라.

- 시대의 흐름에 역행하지 말라.

- 충성도를 증대시키는 위해서는 사용자 활동에 대한 정보를 제공하는 것이 필요하다.

- 사이버 머니(포인트 제도)는 사용자의 이용 제한을 위해서 사용되면 안 된다.

- 강한 자가 살아 남는 것이 아니라 살아 남은자가 강한 것이다.

- 홈페이지는 끊임없이 변화해야 살아남을 수 있다.

- "페이지뷰"는 사이트의 이용률을 가늠하는 제일 중요한 수치이다.

- "평균 페이지 머문 시간"은 사용자의 충성도를 가늠하는 중요한 수치이다.

- 로그 분석 데이터를 잘 조합하여 활용하는 것도 능력이다.

- 사용자가 원하는 콘텐츠를 찾을 수 있는 방법은 많을수록 좋다.

- 검색엔진은 각 검색엔진별로 등록된 홈페이지를 제일 먼저 찾는다.

- 검색엔진은 텍스트만 읽을 수 있다.

- DB 정보와 암호화를 위한 키 정보를 웹 상에서는 접근이 불가능한 경로로 이동해 놓아야 한다.

- 클라우드 호스팅의 가장 큰 장점은 서버의 리소스를 쉽게 변경할 수 있다는 점이다.

02

무료 홈페이지의 시대

"직접 해보지 않으면 알 수 없는 많은 것들이 있다."

이 장에서 이야기할 내용은 필자가 인터넷을 처음 접하고 HTML만을 이용하고 무료 계정을 통해 운영되던 무료 홈페이지의 시대에서 게임세상을 제작하면서 겪었던 일들을 이야기한다. 여러분도 직접 따라 해보면서 자신의 홈페이지를 가져보기 바란다.

게임세상이라는 게임 정보 제공 사이트를 만들 당시만 해도 누구나 쉽게 이용을 할 수 있는 개방된 서비스 플랫폼 들이 많지 않았고 대부분의 콘텐츠들은 하이텔이나 나우누리, 천리안과 같은 폐쇄된 플랫폼 서비스를 통해서만 제공되었다.

어떻게 하면 누구나 게임 정보를 쉽게 이용할 수 있도록 할 수 있을까?

라는 이유로 사이트를 기획하게 되었고 게임세상은 그렇게 시작되었다.

게임세상이 처음으로 만들어진 시기는 1998년 5월 18일이다. 필자가 아직도 이 날짜를 기억하는 이유는 만들어진 날짜를 기억한다기보다는 끊임없이 웹사이트를 운영해 오면서 사이트에서 벌어진 일들을 꼼꼼히 기록을 하다 보니 자연스레 머리에 각인되었다.

처음으로 웹사이트를 기획하고 만들려고 했을 때, 어떻게? 어디서? 라는 부분을 고민하게 되었고 1990년대 말에 유행하던 인터넷을 이용하여 무료 홈페이지 공간을 제공해 주는 서비스를 찾았고 이를 통해 게임세상 v 0.1이 제작된다.

웹사이트를 만들 때인 1998년도만 해도 무료로 웹사이트를 만들 수 있는 계정을 주는 곳이 그렇게 많지는 않았다. 그때 웹사이트 제작을 위한 무료 홈페이지 제공 서비스로는 네띠앙(htp://www.netian.com)과 신비로(http://www.shinbiro.com)라는 서비스였다. 현재는 두 서비스 모두 중단되었지만 당시만 해도 무료 홈페이지 서비스를 통해 두 개의 회사는 많은 유저들을 확보했고 많은 발전을 이루었다.

1장에서도 얘기했지만 게임세상은 1998년 오픈 이래로 네 번의 큰 변화를 겪게 된다. HTML만을 이용하고 무료 계정을 통해 운영되던 **무료 홈페이지의 시대**에서 회원가입 시스템 도입과 사이버 머니 시스템을 통한 **웹 호스팅의 시대**, 사용자 분석과 온라인 광고를 통해 비약적인 발전을 이룬 **서버 호스팅의 시대** 그리고 운영의 편의성과 확장성을 위한 **클라우드 호스팅의 시대**로 큰 변화를 이루게 된다.

이 장에서 이야기할 내용은 필자가 인터넷을 처음 접하고 HTML만을 이용하고 무료 계정을 통해 운영되던 **무료 홈페이지의 시대**에서 게임세상을 제작하면서 겪었던 일들을 적어보려고 한다. 여러분도 직접 따라 해보면서 자신의 홈페이지를 가져보기 바란다.

2-1 홈페이지를 만드는 방법

이 책을 쓴 목적은 돈을 들이더라도 최소한으로, 또한 돈을 전혀 들이지 않고 200만 회원을 만드는 방법을 알려주는 것이다.

그 첫번째가 바로 무료 계정을 이용한 홈페이지다. 무료 계정을 이용하여 홈페이지를 만드는 방법은 의외로 간단하다.

Step1. 무료 홈페이지 계정 만들기
Step2. 간단한 HTML 학습하기
Step3. 코딩하기
Step4. 코딩된 HTML을 웹 서버에 업로드 하기

만들어진 홈페이지를 어떻게 알리고 어떻게 돈을 벌어볼까에 대해서는 **4장. 서버 호스팅의 시대**에서 다루기로 하고 이번 글에서는 홈페이지를 만드는 방법에 대해 알아보자. 위에 언급한 것처럼 홈페이지를 만드는 것은 어렵지 않다. 다만 잘 만들기가 어려울 뿐이다.

게임세상은 다음에 이야기하게 될 몇개의 HTML 태그만을 이용하여 제작했고 16년이 지난 지금 200만 회원을 보유한 웹사이트가 되었다.

> **"시작하라, 그렇지 않으면 아무것도 이룰 수가 없다."**

게임세상이 만들어진 1998년과 지금의 홈페이지 제작을 위한 서비스들은 양적/질적인 측면에 있어서 발전되었으며 과거처럼 단순히 공간을 제공하는 서비스와는 달리 다양한 부가 서비스들을 제공하고 있다.

간단한 홈페이지를 만들기 위해서는 많은 것들이 필요하지 않다. 단지 필요한 것은 HTML 페이지가 놓일 약간의 공간과 자료를 업로드 할 수 있는 FTP(파일을 서버에 업로드 하는 기능) 기능만 있다면 지금 바로 홈페이지를 만들 수 있다.

처음 웹사이트를 만들면 게시판이나 회원 가입 등의 기능, 홈페이지의 얼굴이 되는 도메인 등 특별한(?) 기능들은 당장 필요치는 않다. 이러한 고급 기능들은 하드웨어 환경이 만들어지는 웹 호스팅의 시대에 만들면 된다. 천천히 차근차근 만들자.

사실 그 당시의 필자는 프로그래밍의 "프"자도 잘 모르던 때였고 웹 프로그래밍 언어로 게시판이나 회원가입 같은 무언가 개발적인 요소가 들어가 있는 것들은 만들기가 쉽지 않았으며 무료 홈페이지 서비스에서는 이러한 기능들을 구현할 만한 환경도 제공되지 않았었다.

게임세상이 만들어졌던 1990년대 후반에 유행하던 웹 프로그래밍 언어는 Perl이었다. Perl을 한번이라도 공부해본 독자라면 알겠지만 일반인들이 쉽게 프로그래밍 하기에는 어려운 점들이 많았다. 필자가 학습하기에 가장 어려웠던 점은 굉장히 어려운 Perl의 문법이었다. Perl 문법에 대해서는 이곳에서 따로 언급하지는 않겠지만, 추후 게임세상의 주 개발언어인 PHP에 대해서는 별도의 지면을 통해 이야기하도록 하겠다.

이번 장에서 이야기할 부분은 "무료계정을 이용하여 홈페이지 만들기"이다. 과거 필자는 네띠앙과 신비로에서 계정을 만들었지만 이번 장에서는 좀더 고도화되고 다양하게 무료 홈페이지를 만들 수 있는 서비스를 활용할 것이다.

그러면 지금부터 나만의 홈페이지를 만들기 위한 방법에 대해 알아보자.

2-2 무효 홈페이지 공간 만들기

홈페이지를 만들기 위해서는 홈페이지를 만들기 위한 공간이 필요하다. 다행스럽게도 현재는 홈페이지를 만들기 위한 무료 웹 호스팅을 제공해 주는 다양한 서비스들이 있다.

자~ 그럼 본인만의 홈페이지를 만들기 위한 첫 번째 단계로 무료 계정을 만들어 보도록 하자.

요즘은 wix.com과 같이 홈페이지의 레이아웃을 템플릿화하여 클릭만으로 홈페이지를 무료로 제작해주는 서비스들이 많이 생겨났지만 정말 간단한 홈페이지를 만들기 위해서는 템플릿을 활용하여 홈페이지를 만드는 것도 좋고, 월 5천원 이하의 저렴한 웹 호스팅에서 제공되는 무료 홈페이지 제작 서비스를 이용해 보는 것도 나쁘지는 않다. 하지만 **천리길도 한걸음부터**라고 하듯이 기초가 튼튼해야 나중에 좀더 발전적인 홈페이지를 만들 수 있을 것이다.

아쉽게도 현재는 이렇게 HTML만 업로드 해서 운영할 수 있는 서비스가 별도로 제공되지 않아, 실습을 위해 시대를 조금 앞서가 **무료 웹 호스팅 서비스**를 통해 홈페이지를 만들어 보도록 하자.

웹 호스팅 서비스를 이용하기가 어렵고 불편하다면 굳이 웹 호스팅 서비스에 가입하지 않아도 된다. 무료 홈페이지 시대에 만들어지는 홈페이지는 브라우저만 설치되어 있는 PC라면 어디서든지 테스트가 가능하다. 우리에게 중요한 건 저렴하게 홈페이지를 만드는 게 목적이기에 고비용의 웹 호스팅이나 서버 호스팅에 먼저 돈을 투자하기보다는 저렴한 서비스를 통해 노하우를 하나씩 쌓아 천천히 홈페이지를 발전시켜 보도록 하자.

이 글을 읽는 독자 중에 어느 정도 자금에 여유가 있는 독자라면 추후에 언급할 **3장. 웹 호스팅의 시대**로 넘어가 주기를 바란다. 그래도 혹시 가입을 희망하는 독자를 위해 무료 웹 호스팅 서비스 가입을 위한 정보를 몇자 적어 보았다.

▼ 무료 웹 호스팅 업체 리스트

서비스명	홈페이지	하드용량	트래픽 용량	비고
나야나	www.nayana.com	400Mbyte	600Mbyte (일일 전송량)	도메인 필수, 국내
우비	www.woobi.co.kr	100Mbyte	100Mbyte (일일 전송량)	국내 제로보드, XE, 그누보드4, 텍스트큐브, WordPress, phpMyAdmin 자동설치
닷홈	www.dothome.co.kr	100Mbyte	100Mbyte (일일 전송량)	국내 제로보드, XE, 그누보드, 테크노트, 텍스트큐브, WordPress
아이비호스팅	www.ivyro.net	100Mbyte	100M (일일 전송량)	상업적 용도 사용 안됨
ZYMIC	zymic.com	6Gbyte	50G (월간)	해외
호스팅어	www.hostinger.kr	2Gbyte	100G (월간)	해외, 한글 지원
WINK	wink.ws	무제한	무제한	해외

무료 웹 호스팅 서비스의 경우 크게 국내 서비스와 해외 서비스가 존재한다. 지역별 특징을 요약하자면 국내 서비스의 경우는 제공되는 하드 용량이나 트래픽이 제한적인 데비해 속도가 빠르고, 해외 서비스의 경우는 하드 용량이나 트래픽이 국내에 비해 제한이 없는 데 비해 속도가 매우 느리다.

용량과 속도를 모두 잡을 수 있는 방법은 없을까?

앞으로 설명을 하겠지만 국내 무료 호스팅을 메인으로 사용하고 해외 무료 호스팅은 자료실로 이용하면 된다. 자세한 방법은 **2-3-4. A 태그와 무료로 홈페이지 용량 늘리기** 부분을 참고하기 바란다.

2-2-1 무료 웹 호스팅 가입하기 (해외)

자! 그럼 본격적으로 무료 웹 호스팅 서비스를 이용하기 위한 준비를 해보자

일단 위의 괄호 안에 표시된 웹사이트에 접속하고 태극기 그림을 선택하여 한국어 페이지로 이동한다. **지금 주문!** 버튼을 클릭한 후 **계정 생성** 버튼을 클릭하여 계정을 생성한다.

Step_2 ╲ 호스팅 계정 설정하기

계정 가입을 했다면, 서버를 설정해주어야 한다. 여러분의 이메일로 등록 확인 내용의 메일을 받으면 링크를 클릭한다. 그러면 아래와 같은 화면이 보일 것이다. 단순히 HTML만을 위한 홈페이지 제작에 있어서는 유료로 가입할 필요가 없다. 과감히 기본 0원짜리 상품을 선택하고 **주문** 버튼을 클릭해보자.

무료 호스팅 계정을 위한 정보를 입력하자.

우리는 현재 별도의 도메인이 없기 때문에 **도메인 타입 선택**은 서브 도메인으로 선택하고 도메인은 독자들이 만들고 싶은 중복되지 않는 도메인 명을 입력해주면 된다. 필자의 경우는 gamess를 선택했다.

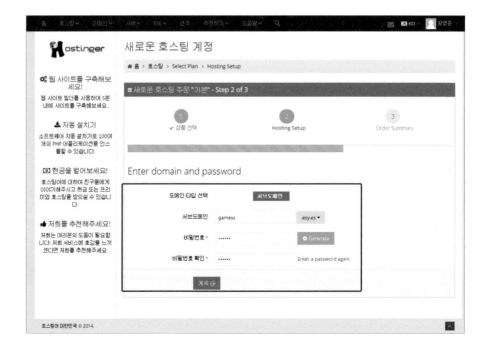

그 다음 **주문버튼**을 클릭한다.

모든 프로세스가 완료되면 아래와 같은 화면과 함께 호스팅 계정생성이 완료된다.

그럼 이제 내가 생성한 호스트 정보를 확인해 보도록 하자.

좌측 상단 호스팅 메뉴를 클릭하게 되면 내가 생성한 호스트 이름이 보이게 되고 해당 메뉴를 클릭하게 되면 아래와 같은 화면이 보이게 된다.

이제 무료 호스팅 계정 생성이 완료된 것이다. 본인이 제작한 무료 호스팅 주소로 접근 하게 되면 아래와 같은 기본화면이 보이게 된다. 필자는 "gamess.besaba.com"이라는 주소로 호스팅 계정을 생성하였다.

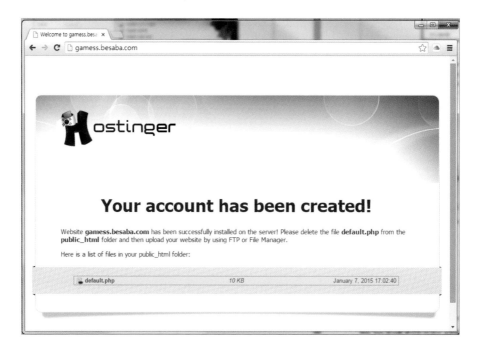

자 이제 실습을 위한 홈페이지 공간 확보가 모두 완료되었다.

우리는 FTP를 이용하여 파일을 업로드하고 관리할 예정이므로 해당 페이지의 내용을 보면 **호스팅 〉 계정명(gamess.besaba.com) 〉 File Uploaded Details**라는 항목을 확인할 수 있으며 FTP **호스트 이름**과 FTP **사용자명** 정보를 잘 기록해 놓자. 이 정보는 추후 FTP를 이용하여 접속하게 될 중요한 정보이다. 혹 화면이 다르다면 **계정** 메뉴의 **상세 정보**에 들어가면 확인할 수 있다.

2-2-2 무료 웹 호스팅 가입하기 (국내)

느린 해외 무료 호스팅에 비해 국내 무료 호스팅의 경우 많은 제약이 존재하나 매우 빠른 속도와 한국어 서비스 지원이 원활하기 때문에 국내 무료 호스팅을 메인으로 사용하는 것이 좋을 것이다.

이제는 국내 호스팅업체 중 **우비**라는 업체에서 제공하는 무료 웹 호스팅을 가입하는 방법에 대해 설명하도록 하겠다.

Step_1 회원가입하기

http://woobi.co.kr/ 사이트에 접속한 후 회원가입을 선택하게 되면 아래와 같은 정보 입력창이 보이며 회원가입이 가능하다. 필요한 모든 정보를 꼼꼼히 작성한 후 회원가입을 하자.

우리들의 홈페이지 비법
WOOBI.KR 우비

웹 호스팅 | 도메인 | 가상 서버 호스팅 | 서버 호스팅 | MC 빌더 | 고객지원

"인터넷 세상을 밝혀주는
우리들의 홈페이지 비법"

회원
Membership

- 로그인 ⊙
- 회원 가입 ⊙
- 아이디/비밀번호 찾기 ⊙
- 사이트맵 ⊙

◉ 회원 가입

⌂ > 회원 > 회원 가입

· 이용약관

호스팅 서비스 이용약관

제1장 총칙

제1조 (목적)
이 약관은 호스팅 서비스(이하 '서비스')를 제공하는 MYOGI(이하 '회사')와 위 서비스를 이용하는 고객(이하 '고객')간에 서비스 이용에 관한 권리와 의무 및 책임 기타 제반사항을 규정함을 목적으로 합니다.

제2조 (용어의 정의)

○ 이용약관에 동의합니다. ○ 동의하지 않습니다.

· 개인정보 수집 및 이용에 대한 동의

■ 개인정보의 수집/이용목적

○ 서비스 제공에 관한 계약 이행 및 서비스 제공에 따른 요금정산
콘텐츠 제공, 구매 및 요금 결제, 물품배송 또는 청구지 등 발송, 금융거래 본인 인증 및 금융 서비스, 요금추심
○ 회원 관리
회원제 서비스 이용에 따른 본인확인, 개인 식별, 불량회원의 부정 이용 방지와 비인가 사용 방지, 가입의사 확인, 연령확인, 만14세 미만 아동 개인정보 수집 시 법정 대리인 동의여부 확인, 불만처리 등 민원처리, 고지사항 전달
○ 마케팅 및 광고에 활용

○ 개인정보 수집 및 이용에 동의합니다. ○ 동의하지 않습니다.

* 항목은 필수 입력 항목 입니다. 만 14세 이상만 가입할 수 있습니다.

* 아이디	[　　　]
* 비밀번호 설정	[　　　]
* 비밀번호 확인	[　　　]
* 우편번호	[　]-[　] [우편번호]
* 주소	[　　　　　　　] [　　　　　　　]
* 전화 번호	[　]-[　]-[　]
* 휴대폰 번호	[　]-[　]-[　] [휴대폰 인증 코드 받기] ※ 휴대폰 인증은 필수는 아니지만, 도메인 할인 가격 적용(기본 1개 + 웹 호스팅 개수)를 위해서는 휴대폰 인증이 필요합니다. 중복 할인을 방지하기 위한 최소한의 절차이니 양해 바랍니다.
* E-mail	[　　　] 서비스 관련 중요 공지를 e-mail로 발송합니다. 반드시 주로 사용하는 e-mail 주소를 입력해 주세요.
* 구분	⦿ 개인 ○ 사업자 ○ 외국인
* 이름	- 본인 확인이 필요할 경우를 위해 신분증에 기재된 이름을 입력해 주세요. - 이름은 가입 이후에 수정할 수 없습니다.
* 생년월일	[　] (YYYYMMDD, 1987년 1월 23일 => 19870123) - 본인 확인이 필요할 경우를 위해 신분증에 기재된 생년월일을 입력해 주세요. - 생년월일은 가입 이후에 수정할 수 없습니다.
* 성별	⦿ 남자 ○ 여자 - 본인 확인이 필요할 경우를 위해 신분증에 기재된 성별을 선택해 주세요. - 성별은 가입 이후에 수정할 수 없습니다.
영문 이름 (도메인 신청 대행 의뢰시)	이름 [　] 성 [　]
영문 주소 (도메인 신청 대행 의뢰시)	상세 주소 [　　　　　] [　　　　　]

[가 입] [취 소]

Step_2 무료 웹 호스팅 신청하기

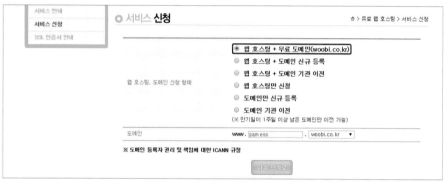

로그인 후 우측 상단의 **웹 호스팅 〉 무료 웹호스팅**을 클릭하면 아래와 같은 무료 웹 호스팅 신청 페이지가 보이며, 본인이 사용할 예정인 무료 도메인 정보를 입력한 후 다음 버튼을 신청하게 되면 무료 웹 호스팅 신청을 위한 상세 정보를 입력하는 페이지가 보인다.

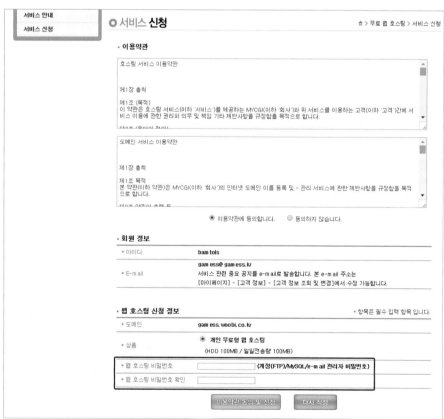

웹 호스팅 비밀번호는 향후 FTP/MYSQL/e-mail 접속을 위한 중요한 정보이므로 반드시 기록해놓자. 모든 신청이 완료되면 24시간 이후에 무료 웹 호스팅 설정이 완료된다는 경고창이 나타날 것이다.

이제 기다리자.

Step_3 ▶ FTP/MySQL 접속 정보 확인

우비의 경우 무료 웹 호스팅 신청 후 24시간이 지나야 무료 홈페이지 서비스 이용이 가능하다. 24시간을 기다린 후 로그인 후 **마이페이지 〉 웹 호스팅 관리 〉 서비스 내역 조회 〉 신청시 도메인**을 클릭하게 되면 아래와 같이 접속을 위한 FTP와 MySQL의 정보를 확인할 수 있다. 이 정보는 FTP와 MySQL을 위한 접속 정보이므로 추후 홈페이지 운영을 위해 잘 기록해 놓자.

2-2-3 FTP 이용하기

이제 홈페이지를 위한 공간도 모두 만들어졌으니 FTP(파일을 서버에 업로드 하는) 프로그램을 통해 파일 업로드를 준비해보자.

Step_1 FTP 클라이언트 프로그램인 FileZilla 프로그램 다운받고 설치하기

아래 다운로드 URL(https://filezilla-project.org/)을 통해 Filezilla 프로그램을 다운받아보자. 파일 전송만 하면 되기 때문에 왼쪽 것을 다운 받자.

Filezilla 프로그램을 다운받아 설치하고 실행하면 아래와 같은 화면이 보이게 된다.

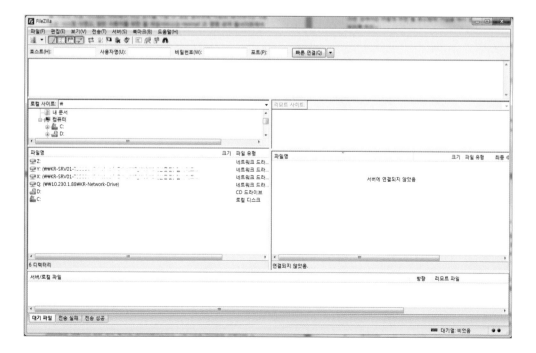

Step_2 무료 호스팅의 내 공간에 접속하기

자 그럼 앞서 생성한 무료 호스팅 서버를 FTP 프로그램인 FileZilla를 통해 접속해 보자

호스트에는 앞서 확인한 "FTP 호스트 이름(ftp.gamess.besaba.com)", 사용자명은 "FTP 사용자 명(u458004368)"으로 되어 있는 정보를, 비밀번호는 호스트 계정을 생성했을 때 입력한 정보를 입력한다.

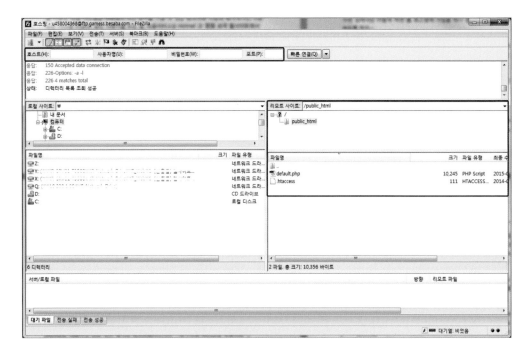

접속이 완료되면 우측에 내가 접속한 사이트의 파일 정보가 보이게 된다.

이렇게 접속이 완료된다면 실습을 위한 준비가 모두 끝난 것이다.

Step_3 파일 업로드 하기

그럼 파일 업로드는 어떻게 할까?

업로드 방법은 의외로 간단하다. FileZilla의 화면 왼쪽 탐색기를 사용하여 내가 업로드할 파일을 찾아 마우스 오른쪽 버튼을 클릭하여 업로드를 선택하면 된다.

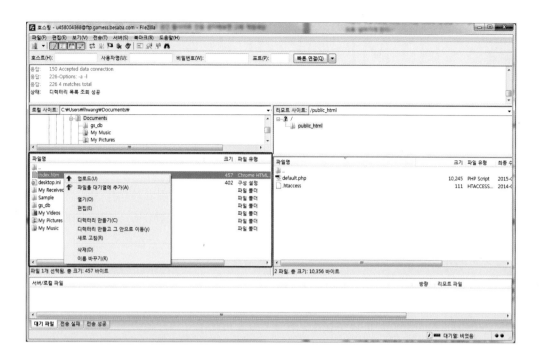

업로드가 완료되면 우측 화면에 아래와 같이 내가 업로드 한 파일이 추가된 것을 확인
할 수 있다.

HTML 태그와 반드시 알아야 할 정보

홈페이지는 HTML이라는 언어로 만들어졌기 때문에 기본적인 HTML 태그를 알아두어야 한다. 공부가 싫다고 하더라고 자신만의 홈페이지를 만들고 싶다면 아래 정리해 놓은 가장 기본적인 태그들은 꼭 학습하자. 아래의 태그들을 외울 필요는 없지만, 이 태그들이 어떻게 쓰이는지에 대해서는 꼭 숙지해주기 바란다.

아래 태그 이외의 HTML5의 최신 정보는 HTML5 홈페이지(http://www.w3schools.com/html/html5_intro.asp)를 통해 확인하길 바란다.

태그명	설명
<HTML></HTML>	해당 문서를 HTML이라고 선언을 하는 태그
<HEAD></HEAD>	해당 문서의 다양한 정보를 알려주는 태그
<TITLE>타이틀 명</TITLE>	브라우저에서의 해당 문서의 제목을 알려주는 태그
<P>내용</P>	단락을 정하는 태그
<A HREF="URL명">링크명</A>	다른 문서로 이동을 하기 위한 태그로 HTML 태그 중 가장 중요한 태그
<TABLE></TABLE>	Table을 정의하는 태그
<TR></TR>	Table 태그 내의 행을 정하는 태그
<TD></TD>	Table 태그 내의 열을 정하는 태그

2-3-1 index.htm과 default.htm

index.htm과 default.htm은 해당 홈페이지를 통해 접속할 때 가장 먼저 보이는 웹 페이지가 되며 또한 우리가 가장 먼저 만들어야 될 페이지가 바로 index.htm이나 default.htm이다.

물론 각 웹서버의 설정을 통해 처음 접속되는 웹 페이지에 대한 파일명을 gamess.htm 같이 다르게 설정을 해줄 수도 있지만, 기본적으로 아파치 웹 서버에서는 index.htm이다. IIS 웹 서버에서는 default.htm이 웹사이트의 첫번째 페이지로 설정된다.

물론 아파치에 PHP를 설치했다면 첫 페이지의 파일명이 index.php가 될 수도 있고, IIS 서버를 이용하여 asp를 사용하는 경우는 default.asp, .NET의 경우 default.aspx 파일이 초기 파일로 사용되기도 한다.

따라서 처음 방문한 웹사이트의 초기 파일을 잘 들여다보면 그 사이트가 구동되는 언어와 서버의 환경을 어느 정도는 유추할 수 있다.

2-3-2 메모장을 이용하여 홈페이지 만들기

이제 무료 계정도 만들었으니 본격적으로 홈페이지를 만들어 보도록 하자.

우선 메모장을 실행해 보자. 그리고 아래와 같이 태그들을 작성하고 index.htm 이라고 저장해보자.

```html
<html>
<head>
<meta charset="utf-8">
<title>게임세상</title>
</head>
<body>
    <p>게임의 모든것 게임세상</p>
</body>
</html>
```

메모장으로 저장 시에는 아래와 같이 파일 형식을 모든 파일로 선택하고 인코딩을 꼭 utf-8로 선택해서 저장하자.

해당 html 문서를 본인의 PC에서 실행하면 기본 브라우저를 통해 아래와 같은 화면을 볼 수 있다.

이제 홈페이지를 개설하기 위한 모든 준비가 끝났다. 해당 파일을 무료 홈페이지 공간 내 FTP를 이용하여 업로드 하면 아래와 같은 주소가 붙은 홈페이지가 만들어진다.

FTP를 통한 업로드 방법은 **2-2-3. FTP 이용하기**를 참고하기 바란다.

보이는 내용은 같지만 본인이 신청한 무료 서버 도메인 주소가 보이는 걸 확인할 수 있다.

실상 홈페이지라고 하는 것을 만들기는 그렇게 어렵지 않다. 지금 만든 홈페이지와 복잡한 PHP와 ASP, JSP와 같은 프로그래밍 언어로 만들어진 웹사이트와 차이점이 무엇이 있는가? 간단한 HTML 태그로 만든 웹사이트나 복잡한 개발 언어로 만들어진 웹사이트나 그 명칭은 모두 같다. 바로 홈페이지 또는 웹사이트라는 이름으로 불린다는 사실이다.

필자가 처음 게임세상을 만들어 운영할 때만 해도 홈페이지를 직접 만들어본 사람들이 많지 않았기에 홈페이지를 한번이라도 만들어봤다고 하면,

　"와~ 홈페이지도 직접 만들어 봤어?"

라는 말과 함께 대단히 존경스러운 눈으로 바라봤지만 요즘은 워낙 홈페이지를 만드는 툴들이 뛰어나다보니 이런 메모장을 이용한 홈페이지 제작이 무의미해 보이기까지 하다.

하지만 메모장을 이용하여 직접 홈페이지를 만들어본 사람과, 홈페이지 제작 마법사나 템플릿을 이용하여 홈페이지를 만든 사람의 웹에 대한 이해의 척도는 하늘과 땅 차이라는 것이다.

직접 해보지 않으면 알 수 없는 많은 것들이 있다.

필자가 만든 게임세상의 초기 버전은 10개 내외의 HTML 태그만을 이용해 홈페이지를 만들었고 이를 기반으로 200만 회원을 가진 웹사이트를 만들었다. 처음부터 전문가들처럼 잘할 순 없다. 차근차근 하나씩 준비하고 만들다 보면 여러분도 수백만 회원을 가진 홈페이지의 주인장이 될 수 있다.

HTML 태그를 처음부터 공부하게 되면 인터넷의 가장 기본적인 원리를 이해하게 되며 이렇게 쌓은 지식은 나중에 더욱더 뛰어난 기능이 있는 홈페이지를 만들 수 있는 기초가 된다. 요즘도 대부분의 웹 프로그래머가 웹 에디터 툴을 사용하지 않고 Edit Plus나 Ultra Editor와 같은 텍스트 에디터 툴을 사용하여 홈페이지를 제작하고 있다.

홈페이지를 만들었다면 "이 홈페이지를 어떻게 알리지?"라는 고민을 하게 될 것이다. 일단 만든 홈페이지는 검색엔진이나 여러 방법을 통해 홍보를 해야겠지만 이번 장에서는 무료 계정을 통해 **어떻게 하면 많은 용량의 웹사이트를 간단히 만들지**에 대해서 이야기해 보도록 하자.

홈페이지를 잘 알리는 방법에 대해서는 **4장. 서버 호스팅의 시대**에서 자세히 다루도록 할 예정이다.

2-3-3 HTML 태그, A 태그

이제 홈페이지의 첫 번째 페이지를 만들었으니 홈페이지를 방문하는 유저들이 자료를 다운로드 받을 수 있게 해주는 기능을 만들어야 한다.

이렇게 유저들이 자료를 다운로드 받을 수 있게 해주는 기능이 HTML의 핵심 기능인 A 태그이다.

```
<a href="링크주소">링크명</a>
```

자 그럼 바로 실전 투입, 다시 메모장을 열어보자.

```
<html>
<head>
<meta charset="utf-8">
<title>게임세상</title>
</head>
<body>
  <p>게임의 모든것 게임세상</p>
  <P>
    <a href="스타크래프트매뉴얼.zip">스타크래프트 매뉴얼</a>
    <a href="디아블로매뉴얼.zip">디아블로 매뉴얼 </a>
  </P>
</body>
</html>
```

위와 같은 HTML 태그를 이용하여 HTML 문서를 만들고 해당 문서를 웹 브라우저를 통해 열면 아래와 같은 화면이 보이게 되고 유저들은 해당 링크를 클릭하여 자료를 다운로드 받을 수 있다.

만들어진 문서를 다시 FTP를 이용하여 웹 서버에 업로드하고 브라우저에서 해당 계정의 도메인을 입력하게 되면 아래와 같이 누구나 접속할 수 있는 화면이 보이게 된다. 물론 자료 파일도 함께 업로드 해야 한다.

단, 몇 개의 태그만을 이용해서 이렇게 홈페이지를 만들었다. 이게 바로 홈페이지다. 너무 부족하다고 생각되는가? 하지만 게임세상은 이렇게 몇개의 태그만으로 시작되었다.

▲ 다운로드 되는 자료들

2-3-4 A 태그를 활용한 홈페이지 용량 늘리기

자료가 많다보면 무료 홈페이지에서 아무리 많은 공간을 제공한다고 해도 항상 공간의 부족함을 경험하게 된다. 이러한 문제점을 해결하기 위해 별도의 비용없이 HTML 태그만을 이용하여 공간을 조금 더 확보해 보도록 하자. 다행스럽게도 국내의 모든 사이트들은 회원관리를 통합하여 운영하지 않기 때문에 각 무료 계정 서비스에서 자신의 계정들을 만들 수 있다.

그럼 우리가 기존에 가입한 무료 호스팅 서비스를 서로 연결해보자

사이트명	내 도메인	URL 규칙	용량
우비	http://gamess.woobi.co.kr	http://아이디.woobi.co.kr	100Mbyte
호스팅거	http://gamess.besaba.com	http://아이디.서브도메인명	2Gbyte

우리가 가입한 무료 계정의 전체 용량을 합쳐보면 약 2,100Mbyte나 된다. 추가로 용량 확보를 하려면 더 많은 무료 계정사이트에 가입하면 된다.

자 그럼, 이렇게 생성된 계정을 통해 어떻게 용량을 늘리게 되는 걸까?

일단 각각의 계정에 자료를 모두 업로드 하게 되면 해당 파일명에 대한 절대 경로는 아래처럼 될 것이다.

```
자료 1의 URL: http://gamess.woobi.co.kr/자료1.zip
자료 2의 URL: http://gamess.besaba.com/자료2.zip
```

각 계정에 업로드된 자료를 A 태그를 이용하여 적용하면 아래와 같은 HTML 코드가 된다.

```
<a href="http://gamess.woobi.co.kr/자료1.zip">자료1</a>
<a href="http://gamess.besaba.com/ 자료2.zip">자료2</a>
```

그럼 기존에 만들어 놓은 코드를 추가해보자. 다시 메모장을 열고 아래와 같은 코드를 입력해보자

```
<html>
<head>
<title>게임세상</title>
</head>
<body>
  <p>게임의 모든것 게임세상</p>
  <P>
    <a href="스타크래프트매뉴얼.zip">스타크래프트 매뉴얼</a>
    <a href="디아블로매뉴얼.zip">디아블로 매뉴얼 </a>
  </P>
  <P>
    <a href="http://gamess.woobi.co.kr/자료1.zip">자료1</a>
```

```
        <a href="http://gamess.besaba.com/자료2.zip">자료2</a>
    </P>
</body>
</html>
```

위의 내용을 HTML로 변환해서 서버에 업로드를 하면 아래와 보이게 된다.

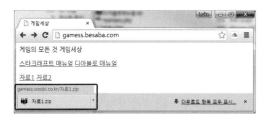

실제 자료는 gamess.woobi.co.kr에 존재하나 사용자는 gamess.besabo.com에서 다운로드 받는 것처럼 느끼게 된다.

홈페이지를 오픈하게 되면 메인이 되는 무료 홈페이지만을 노출하고 (게임세상의 경우 최초 홈페이지 도메인은 http://my.netian.com/~hahoo) 나머지 자료 제공을 위한 무료 홈페이지의 공간은 메인 홈페이지를 위한 자료실로만 이용을 하는 것이다. 유저들은 my.netain.com/~hahoo를 통해 홈페이지를 처음 방문하게 되지만 실제 자료들은 다른 무료 홈페이지 내에 존재하게 되고 이를 다운로드 받게 되는 방식이다.

이렇게 메인 홈페이지를 두고 서브 홈페이지를 자료실로만 사용하게 되면 유저들은 하나의 홈페이지를 통해 자료를 제공받는 것처럼 느끼게 된다.

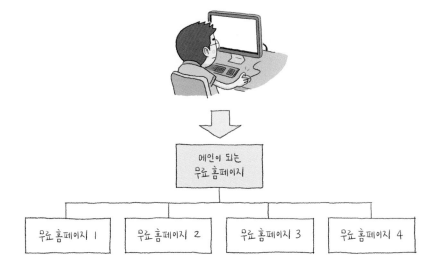

실제 동작되는 내용을 좀더 풀어보자면 스타크래프트 매뉴얼과 디아블로의 매뉴얼은 메인이 되는 무료 홈페이지에 존재하고 자료 1~4의 실제 자료는 내가 새롭게 가입한 무료 홈페이지 1~4의 서버에 자료가 존재한다. 실제로 홈페이지를 구성하는 자료는 5개의 서비스에 존재하지만 유저들은 하나의 홈페이지에서 모든 자료가 제공되는 것처럼 보이게 된다.

이와 같이 A 태그를 활용하여 자료를 연결하는 방법은 각각의 자료들을 다른 계정의 웹 사이트에 업로드를 한 후 각 자료를 A 태그를 이용하여 하나로 묶는 것이다. 이렇게 하면 다양한 무료 계정을 통해 사이트의 전체적인 용량을 증대시킬 수 있다.

필자의 경우도 과거 개인 홈페이지 계정의 용량이 부족하여 여러 개의 무료 홈페이지 내에 자료를 업로드 하고 이를 통해 어느 정도 용량을 확보하여 이를 유저들에게 제공하였다.

이러한 방법의 가장 큰 단점은 각 무료 계정 사이트에 대한 용량 및 일일 제한 전송량 등을 각각의 무료 홈페이지 운영 정책에 맞춰 일일이 관리해 줘야 한다는 점이다. 하지만 가장 큰 장점은 바로 **무료로 홈페이지 용량을 늘릴 수 있다**는 것이다.

2-3-5 HTML 태그, Table 태그

이제 기본적인 HTML 태그를 이용하여 홈페이지를 만들었으면 조금이라도 보기 좋은 웹 페이지를 만들어 보도록 하자

```
<html>
<head>
<meta charset="utf-8">
<title>게임세상</title>
</head>
<body>
  <p>게임의 모든 것 게임세상</p>

    <table border=1>
      <tr>
        <td>자료명</td>
        <td>용량</td>
      </tr>
      <tr>
        <td><a href="스타크래프트매뉴얼.zip">스타크래프트 매뉴얼</a></td>
        <td>100Kbyte</td>
      </tr>
```

```
      <tr>
        <td><a href="http://gamess.woobi.co.kr/자료1.zip">자료1</a></td>
        <td>10Kbyte</td>
      </tr>
    </table>
  </body>
</html>
```

위의 HTML을 브라우저로 보면 아래와 같은 화면으로 보이게 된다.

헉 디자인이 왜 이러지? 라고 이야기 할 수도 있을 것 같다. 그렇다. 이상하다. 부족해 보인다. 하지만 이게 시작이다.

각 태그마다 다양한 옵션들이 존재하며 이러한 옵션을 몇 가지 더 추가하면 홈페이지를 좀더(?) 예쁘게 꾸밀 수 있다. `<table width="400" border="1">`과 같은 추가 기능을 통해 테이블의 크기나 줄의 굵기를 정할 수도 있고 `<TR bgcolor="black">`과 같은 옵션을 통해서는 각 열의 배경 색깔을 정하거나 `<font size="2" color="white">` 태그를 활용하여 글자의 크기나 색깔들을 정할 수도 있고, `<P align="center">`의 옵션을 이용하면 문장들을 정렬할 수도 있다.

각각의 태그에는 다양한 옵션들이 존재하며 이렇게 다양한 옵션을 추가하면 아래처럼 좀더 나은 디자인의 웹 페이지를 만들 수 있다.

이 책에서는 각 태그 옵션에 대해서는 추가적인 설명은 하지 않겠다. 이러한 정보들은 이미 다양한 책을 통해서도 학습할 수 있고 이마저도 싫다면 구글과 같은 검색엔진에 HTML5, CSS와 같은 검색어를 입력하면 아주 쉽고 자세하게 설명된 문서들을 찾을 수 있다.

2-4 일일 제한 전송량, 웹 트래픽에 대한 이해

무료 계정을 이용하는 데 있어 여러 조건들이 있는데, 그 중 가장 중요한 것이 바로 일일 전송량 제한이라는 것이다.

일일 전송량이라는 것은 운영하고 있는 웹사이트에서 다운로드 받을 수 있는 파일의 용량이라고 생각하면 아주 쉽다. 일일 전송량 제한이 300Mbyte라는 이야기는 1Mbyte 자료를 300명이 받게 되면 일일 전송량 제한이 되며 10M 용량의 파일의 경우는 하루에 30명이 받을 수 있다는 이야기이다.

서비스를 제공하는 업체마다 정책이 다르지만 일반적으로 일일전송량 제한이 초과되면 과감히 "일일 전송량 제한"이라는 메시지와 함께 더 이상 웹사이트에 접속이 불가능하게 된다. 일일 전송량 제한은 다운로드 받는 페이지뿐만이 아니라 브라우저의 화면에 보이는 모든 것(텍스트, 이미지 등)에 대한 용량을 포함한다.

HTML 페이지의 용량이 10Kbyte이고
페이지에 보여지는 모든 이미지들의 용량이 50Kbyte,
일일 전송량 제한이 300Mbyte라면

HTML(10Kbyte) + 이미지 용량(50Kbyte) = 60Kbyte
300Mbyte / 60Kbyte = 5,000명

즉, 만들어진 웹 페이지 하나의 총용량이 60Kbyte라면 하루 방문할 수 있는 최대 유저수는 5,000명이라는 이야기가 된다.

그런데 여기에 1Mbyte 자료를 업로드하고 이를 300명의 유저가 1번씩 다운로드 하게 된다면? 당연한 이야기지만 하루 최대 가능 유저수는 300명이 될 것이다.

우리가 만드는 대부분의 웹 페이지의 경우 이미지를 포함하게 되면 한 페이지에 대한 용량이 늘어나게 되고 이는 일일 전송량 제한의 문제로 인해 사이트의 접속이 되지 않는 심각한 문제가 발생되게 된다. 따라서 홈페이지를 제작할 때는 한 페이지의 용량을 최소화해야 하며, 한 페이지의 용량을 최소화 하는 방법은 해야 하는 것이 무료 홈페이지에서 제한 전송량 제한을 해결하는 유일한 방법이다.

일일 제한 전송량의 경우는 모든 무료 홈페이지뿐만이 아니라 웹 호스팅이나 서버 호스팅을 제공하는 모든 서비스에서 적용되는 이야기이다. 요약하면, 일일 전송량 제한, 즉 **웹 트래픽은 홈페이지 운영을 위한 비용이** 된다.

저렴한 비용 혹은 무료로 일일 제한 전송량에 대한 추가적인 대처 방안은 추후 **3장. 웹 호스팅의 시대** 부분에서 다룰 것이다.

2-4-l 이미지 용량 줄이기, GIF와 JPEG에 대한 이해

과거 플래시가 한창 유행하던 때에는 SWF가 유행하기도 했지만 보통 웹 페이지에서 보이는 이미지는 대부분 GIF 포맷과 JPEG 포맷 2가지 형태가 주를 이룬다.

이미지 용량 줄이기의 핵심은 먼저 두 가지의 이미지 포맷에 대한 특성을 이해하고 이를 적절히 활용해야 한다는 것이다.

먼저 각 이미지들의 특징들에 대해 알아보자

이미지 포맷	특징
GIF	256 color로만 표현이 가능함 움직이는 이미지와 배경이 투명한 이미지 제작이 가능하다.
JPEG	픽셀당 24bit를 통해 색을 표현하여 트루컬러 표현이 가능하다. 다양한 색을 표현하는데 사진과 같은 이미지 포맷에 유용하다.

위의 이미지들의 특징들을 살펴보면 GIF와 같은 이미지는 버튼이나 로고 또는 제목과 같은 다양한 색이 사용되지 않는 곳, 그리고 배경색을 투명하게 만들 필요가 있을 때 사용하고 JPEG과 같은 포맷의 이미지는 사진과 같은 다양한 색이 들어간 이미지에 사용하는 것이 효과적이다.

그럼 똑같은 이미지를 JPEG과 GIF로 포맷을 다르게 가져갈 때의 용량과 품질을 비교해보자.

포맷	이미지	용량
GIF		2,61Kbyte
JPEG		3,51Kbyte
GIF		38,2kbyte
JPEG		22,6kbyte

위에서 보이는 것처럼 GIF 포맷의 경우는 로고와 같이 색을 많이 사용하지 않는 포맷에서는 품질은 유지되면서 용량은 줄어들지만 배너와 같이 다양한 색이 들어가 있는 이미지의 경우는 품질도 떨어지면서 동시에 용량도 늘어난다.

따라서, 이미지의 특성에 따라 이미지 포맷을 결정하여 사이트의 용량을 줄일 수 있다.

우리가 운영할 사이트에는 하나의 이미지만 존재하는 것이 아니라 수백, 수천 개의 이미지가 존재하며 적절한 포맷을 활용하면 이미지의 용량을 줄여 전체적인 사이트의 용량을 줄일 수 있고 이는 결국 웹 트래픽이라는 결과로 나타나고 비용과 직결되게 된다.

2-4-2 홈페이지 용량 줄이기, 프레임을 이용한 웹 페이지

요즘의 홈페이지 제작은 과거와 다르게 프레임을 나눠 홈페이지 정보를 제공하지는 않는다. 현재 프레임 웹사이트가 현격하게 줄어든 이유는 네트워크 트래픽 비용의 감소와 UI의 개선이나 다양한 웹 페이지 캐싱 기술(임시 저장된 정보를 보여줌으로써 네트워크 트래픽을 줄여주는 기술)로 없어지긴 했지만 아직까지도 프레임을 이용한 웹사이트는 홈페이지의 네트워크 트래픽을 줄이는 데 있어서는 어느 정도 도움이 된다.

그럼 지금부터

왜 프레임을 이용한 웹사이트가 웹 트래픽에 도움이 되는지

에 대해 알아보도록 하자.

1990년도 초창기 웹사이트는 대부분 프레임을 이용하여 제작되었다. 프레임으로 웹사이트를 제작한 가장 큰 이유 중 하나는 제작의 편리성과 더불어 느린 회선속도였다. 프레임을 이용한 웹사이트와 프레임 이용하지 않은 웹사이트를 브라우저가 어떻게 받아들이는지에 대해 간략히 알아보도록 하자.

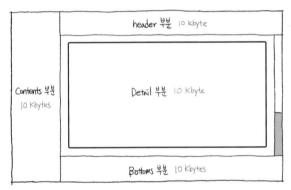

▲ 프레임을 이용한 웹사이트의 구조도(붉은 선 부분의 콘텐츠만 로딩됨)

프레임을 이용한 웹사이트의 경우 Contents 부분, Header 부분, Bottoms 부분은 고정된 형태로 되어 있으며 각 부분에서 메뉴를 선택했을 경우 Detail 부분의 내용만 변경되어 보이게 된다.

이를 다른 말로 설명하면 위와 같은 구성으로 되어있는 프레임 웹사이트의 경우 첫 번째 웹 페이지가 로딩될 때 Header 부분, Detail 부분, Contents 부분, Bottoms 부분, 프레임정보 부분 총 5개의 웹 페이지가 로딩된다. 각각의 페이지는 이렇게 5개의 페이지가 로딩된 후 새로운 메뉴를 선택하게 될 경우 Detail 부분의 페이지만 변경되는 것이다.

▲ 프레임 없는 웹사이트의 구조도(전체 콘텐츠가 로딩됨)

프레임을 이용한 웹사이트와는 다르게 프레임이 없는 웹사이트의 경우는 두번째 로딩될 때도 전체 콘텐츠를 다시 한번 로딩하기 때문에 프레임 웹 페이지에 비해 좀더 많은 네트워크 트래픽을 유발하게 된다.

프레임과 프레임이 없는 웹 페이지를 자세히 비교해보면 아래와 같다.

	프레임 웹 페이지	프레임이 없는 웹 페이지
첫번째 로딩했을 때 파일 수	각각의 5개의 파일	4개의 용량이 포함된 1개의 파일
두번째 로딩했을 때 파일 수	선택된 한개의 파일	4개의 페이지가 포함된 1개의 파일
첫번째 로딩했을 때 트래픽	5 * 10Kbyte = 50Kbyte	40Kbyte
두번째 로딩했을 때 트래픽	1개 파일 * 10Kbyte = 10Kbyte	4개 파일 * 10Kbyte = 40Kbyte

위에서 작성된 표와 마찬가지로 첫번째로 페이지를 로딩했을 때에는 프레임으로 된 웹사이트가 조금 큰 용량을 보이지만, 두번째로 페이지를 로딩했을 때에는 프레임이 있는 웹 페이지가 더 적은 용량의 네트워크 트래픽을 유발한다.

이러한 이유로 과거 느린 회선이나 고비용의 회선일 때에는 대부분의 웹사이트에서 프레임을 이용하여 웹사이트를 제작했었다. 하지만 시간이 흐르고 인터넷 회선 및 회선 이용료의 감소, 초고속 인터넷의 도입, 컴퓨터의 속도 향상과 다양한 캐싱 기능의 개발 등으로 위에서 언급한 네트워크 트래픽의 차이가 프레임을 이용한 웹 페이지와 프레임을 이용하지 않는 웹 페이지와의 차이를 거의 없게 만들었다.

```
<frameset rows="1*" cols="19%, 81%">
<frame name="contents" target_frame="detail" src="contents">
<frameset rows="15%, 69%, 16%">
<frame name="header" marginwidth="10" marginheight="14" src="header.htm">
<frame name="detail" marginwidth="10" marginheight="14" src="detail.htm">
<frame name="footer" marginwidth="10" marginheight="14" src="bottoms.htm">
</frameset>
</frameset>
```

네트워크 트래픽 비용을 생각하면 프레임이 있는 사이트가 더 유용하지만 좀더 멋진 UI 를 가진 웹사이트를 제작하기 위해서는 아무래도 프레임이 없는 것이 유리하다.

또한 프레임이 있는 웹사이트의 경우 반응형 웹이나 나뉜 프레임으로 인해 온전히 하나 의 페이지를 모두 사용할 수 없다는 단점이 존재한다. 따라서 특별히 네트워크 트래픽 에 대한 이슈가 존재하지 않는다면 프레임이 없는 웹사이트를 제작하는 것이 현재의 트 렌드에 맞는 방법이다.

2-5 홈페이지 콘텐츠 선정하기

이제 홈페이지 제작을 위한 계정 용량 확보와 HTML의 기본을 학습하였으니 본격적으로 홈페이지 제작을 위한 준비를 해보도록 하자.

홈페이지에서 제일 중요한 것은 바로 콘텐츠와 서비스이다. 홈페이지를 만든다는 것은

> **어떤 서비스 or 콘텐츠를 누구에게 제공할 것이냐**

를 정하는 것이다.

게임세상은 1998년도 게임을 좋아하던 필자가 게임관련 자료를 다른 네티즌들과 무료로 공유를 하고 싶은 의도에서 제작하게 되었다. 게임세상을 오픈할 당시인 1998년도만 해도 국내에서는 대부분의 게임관련 콘텐츠들은 하이텔, 천리안, 나우누리와 같은 유료 BBS에서 활발하게 제공되었지만 인터넷 홈페이지를 통해서는 무료로 제공되는 자료는 거의 존재하지 않았다(물론 해외 사이트는 굉장히 많았다).

어떠한 사이트를 제작할지에 대해서 가장 많이 고려해야 할 것이 바로

> **남들이 제공하지 않는 서비스 or 콘텐츠를 제공해야**

한다는 것이다.

이는 현재에도 그대로 적용되는 원칙이며 마케팅 전문가인 알리스의 《마케팅 불변의 법칙》에 나오는 **선구자의 법칙**에도 그대로 적용되는 내용이다.

개인 홈페이지라고는 하지만 필자가 추구하는 홈페이지는 개인을 위한 홈페이지가 아닌 누구나 찾는 누구나 필요로 하는 사이트를 제작하는 것이 목적이었다.

우리가 알고 있는 많은 웹사이트들이 초창기에는 단지 취미로 시작했던 웹사이트였으며 이러한 사이트들이 시간이 지난 후 지속적인 발전을 통해 각 분야별 국내 Top 사이트가 된 예가 적지 않다. DCinside, **클리앙**, **루리웹** 등이 이러한 사이트 들이며 필자가 추

구하는 웹사이트 역시 누구나 찾고 한번 들어오면 다시 찾고 싶은 웹사이트를 만드는 것이 목적이다.

게임세상이 만들어질 당시 게임 관련 웹사이트는 외국 게임정보 사이트와 동서게임채널과 같은 같은 퍼블리싱 업체나 블리자드와 같은 게임개발사에서 공식적으로 제공되는 자료가 전부였다. 외국에서 발매된 게임의 경우는 공식 홈페이지가 한글화되어 있지도 않았으며 패치와 같은 자료들은 느린 다운로드 속도, 인터넷 요금 등으로 자료를 다운로드 받기가 생각보다 쉽지 않았다. ATDT 01410 / ADSL 모뎀을 기억하는 독자라면 쉽게 이해가 갈 것이다.

필자가 게임세상 오픈 당시 제공했던 자료는 게임 매뉴얼, 게임 치트 단 두 가지였다. 두 자료의 특징을 보면 적은 용량과 많은 사람들이 필요로 하는 콘텐츠라는 점에서 최초 **게임세상의 핵심 콘텐츠**로 삼기로 하였다(1998년 오픈할 당시에는 약 100여 개의 자료가 전부였다).

게임 매뉴얼과 치트 정보로 시작된 자료는 추후 게임 공식 패치, 한글화 패치, 세이브 파일, 스타크래프트 맵 자료, 에디터 자료, 아이템 자료, 게임에 필요한 유틸리티 등으로 확대되며 이러한 자료가 게임세상의 핵심 콘텐츠로 자리잡게 된다.

2-5-। 콘텐츠의 질을 높이자

그럼 이렇게 다양한 곳에 흩어져 있는 자료를 찾아 그냥 업로드를 하면 유저들이 찾아올까?

절대로 그렇지 않다. 내가 이미 찾은 자료는 누구나 찾을 수 있는 자료이고 이렇게 찾은 자료는 나의 힘으로 재가공을 해야 나만의 차별화된 콘텐츠가 된다.

즉, 단순히 퍼오는 자료가 아닌 찾은 자료의

요약과 정리를 통한 새로운 콘텐츠 생산

이 게임세상에 좀더 많은 유저가 찾을 수 있었던 이유였다.

단순하게 퍼온 자료의 가치보다는 찾은 자료를 순서에 맞게 재정리하고 재편집하고 요약하면 단순히 퍼온 자료에서 새로운 콘텐츠로 바뀌게 된다.

퍼온 콘텐츠를 재가공하는 것도 좋지만 사실 제일 좋은 건 직접 콘텐츠를 생산하는 것이다.

지금의 게임세상은 **게임에 대한 모든 것 – 게임세상**이라는 사이트의 목적을 충실히 수행하기 위해 게임관련 다양한 정보를 제공하고 있다. 물론 개발적인 무언가가 들어가지 못한 무료 홈페이지 시대에는 제공하지 못했지만 **3장. 웹 호스팅의 시대**에서 이야기할 내용을 살짝 미리 알려드리고자 한다.

포탈이나 웹 커뮤니티에 비해서는 그렇게 많지 않은 2만여 개의 자료를 보유하고 있지만 게임세상 콘텐츠의 가장 큰 특징은 다른 사이트에는 없는 자료들이 많다는 것이다. 또한 타 사이트에서 제공하는 일반적인 자료실과는 다르게 관리자가

업로드 신청 → 관리자가 자료의 품질을 검토 → 최종 업로드 결정

을 통한 프로세스를 통해 최종 자료를 업로드 하기 때문에 자료의 질이 비교적 높은 편이다.

(바이러스 검사도 다운로드 받아본 후 일일이 관리자가 다 한다. 왜 직접 하냐고 물으신다면? 서버용 백신이 비싸서요, 라고 답하겠다.) 또한 다양한 게임관련 자료를 한꺼번에 제공하기 때문에 사용자들이 원하는 자료를 쉽게 찾을 수 있다는 특징이 있다.

굳이 게임세상의 콘텐츠가 남들이 다 제공하는 게임관련 자료를 제공하는 것 아니냐 라며 반문할 수도 있겠지만 게임세상을 만들 당시에는 위와 같은 콘텐츠를 제공하는 웹사이트가 거의 없었다(1990년대 말에서 2000년도 초반 인터넷 거품이 한창일 때 게임세상과 유사한 사이트들이 굉장히 많이 생겼으나 수익모델의 부재로 인해 거의 대부분의 사이트가 문을 닫았다).

게임세상의 경우 궁극적으로 추구하는 바로는 게임에 대한 모든 것이라는 슬로건 아래 웹사이트에서 게임관련 모든 서비스를 제공하는 것이다. 단순한 콘텐츠가 아닌 다른 사이트에서 찾을 수 없는 자료들을 제공하고 한자리에서 모든 게임관련 정보를 제공받을 수 있는 그러한 사이트를 만드는 것이 게임세상의 서비스 목적이다.

앞서도 이야기했지만 홈페이지는 그 홈페이지를 방문하는 유저에 눈높이를 맞추는 것이 중요하다. 늘 고객의 소리에 귀를 기울이고 고객들이 필요한 것이 무엇인지를 찾아내 이를 적절하게 웹사이트에 반영하는 것이 좀더 많은 사람들이 찾아오는 웹사이트를 만드는 방법이다.

홈페이지 내에서 각 콘텐츠를 추가할 때에는 여러 가지 고려해야 할 사항들이 많겠지만 구상한 콘텐츠가 실제적으로 네티즌들에게 얼마나 다가갈 수 있는지를 알아보아야 한다. 네티즌들의 요구사항을 알아보는 방법으로는 간단한 인터넷 poll이나 설문조사 또는 자료 요청 게시판 운영을 통해서 유저들의 일반적인 요구사항들을 파악할 수 있다.

게임세상의 자료 중 세이브 자료, 맵자료, GM 벌기 게시판, 에뮬게임자료와 같은 콘텐츠의 경우 게임세상을 방문하는 유저들의 요청에 의해 만들어진 자료실이다.

2-6 무료 홈페이지 시대의 게임세상 이야기

▲ 게임세상 v0.3의 초기 화면

게임세상 ver0.3을 만든 때가 아마도 1999년 말쯤이었던 것 같다. 최초로 만들었던 게임세상의 경우는 자료를 따로 가지고 있지 않아 이곳에 보여주지 못하는 것이 무엇보다도 아쉽다.

홈페이지의 전체적인 느낌을 보면 알겠지만 최초의 게임세상보다는 약간 발전된 형태인데 이는 검색엔진인 야후의 인터페이스를 매우(?) 모방하여 제작된 웹사이트였다.

야후를 본딴 게임세상 v0.3은 개발언어를 배우고 회원가입 시스템의 도입으로 곧 큰 변화를 겪게 되지만 그 당시에는 인기 있던 검색엔진의 UI를 모방한 것이 웹사이트의 인기도에 어느 정도는 영향을 끼친 것이 아닌가 생각된다(물론 완전히 부족한 사이트지만 ㅜㅜ).

▲ 게임세상 v0.3 다운로드 페이지

위의 페이지를 보면 게임명, 내용, 출처, 크기, 다운이라는 메뉴가 보일 것이다. 부족한 홈페이지 공간은 앞서 언급하였던 방법으로 공간을 확보했으며 출처의 경우, "유니"는 유니텔, "나우"는 나우누리를 나타내는 것이다.

이는 전부 앞서 언급한 HTML 태그만을 이용해 만들었으며 이때의 하루 방문자수가 약 100~200명 정도였던 것으로 기억한다.

자료 제목, 가나다 순으로의 정리, 용량, 각각의 다운로드 링크 등 무언가 개발적인 요소가 들어가 자동으로 제공되는 것 같지 않은가?

아쉽게도(?) 위에서 보이는 모든 콘텐츠(게임명, 내용, 출처, 크기, 다운로드 링크)는 전부 메모장을 통한 수작업으로 한땀한땀 날밤을 새며 HTML을 합치고 수정하는 작업을 통해 만들어진 것이다.

다음에 나오는 코드는 게임세상 v0.3의 HTML 코드 중 일부이다. 정말 한땀한땀 장인 정신이 느껴지지 않는가?

혹자는 이를 **노가다**라 말하고, 필자는 이를 **열정의 산물**이라고 말하고 싶다.

```html
<html>
<head>
<meta http-equiv="content-type" content="text/html; charset=EUC-KR">
<title>게임메뉴얼</title>
<meta name="keywords" content="게임 메뉴얼, 에디터, 패치, 치트키">
</head>
<body bgcolor="white" text="black" link="blue" vlink="purple"
alink="black">
<table border="0" cellspacing="0" width="600">
<tr>
<td width="100%"><p align="center"><a name="top"><font face="굴림체"
  size="2"><img src="images/mauual-logo2.gif" border="0"></font></a></p>
                        --- 일부 요약 --
<p align="center"><hr>
<p align="center"><a href="#가"><font face="굴림체" size="2">가</font></
a><font
  face="굴림체" size="2"> / </font><a href="#나"><font face="굴림체"
  size="2">나</font></a></p>
<p><hr><p><a name="가"><font face="굴림체" size="2">가</font></a><font
face="굴림체">
</font>
<table border cellspacing="0" width="100%" height="15">
<tr>
<td width="127" bgcolor="#C89956"><p align="center"><font
  face="굴림체" size="2">게임명</font></td>
<td width="279" bgcolor="#C89956"><p align="center"><font
  face="굴림체" size="2">내용</font></td>
<td width="44" bgcolor="#C89956"><p align="center"><font
  face="굴림체" size="2">출처</font></td>
<td width="51" align="right" bgcolor="#C89956"><p align="center"><font
  face="굴림체" size="2">크기</font></td>
<td width="40" bgcolor="#C89956"><p align="center"><font
  face="굴림체" size="2">다운</font></td>
</tr>
<tr>
<td width="176" bgcolor="white"><p><font face="굴림체" size="2"
  color="#996633"> 귀축왕란스</font></td>
<td width="279" bgcolor="white"><p><font face="굴림체"
size="2"> Manual</font></td>
<td width="44" bgcolor="white"><p align="center"><font face="굴림체"
  size="2" color="blue">11.3</font></td>
<td width="45" bgcolor="white"><p align="center"><font face="굴림체"
  size="2" color="#FF8000">23k</font></td>
<td width="39" bgcolor="white"><p align="center"><a href="manualdata/
k-rance-ma.rar"><font
  face="굴림체" size="2">Down</font></a></td>
```

```
</tr>
                    --- 일부 요약 ---
</table>
<p> </p>
<p align="center"><font face="굴림체" size="2" color="#A88048">Copyright
   (c) May 28, 1998 by </font><a href="mailto:hahoo@shinbiro.com"><font
   face="굴림체" size="2" color="#A88048">GameSesang</font></a><font
   face="굴림체" size="2" color="#A88048">, All rights reserved</font></
td>
</tr>
</table>
</body>

</html>
```

아래는 게임세상 매뉴얼을 만든 HTML 파일의 리스트이다. 총 10개의 HTML 페이지를 통해 매뉴얼 자료실을 만들어서 운영했다.

이름	수정한 날짜	유형	크기
images	2013-10-30 오후...	파일 폴더	
manualdata	2008-01-23 오후...	파일 폴더	
game-manual-list1	2000-08-06 오전...	Chrome HTML D...	23KB
game-manual-list2	2000-08-06 오전...	Chrome HTML D...	60KB
game-manual-list3	2000-08-06 오전...	Chrome HTML D...	41KB
game-manual-list4	2000-08-09 오후...	Chrome HTML D...	101KB
game-manual-list5	2000-08-06 오전...	Chrome HTML D...	23KB
game-manual-list6	2000-08-06 오전...	Chrome HTML D...	33KB
game-manual-list7	2000-08-06 오전...	Chrome HTML D...	43KB
game-manual-list9	2000-08-06 오전...	Chrome HTML D...	25KB
game-manual-list10	2000-08-05 오후...	Chrome HTML D...	3KB

지금 생각해보면 **돈도 안 되는데 참 열심히 했다**라고 생각된다. 하지만 그때의 그런 열정이 지금의 게임세상을 만들었고 필자를 웹 전문가로 거듭날 수 있도록 하는 밑거름이 되었다.

게임세상을 오픈한 지 어느덧 16년이라는 시간이 흘렀지만 아직까지도 게임세상의 디자인은 다른 유명한 웹사이트들처럼 아름답지도 멋지지도 않다. 이러한 UI의 변화가 없다는 것이 꼭 사이트의 발전이 없다고는 생각되지 않는다. 웹사이트에 화려한 디자인 요소 없이도 게임세상은 200만 회원을 만들었고 현재에도 많은(?) 사용자들이 꾸준히 방문하고 있다.

필자가 생각하는 좋은 홈페이지는 예쁜 홈페이지도 고난이도의 개발이 들어간 화려한 기능이 있는 홈페이지도 아니다.

좋은 홈페이지는

한번 오면 다시 찾을 만한 콘텐츠가 있는 홈페이지

다른 사이트에서는 찾을 수 없는 콘텐츠가 있는 홈페이지

유저의 소리에 항상 귀 기울여 발전하려고 노력하는 홈페이지

와 같아야 한다고 생각한다.

이제 게임세상의 본격적인 발전기인 **3장. 웹 호스팅의 시대**로 넘어가 보도록 하자.

- 홈페이지를 만드는 것은 어렵지 않다. 다만 잘 만들기가 어려울 뿐이다.

- 일일 전송량 제한, 즉 웹 트래픽은 홈페이지 운영을 위한 비용이 된다.

- 혹자는 노가다라 얘기하고 나는 열정의 산물이라 얘기한다.

- 웹사이트에 화려한 디자인 요소 없이도 게임 세상은 200만 회원을 만들었다.

- 홈페이지의 개발과 운영은 100M 단거리 경기보다는 마라톤과 같다.

- 무턱대고 많은 회원정보의 입력은 회원가입률 및 사용자의 충성도를 떨어뜨린다.

- 반드시 필요한 경우에만 본인인증을 도입하여 비용을 줄이자.

- 사이버 머니를 소비할 수 있는 서비스를 만들어라.

- 모든 서비스의 운영에는 정답이 없다. 끊임없이 노하우를 축적하고 사용자의 목소리를 듣고 반영하라.

- 뛰어난 코드 작성보다 중요한 것은 사용자의 요구에 맞춰 빠르게 대응하는 것이다.

- 서버 호스팅을 가장 저렴하게 이용하는 방법은 본인 스스로 관리 능력을 키우는 것이다.

- 열심히 공부했다. 왕성한 학습 능력 때문이 아니라 바로 비용을 줄이기 위해서.

- 사용자는 가만히 기다리면 방문해주지 않는다.

- 평균 페이지 로딩 시간은 5초를 넘지 않는 것이 좋다.

- 내 홈페이지를 제대로 알지 못하면 더 이상 발전할 수 없다.

- 처음 만들어진 홈페이지는 거대한 바다 위에 떠있는 하나의 섬과 같다고 볼 수 있다.

- 내 홈페이지를 찾는 대부분의 정보는 검색엔진을 통해 최초로 검색이 시작된다.

- 게임세상에서는 120×600, 727×90 사이즈의 배너가 전체 배너 광고 수익의 80%를 차지한다.

- 홈페이지 운영자는 회원 정보를 보호할 의무와 책임이 있다.

- 가장 철저한 보안은 해커가 가지고 갈 만한 정보를 갖고 있지 않는 것이다.

- 어렵다면 주위의 지인들을 적극 활용하자.

- 줄어드는 사용자, 남아도는 서버 자원, 어떻게 하면 비용을 줄일 수 있을까의 고민이 클라우드 호스팅 시대로 이끌었다.

- 모바일 홈페이지는 해도 되고 안해도 되는 서비스가 아니라, 반드시 만들어야 하는 것이다.

- 모바일 시대에서는 단순히 겉모습만이 아니라 속 알맹이까지도 모바일에 맞춰 변화를 해야 한다.

- 노력이 포함된 콘텐츠만이 사용자의 사랑을 받을 수 있다.

- 글을 쓰는 것은 힘들지만, 힘들기 때문에 가치가 있는 것이다.

- 내 홈페이지의 최대 충성 유저는 바로 나여야만 내가 운영하는 홈페이지가 성공할 수 있다.

03

웹 호스팅의 시대

"살아 있는 홈페이지를 만들기 위해서는
유지보수 편의성을 고려해 개발해야 한다."

웹 호스팅의 시대에서는 게임세상 운영을 하면서 느낀 점과 실패한 경험을 공유하고 웹사이트 개발을 위한 언어인 PHP와
데이터베이스인 MySQL 그리고 웹 호스팅을 하면서 반드시 알아야 할 정보 등을 학습한다.

3-1 웹 호스팅의 시대

게임세상은 크게 4가지 시대를 겪으며 운영된다. HTML만을 통해 운영한 **무료 호스팅의 시대**에서 회원가입이 본격적으로 시작된 **웹 호스팅의 시대**, 대규모 트래픽이 발생한 **서버 호스팅의 시대** 그리고 비용절감과 운영의 효율성을 높이기 위한 **클라우드 호스팅의 시대**로 변화되어 간다. 바로 서버 호스팅이나 클라우드 호스팅의 시대로 넘어가서 설명을 할 수도 있겠지만 적은 비용으로도 운영이 가능한 웹 호스팅을 먼저 거쳐보기를 권장한다.

처음부터 서버 호스팅이나 클라우드 호스팅을 이용하면 좀더 개발 측면에서 편리하게 홈페이지 개발이나 운영이 가능하겠지만, **천리길도 한걸음**부터 하다보면, 단계적 개발을 통해 비용적인 부분뿐만이 아니라 기술적인 부분에 있어서도 좀더 많은 정보를 얻을 수 있기 때문이다.

또한 이번 장의 **웹 호스팅의 시대**에서는 게임세상 운영을 하면서 느낀 점과 실패한 경험들을 공유하고 웹사이트 개발을 위한 언어인 PHP와 데이터베이스인 MySQL 그리고 웹 호스팅을 하면서 반드시 알아야 할 정보 등에 대해서 적어보려고 한다.

게임세상에서 도입한 시스템(사실 시스템이라고 하기에는 부족하지만)들이 2002년에는 그리 일반화된 것들은 아니었다. 레벨 시스템과 사이버 머니 시스템의 도입은 한편으로는 게임세상의 하드웨어적인 한계(스토리지 용량과 트래픽 제한) 등을 극복하기 위한 것이었고, HTML을 통해 운영자의 일방적인 자료 제공에서, 홈페이지를 방문하는 사용자와 쌍방향 커뮤니케이션을 이루어 나아가는 홈페이지로 변화해 나아가는 중요한 과정이었다.

Daum이 설립된 때가 1995년이고 한메일넷이 처음으로 오픈한 때가 1997년 5월, Daum 카페가 오픈한 때가 1999년 5월의 일이다. 게임세상은 Daum의 웹메일 서비스가 오픈한 지 1년 후, Daum 카페가 생기기 1년 전인 1998년 5월에 생긴 웹사이트인 걸 생각해보면 그때 게임세상을 본격적으로 사업화를 했으면 어땠을까 하는 아쉬움을 느끼곤 한다.

마케팅적 관점에서 Daum의 가장 큰 성공요인 중 하나는 바로 남들이 하지 않는 서비스를 처음으로 제공했다는 점이다. 웹메일은 Daum이라는 것을 네티즌에게 각인시켜 현재의 Daum을 만든 초석이 되었다. 게임세상 역시 남들이 하지 않는 서비스를 처음으로 제공하고 이를 꾸준히 유지시켰던 것이 지금까지 게임 관련 커뮤니티로 남을 수 있었다.

그럼 이제부터 본격적인 게임세상의 **웹 호스팅의 시대**에 대해 이야기해보자.

3-1-1 웹 호스팅이란?

웹 호스팅을 쉽게 풀어 이야기 하면 아파트 한동에 여러 가구가 들어가서 살 듯이 하나의 서버에 여러 개의 홈페이지들이 운영되는 서비스를 말한다.

하나의 서버에서 운영된다는 것은 CPU/메모리/네트워크 전송량 등 하드웨어적인 리소스뿐만 아니라 PHP 버전이나 아파치 버전, MySQL의 버전과 같은 소프트웨어적인 환경과 리소스를 모두 공유해서 이용한다고 생각하면 된다.

웹 호스팅의 장점은 저렴한 비용으로 개발환경을 얻을 수 있다는 점이고 단점은 모든 리소스를 공유해서 사용하다 보면, 자신만의 특화된 서비스를 개발하기 위한 환경 구축이 어렵다는 문제점이 있다.

게임세상의 경우도 무료 홈페이지의 한계를 절실히 느껴 웹 호스팅으로 홈페이지를 이전하였다. 이전을 하게 된 가장 큰 이유는 회원가입을 통한 마케팅을 위한 기본적인 정보의 획득과 쌍방향 커뮤니케이션을 위해서는 개발적인 무언가의 필요성을 절실히 느꼈기 때문이다.

그 당시 무료 홈페이지의 경우는 개발적인 기능들이 들어가기 위한 웹 프로그래밍을 위한 환경과 데이터베이스 환경을 제공하지 않았기 때문에 이러한 회원 가입 시스템을 운영하기 위해서는 데이터베이스와 웹 프로그래밍을 지원하는 환경이 필요하게 되었고 이러한 서비스를 제공하는 웹 호스팅으로 이전할 수밖에 없었다.

이렇게 게임세상은 이제 더 이상 무료로 운영할 수가 없었고 드디어(?) 유료의 시대인 웹 호스팅으로 넘어가게 된다. 물론 지금은 앞서 **2장. 무료 홈페이지의 시대**에서 설명한 무료 웹 호스팅 서비스가 있으니 이 서비스를 이용하면 여러분들은 필자처럼 웹 호스팅 시대에서도 무료로 홈페이지를 운영해 나아갈 수 있다.

3-1-2 웹 호스팅 가입하기

이번 장에서는 기존에 알려진 무료 웹 호스팅 이외에 유료 웹 호스팅을 가입하여 홈페이지를 제작할 수 있는지에 대해서 알아보도록 하자(사실 무료 웹 호스팅보다 유료 웹 호스팅이 여러 가지 측면에서 좋다. 좀더 넉넉한 용량/네트워크 트래픽 등).

국내의 경우 다양한 웹 호스팅 업체가 존재하며 각 업체에 대한 정보는 아래와 같다.

업체명	도메인	제공 서비스
후이즈	Whois.co.kr	도메인, 웹 호스팅, 서버 호스팅
가비아	Gabia.com	도메인, 웹 호스팅, 서버 호스팅
아이네임즈	i-names.co.kr	도메인, 웹 호스팅, 서버 호스팅

어떠한 웹 호스팅 업체가 나은지에 대해서는 필자가 추천을 하기는 쉽지 않은 것 같다. 다만, 웹 호스팅만을 제공해주는 업체보다는 도메인과 서버 호스팅, 네임서버 등 다양한 부가 서비스를 충실하게 제공해주는 업체를 선정하는 것이 좋다.

각종 검색엔진에서 **웹 호스팅**이라는 검색어를 입력하면 웹 호스팅을 제공하는 업체가 나오게 되며 그중 하나의 업체를 선택하게 되면 (이 책의 경우 게임세상이 과거 사용했던 웹 호스팅 서비스 업체 중 하나인 아이네임즈를 예를 들어 설명하겠다) 아래와 같이 복잡한 서비스들이 있는 메인 페이지를 보게 될 것이다.

▲ 웹 호스팅 업체인 i-names.co.kr의 메인 화면

위의 화면에서 보여지는 것처럼 대부분의 웹 호스팅 업체는 도메인 서비스와 다양한 부가 서비스를 함께 제공하고 있으며 우리가 필요한 서비스는 웹 호스팅이니 상단의 **호스팅 > 웹 호스팅 > 서비스 신청**을 클릭해서 웹 호스팅 상품의 종류가 어떠한 것들이 있는지 알아보도록 하자.

3-1-3 웹 호스팅 서비스의 종류

웹 호스팅 서비스는 아래와 같은 기준에 의해 분류되며 이들을 조합하여 상품이 구성된다.

OS 종류	Linux, Windows NT Sever
데이터베이스	MySQL, MS-SQL
스토리지 종류	HDD / SSD
스토리지 용량	1 Gbyte ~ 10 Gbyte
네트워크 회선	10M / 100Mbps (순간 접속량 기준)
일일 전송량	1Gbyte~10Gbyte (하루 전송량 기준)

웹 호스팅 서비스의 종류는 크게 OS로 나뉠 수 있다. 위의 표에서 보이는 것처럼 Linux 호스팅과 NT 호스팅과 같이 두 가지 경우로 나뉠 수 있으며 일반적으로 Linux는 PHP 프로그래밍, NT는 ASP 프로그래밍 환경을 제공한다. 사용되는 데이터베이스는 MySQL과 MS-SQL 두 가지 종류가 제공되며 Linux에서는 MySQL, NT 환경에서는 MS-SQL이 일반적으로 제공된다.

다음은 웹서비스에서 가장 중요한 시스템인 각각의 데이터베이스 시스템들의 특징을 살펴보도록 하자.

MySQL은 대표적인 오픈소스 방식의 데이터베이스이며 기본적으로 무료이므로 경제적으로 부담 없이 사용할 수 있다. 하지만 다양한 버전들이 존재하기 때문에, 유료로 구입해서 사용할 수도 있다. 유료로 구입해서 사용할 경우, 공식적인 지원을 받을 수가 있기 때문에 기업체에서는 유료제품을 구입하는 것도 적절한 선택이 될 수 있다.

또 다른 DB로는 MS-SQL이 있으며, MS-SQL의 가장 큰 단점으로 운영체제에 종속적이라는 것이다. 즉 MS Windows 계열(특히 Server 계열)에서만 사용할 수 있다는 단점을 가진다. 반면에 거대 기업 MS에서 출시하는 제품이기 때문에 지원 서비스가 잘된다는 장점과 역시 MS에서 나오는 개발툴인 Visual Studio와 호환이 잘 되며, 사용하기 편리한 인터페이스를 제공한다는 장점을 가지고 있다.

앞서 설명한 MySQL과 MS-SQL 외에도 오라클이나 MS-Access와 같은 데이터베이스가 존재하나 일반적인 웹 호스팅에서는 잘 사용되지 않는다(웹 서버에서는 일부 사용하기도 한다).

개발 언어 측면에 있어 MySQL에서는 주로 PHP라는 언어를 사용하는 반면에, MS SQL은 역시 MS사에서 개발한 ASP 또는 .NET과 함께 사용되는 경우가 대부분이다.

우리가 선택할 환경은 Linux OS에 PHP 언어 환경 그리고 MySQL을 제공하는 웹 호스팅 서비스이다. Windows 서버 환경에서 제공되는 웹 호스팅의 경우가 사용 측면에서 더욱 편리할 수도 있겠지만, 추후 무료 혹은 가장 저렴한 비용으로 웹 서버를 운영하기 위해서는 Linux 환경으로 설정되어 있는 웹 호스팅 환경을 선택해야 한다.

웹 호스팅에서는 Linux, PHP, MySQL이 비용적인 측면에서 가장 저렴하다.

Windows 서버 환경과 Linux 환경의 차이에 대해 소프트웨어적이나 하드웨어적인 측면에 대해 세부적으로 장단점을 이야기할 수도 있겠지만 비용적인 측면을 가장 중요시 생각한다면 당연히 Linux 환경을 선택해야 할 것이다.

현재 존재하는 Linux의 경우도 여러 종류(레드햇, Cent OS 등)가 있으나 우리는 Linux OS의 종류까지는 신경 쓸 필요는 없다. 그냥 가장 저렴한, 그리고 내가 운영할 홈페이지의 규모에 맞춰 서비스를 선택하면 된다.

웹 호스팅을 선택하기 위한 가장 중요한 조건이 가격이긴 하지만, 내 서비스의 규모에 맞지 않는 환경을 택한다면, 그 사이트를 방문하는 사용자는 항상 느린 로딩과 잦은 접속 불가 화면을 보게 될 것이다.

저렴한 것이 무조건 좋은 것은 아니다. 본인이 만들 서비스의 규모를 예상하고,

저렴하지만, 자신의 사이트 규모에 맞는 서비스를 선택

해야 한다.

자 그럼 웹 호스팅 업체에서 제공되는 서비스에 대한 용어 중 꼭 알아야 할 용어에 대해 알아보자.

웹 공간	자료를 올릴 수 있는 공간이다. 하드디스크의 용량이라고 생각하면 된다.
개발 환경	웹 프로그래밍을 위한 언어이다. Linux는 PHP, 윈도우는 ASP/ .Net을 주로 이용한다. 본인이 개발 가능한 언어를 선택하면 된다.
트래픽	하루에 전송되는 일일 전송량 제한 값을 뜻한다.

그럼, 게임세상은 어떠한 서비스를 선택했을까?

초기 웹 호스팅 시대의 게임세상은 일 방문자 5천명 내외, 하루 데이터 전송량 10Gbyte, HDD는 약 10Gbyte 정도의 공간이 필요했었다.

Tip

내 사이트의 방문자와 트래픽을 알아볼 수 있는 방법으로는 각 호스팅 서비스를 제공하는 업체에서 제공되는 네트워크 통계 자료를 활용하거나 "4장. 서버 호스팅의 시대"에서 다루게 될 로그 분석 툴을 이용하면 현재 본인 사이트의 트래픽에 대한 정보를 얻을 수 있다.

그럼 아래에서 게임세상은 어떠한 어떤 상품을 사용해야 할까?

▲ 자료출처: inames.co.kr에서 제공되는 호스팅 상품 정보(http://hosting.inames.co.kr/htOrders)

트래픽 부분과 웹 공간을 고려해서 i-Special이라는 상품을 구매해야 그나마 게임세상을 방문하는 방문자가 큰 어려움 없이 사이트를 이용할 수 있을 것이다.

그럼 홈페이시를 처음 시작하는 유저라면? 당연히 가장 저렴한 상품을 선택하면 된다. 나중에 본인이 직접 홈페이지를 만들어 보면 알겠지만, 만드는 순간은 방문자가 거의

10명도 되지 않는다. 만일 방문자가 10명이라면 그 중 5명은 홈페이지를 만든 본인일 것이고 나머지 5명은 내가 홈페이지를 오픈했다는 걸 알린 친구나 지인일 것이기 때문이다.

☑ 추가옵션 신청	* 옵션 추가는 기본 호스팅 종료일과 동일합니다.				
웹공간 추가	500MB ▼		트래픽 추가	500MB ▼	
DB 추가	50MB ▼		웹메일 추가	1개 * 30MB ▼	
옵션추가 가격	웹공간	DB	트래픽	웹메일	총 합계
	500MB	50MB	500MB	1 개 ✕ 30 MB	221,760 원 (VAT 포함)

▲ 웹 호스팅 추가 옵션 신청 화면

웹 호스팅을 받을 때 좀더 많은 스토리지 용량이나 확장된 네트워크 트래픽이 필요하다면 추가적인 상품에서 신청할 수 있다. 물론 추가 서비스를 신청하게 되면 비용은 자연스럽게 올라가게 된다(사실 이렇게 증가된 비용과 서버 호스팅과의 비용을 비교해서 어떠한 웹 호스팅 서비스를 운영할지, 서버 호스팅으로 서비스를 운영할지에 대한 고민이 필요하다).

위의 서비스 기준표는 i-names.co.kr이라는 웹 호스팅 제공업체에서 제공되는 단가이며 웹 호스팅 업체에 따라 가격은 +/- 20% 정도의 차이를 보인다.

어느 정도 규모가 되기 전에는 웹 호스팅으로 서비스를 이전할 필요가 없지만 회원가입을 위한 웹 프로그래밍 환경을 얻기 위해서는 어쩔 수 없이 웹 호스팅 또는 서버 호스팅을 이용하여 홈페이지를 제작해야 한다.

과거에는 일부 무료로 웹 개발 언어나 데이터베이스를 지원하는 웹 호스팅 업체도 있었으나 무료 웹 호스팅 업체가 인터넷 거품 이후 많이 문을 닫은 상태이다.

최종적으로 우리는 가장 저렴한 비용을 위해 일단 위의 서비스 중 "i Mini+"를 선택하거나 **2장. 무료 홈페이지 시대**에서 무료로 생성한 "무료 웹 호스팅" 서비스를 그대로 이용해도 된다.

필자가 앞서 설명한 무료 웹 호스팅 업체 중 해외 사이트의 경우는 메인 사이트로 이용하기보다는 자료실을 위한 서브 사이트로 이용하는 것이 좋다. 이유는 느린 네트워크 속도와 한국어 지원의 어려움 때문이다.

2장에서 이야기한 홈페이지 용량 늘리기 방법을 이용하여 국내 웹 호스팅을 메인으로 하고 해외 무료 호스팅 서비스를 자료실로 이용한다면 일일 트래픽 및 용량 문제 없이 극복할 수 있을 것이다.

3-2 홈페이지의 얼굴 도메인

필자가 처음으로 웹 호스팅으로 서비스를 이전할 때의 도메인 주소는 http://hahoo.new21.net이었다. new21.net은 웹 호스팅 업체명이고 hahoo는 필자가 만든 계정명이었다.

위 도메인과 **2장. 무료홈페이지의 시대**에서 생성한 도메인인 http://gamess.besaba.com을 보면 사이트의 특징을 전혀 나타내지 못하고 있다. 도메인은 무엇보다 사이트의 특징을 나타내 주는 데 있어 매우 중요하기 때문에 올바른 도메인의 선정은 정말 중요하다.

게임세상의 경우 웹 호스팅으로 서비스를 이전하고 어느 정도 운영이 잘 진행될 때 사이트의 진짜 이름인 **도메인**이 절실히 필요하게 되었다. 그래서 바로 GameSeSang의 약자인 http://www.GameSS.co.kr로 도메인을 선정하게 되었다.

필자가 이번에 다룰 내용은 앞서 이야기한 대로 사이트의 얼굴인 도메인에 대한 내용이다. 도메인의 생성 과정을 이해하면 올바른 도메인 선정을 할 수 있고 추후 신규 웹사이트 제작이나 브랜드 웹사이트(특정 제품을 홍보하기 위한 웹사이트) 또는 안티 웹사이트(해당 사이트에 대한 부정적 내용을 담은 웹사이트) 생성의 방지와 마케팅에 도움이 될 것이다.

다시 한번 이야기하지만 도메인은 사이트의 얼굴이기 때문에 사이트를 제작하는 기획 단계에서부터 선행되어야 할 매우 중요한 작업이다.

현재는 일부 "사이트명.kr"과 같은 한글 도메인이 존재하고는 있지만, 한글과 영문의 혼용 작성 등의 불편한 점 때문에 메인 도메인으로는 사용치 않으며, 안티를 방지할 목적 정도로만 도메인을 보유하고 있는 실정이다.

실제 웹 서버 접속 정보는 10.11.123.11과 같은 IP라는 숫자로 표시되는데, 이러한 IP 값과 gamess.co.kr과 같이 사용자가 인지하기 쉬운 영문으로 된 이름 즉 도메인을 연결시켜주는 서버가 바로 DNS_{Domain Name Server} 서버이다 실제로는 좀더 복잡한 순서로 도메인을 통해 사용자가 홈페이지에 접근하지만 간략히 도식화하면 아래와 같은 순서로 홈페이지에 접속하게 된다.

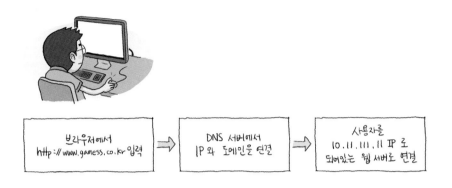

3-2-1 도메인의 이해

도메인은 하위 주소에 따라 co.kr 또는 go.kr, biz, com 등 수많은 하위 도메인이 등장하고 있으며 이러한 도메인에 대해서는 일일이 알 필요는 없다.

하지만 도메인의 기본적인 구조에 대해서는 학습이 필요하다. 도메인은 크게 3가지 부분으로 나뉜다(한국의 경우).

AAA .	co .	kr
ⓐ	ⓑ	ⓒ

ⓐ는 도메인명, ⓑ는 그 사이트의 종류(회사, 학교나 국가기관 등), ⓒ는 국가 종류를 나타낸다(일본의 경우 jp, 중국의 경우 cn).

현재 우리나라에서 가장 많이 사용되는 도메인들은 아래와 같다.

한글영문 혼합 도메인	한글도메인명.com / 한글도메인명.net / 한글도메인명.kr
영문도메인	.com / .net / .org / .biz / .info / .name / .cn / co.kr / .pe.kr/.or.kr / .ne.kr / .re.kr / .go.kr .ac.kr .mil.kr 등

위의 하위 도메인들을 보아서 알겠지만 굉장히 많은 종류의 도메인들이 있다.

이런 종류의 도메인들을 다 등록해야 할까? 물론 금전적인 여유가 되고 글로벌한 서비스를 운영할 예정이라면 모든 도메인을 등록해야겠지만, 제한적인 국가에서 제한적인 서비스를 한다면 본인 사이트의 특징을 잘 나타낼 수 있는 도메인만 선정하여 등록하면 된다. 혹은 .com과 같은 국가의 명칭이 존재하지 않는 도메인을 선정해도 될 것이다.

도메인 비용은 .kr 도메인은 년간 2만5천원, .com은 년간 3만원 내외의 비용이 소요된다. 도메인을 좀더 저렴하게 등록하기 위해서는 영문 도메인의 경우는 미국의 도메인 등록 대행사를 통해, 국내 도메인의 경우 http://domain.nic.or.kr/에 직접 도메인을 등록하게 되면 조금 절약된 가격에 도메인이 등록이 가능하지만 기타 부가 서비스 등을 위해서는 국내의 도메인 등록대행 업체를 통한 등록을 추천한다.

Tip

국내 도메인 등록 대행사

http://www.i-names.co.kr / http://whois.co.kr

3-2-2 도메인 등록 시 고민해야 할 것들

자! 그럼 이제부터 본격적으로 어떠한 도메인을 등록할지에 대해 진지하게 고민해 보자.

도메인을 등록하기 위한 전략은 여러 가지로 나뉜다. 기존 도메인을 가지고 있느냐? 아니면 새로운 도메인을 등록할 것이냐? 오프라인 브랜드를 위한 도메인의 등록이냐? 온라인 브랜드를 위한 도메인 등록이냐? 등등 도메인의 등록을 위해서는 많은 것들을 고려하고 고민해야 한다.

여러분이 "밤톨 게임즈"라는 회사를 가지고 있고 "게임세상"이라는 게임 정보 제공 서비스와 "롤스토리"라는 리그 오브 레전드의 스토리를 제공하는 홈페이지를 가지고 있다고 가정하자.

필자가 정할 수 있는 도메인은 아래와 같이 굉장히 다양한 조합으로 생성이 가능할 것이다.

밤톨 게임즈.kr / bamtolgames.co.kr / bamtol.co.kr / bamtols.co.kr / btg.co.kr
gamess.co.kr / gamess.com / gss.com
lolstory.com / lolstory.co.kr / leagueoflegendsStory.co.kr 등등

그럼 어떠한 도메인을 선택해야 할까?

앞서도 이야기했지만 도메인을 선정하는 데 있어서는 브랜드 전략을 어떻게 가져가야 할지가 중요하다.

밤톨 게임즈를 알릴지, 내가 서비스하고 있는 게임세상이나 롤스토리와 같은 서비스를 알릴지를 먼저 고민해야 한다. 만일 밤톨 게임즈라는 회사를 메인으로 하고 게임세상이나 롤스토리를 밤톨 게임즈에서 제공되는 부가 서비스로 제공한다면 밤톨 게임즈와 연관되는 도메인만 구매하면 될 것이고 각각의 서비스를 독립적으로 제공한다면 당연히 각각의 서비스에 따른 도메인을 유지해야 할 것이다.

필자의 경우는 회사보다는 각각의 서비스 홈페이지를 개별적으로 서비스할 목적을 지녔기 때문에 gamess.co.kr / gamess.kr / lolstory.co.kr과 같이 3가지 도메인만 선점하였다.

참고로 도메인을 선정하는 데 있어서 가장 중요한 것은

쉽게 "기억" 되어야 하고 쉽게 "입력"이 가능

해야 한다는 것이다. 쉽게 기억되고 쉽게 입력되어야 한다는 말을 다시 풀어서 이야기해 보면 최대한 짧은 길이로 도메인이 구성되어야 하고 apple과 같이 누구나 쉽게 기억되도록 만들어야 한다는 의미이다. 그래야 한번 방문한 사용자가 별도의 검색이나 즐겨찾기의 추가 없이도 다시 한번 해당 홈페이지를 쉽게 찾아 올 수 있기 때문이다.

밤톨 게임즈를 알리고 부가 서비스를 제공한다면, bamtolgames.com과 같은 도메인만 구매하고 게임세상과 롤스토리는 gamess.bamtolgames.co.kr과 lolstory.bamtolgames.co.kr과 같은 서브 도메인 형태로 서비스를 하면 될 것이다.

만일 예산이 여유가 되어 앞서 이야기한 모든 도메인을 구매한다면, 하나의 도메인에 집중하는 것이 매우 중요하다. 예를 들어 bamtolgames.co.kr이라는 도메인과 bamtolgames.com이라는 도메인이 존재한다면, bamtolgames.com이라는 도메인을 메인으로 하고 bamtolgames.co.kr로 접속한 경우에는 bamtolgames.com으로 자동으로 도메인이 변경될 수 있도록 조치를 해주는 것이 좋다.

이러한 하나의 도메인으로의 집중은 굉장히 중요하다. 여러 개의 도메인이 있다고 해서 네티즌들이 여러분이 가지고 있는 도메인을 모두 외워줄 것이라는 생각은 빨리 버리는 것이 좋다.

자 그럼 위의 도메인만 등록하면 끝일까? 당연히 아니다.

우리는 단순히 회사의 도메인을 선정하여 그 도메인만을 등록하기 위한 것이 아니라 좀 더 넓은 안목과 장기적인 안목에서 도메인들을 바라볼 줄 알아야 한다. 추가적으로 고려해야 될 도메인들은 다음과 같다.

안티밤톨 게임즈 / 안티게임세상 / antibatolgames.com / antigamess.com

위와 같은 도메인의 등록은 실제적인 사용을 위한다기보다는 당사 브랜드에 부정적인 사용을 방지하기 위한 목적으로 등록을 해야 한다. 이는 인지도가 큰 회사일수록 더욱 더 많은 안티 도메인을 등록해야 하며 이는 온라인 회사만이 아니라 오프라인 회사도 해당된다.

추후 안티 도메인 명이 타인에 의해 등록되면 해당 도메인에 대해서는 삭제가 불가능하다(관련 법규가 그렇다). "안티밤톨게임"이라는 도메인을 타인이 등록하여 운영중이라면 검색엔진에서 "밤톨 게임즈"라고 사용자가 검색어를 입력하면 자연스럽게 "안티밤톨 게임즈"도 동시에 노출된다는 것이다. 미리미리 대비하여 나중에 후회하지 말자.

3-2-3 도메인 등록

앞서 고민한 것들을 통해 도메인을 실제로 등록해 보도록 하자. 도메인 등록과 홈페이지의 연결은 아래와 같이 요약될 수 있다.

Step1. 도메인 선정
Step2. 등록 가능 도메인 확인
Step3. 도메인 등록
Step4. 등록된 도메인과 내 홈페이지 연결

어떤 도메인을 선정할지는 고민하였는가? 그럼 이제 시작이다.

Step_1 ▸ 도메인 선정

필자는 이미 gamess.co.kr / gamess.kr / lolstory.co.kr 이렇게 3개의 도메인을 이미 선점하여 운영중에 있으니 밤톨 게임즈를 잘 표현할 수 있는 도메인을 하나 선정하려고 한다.

여러 고민 끝에 선정한 도메인은 "bamtol.com"이다.

Step_2 등록 가능 도메인 선정

그럼 과연 등록 가능한 도메인인지 확인해 보도록 하자.

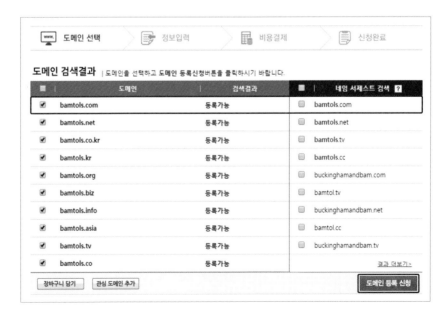

주요 도메인 등록

• 홈 > 도메인 > 도메인 등록 > **주요 도메인 등록**

| | 도메인 선택 | | 정보입력 | | 비용결제 | | 신청완료 |

도메인 검색결과 | 도메인을 선택하고 도메인 등록신청버튼을 클릭하시기 바랍니다.

☐	도메인	검색결과	☐	네임 서제스트 검색 ?
	bamtol.com	등록된 도메인 정보보기		bamtol.com
	bamtol.net	등록된 도메인 정보보기	☐	bamtol.tv
	bamtol.co.kr	등록된 도메인 정보보기	☐	bamtol.cc
☑	bamtol.kr	등록가능	☐	lbrands.net
☑	bamtol.org	등록가능	☐	thebamtol.com
☑	bamtol.biz	등록가능	☐	lbrands.tv
☑	bamtol.info	등록가능	☐	thebamtol.net
☑	bamtol.asia	등록가능	☐	thebamtol.tv
☑	bamtol.tv	등록가능	☐	lbrands.cc
☑	bamtol.co	등록가능		결과 더보기>

장바구니 담기 관심 도메인 추가   도메인 등록 신청

▲ http://dom.inames.co.kr/regists/registSearch

위의 결과에서 보이는 것처럼 필자가 원하는 도메인은 아쉽게도 등록이 불가한 도메인
이다.

그럼 대안으로 bamtolgames를 줄여 부를 수 있는 "bamtols.com"이 등록 가능한 도메
인인지 찾아보자.

| | 도메인 선택 | | 정보입력 | | 비용결제 | | 신청완료 |

도메인 검색결과 | 도메인을 선택하고 도메인 등록신청버튼을 클릭하시기 바랍니다.

☐	도메인	검색결과	☐	네임 서제스트 검색 ?
☑	bamtols.com	등록가능	☐	bamtols.com
☑	bamtols.net	등록가능	☐	bamtols.net
☑	bamtols.co.kr	등록가능	☐	bamtols.tv
☑	bamtols.kr	등록가능	☐	bamtols.cc
☑	bamtols.org	등록가능	☐	buckinghamandbam.com
☑	bamtols.biz	등록가능	☐	bamtol.tv
☑	bamtols.info	등록가능	☐	buckinghamandbam.net
☑	bamtols.asia	등록가능	☐	bamtol.cc
☑	bamtols.tv	등록가능	☐	buckinghamandbam.tv
☑	bamtols.co	등록가능		결과 더보기>

장바구니 담기 관심 도메인 추가   도메인 등록 신청

다행히 필자가 원하는 도메인이 등록이 가능한 상태이다.

Step_3 ▸ 도메인 등록 신청

그럼 등록을 희망하는 도메인만을 선택하고 **도메인 등록 신청** 버튼을 클릭해보자

도메인 등록 신청을 하게되면 아래와 같은 등록정보를 입력하는 곳이 보인다. 필요로
하는 정보를 모두 입력하자.

도메인 등록

• 홈 > 도메인 > 도메인 등록 > **도메인 등록**

www. 도메인 선택	정보입력	비용결제	신청완료

도메인 등록기간 선택 | 도메인 별 등록 기간을 선택 합니다.

도메인	등록기간/비용
bamtols.com	1년 / 28,600원 (다년신청시할인) ▼ 삭제
총 1 개	총 **28,600원** (VAT포함)

• 예치금 충전 후 등록하시면, 결제를 보다 편리하게 하실 수 있습니다.　　　예치금 잔액 : 0원 예치금 충전

관리 정보 ?

- **관리자 정보 선택**　　○ 직접입력　　　　　　● 정보 선택 회원정보 ▼ 등록정보 추가
- 관리자 이름(한글)　　**황영준**

  * 관리자 정보는 도메인 연장 등을 관리하는 정보이며, 소유자만이 도메인 소유권 인증을
  주장할 수 있습니다.
- 관리자 이름(영문)　　luke hwang
- 이메일
- 휴대전화번호　　010 ▼ - [　] - [　] ☑ 문자메시지 관리동의

  * 도메인의 연장안내 및 처리상태 정보를 휴대전화 문자메시지를 통해 전해 드립니다.
- 전화번호
- 팩스번호
- 주소　　152 - 050 우편번호

  　　　　　　　　　　　　　　　　1285
- 지로 청구서 수신 ?　　● 발송　　○ 발송안함

  * 도메인 이름의 연장시점에 위 주소로 지로 청구서가 발송됩니다.
- 영문주소　　1285　　　　　　　　Guro-dong Guro-gu Seoul

  Korea, Republic Of ▼

  영문 주소 표기 예 : 서울 서초구 양재동의 경우 Yangjae-Dong, Seocho-Gu, Seoul로 표기 됩니다.
- 네임서버정보 ?　　● 아이네임즈 네임서버(무료)　○ 직접입력　　네임서버 정보 선택 ▼ 네임서버 정보추가

네임서버	호스트 명	IP 주소
1차	ns1.uhost.co.kr	202.31.187.220
2차	ns2.uhost.co.kr	202.31.187.183
3차		
4차		
5차		

* 일부 도메인 중 2차 네임서버를 설정하지 않을 경우 정상적인 서비스 이용이 불가능할 수 있습니다.
* 네임서버가 없을 경우 아이네임즈의 기본 네임서버로 설정 후 등록하시기 바랍니다.
* 아이네임즈 기본 네임서버로 설정 시 무료 부가 서비스(파킹/포워딩 등)를 이용하실 수 있습니다.

부가서비스 신청

• 도메인 가드 [?]   ○ 신청   ● 신청안함

무단정보 수집에 대하여 도메인 등록정보를 보호할 수 있습니다. 자세히 보기

• 서비스 이용 약관 및 정책 동의

☐ 아래의 취급방침, 약관, 정책 등에 모두 동의합니다.

☐ 개인정보 취급방침을 확인하였으며 동의합니다.

☐ 도메인 등록약관을 확인하였으며 동의합니다.

☐ 분쟁해결정책 확인하였으며 동의합니다.

☐ ICANN 도메인등록자 권리와 책임 확인하였으며 동의합니다.

[이전단계] [다음단계]

약관 등에 동의하고 **다음단계**를 선택하자.

도메인 등록

• 홈 > 도메인 > 도메인 등록 > **도메인 등록**

| 도메인 선택 | 정보입력 | 비용결제 | 신청완료 |

신청 도메인 확인

도메인		등록기간/비용
bamtols.com		1년 / 28,600원

총 1개   총 **28,600**원 (VAT포함)

입력정보 확인 | 결제 이전에 입력정보를 확인 바랍니다. 변경을 원하시면 **이전단계** 클릭!

소유자 정보	이름 : 황영준(luke hwang) / 개인(일반) 이메일 주소 :
관리자 정보	이름 : 황영준(luke hwang) 이메일 주소 : / 휴대전화번호 : [관리자 정보 자세히보기]
네임서버 정보	1차 (ns1.uhost.co.kr 202.31.187.220) 2차 (ns2.uhost.co.kr 202.31.187.183)
도메인 관리 설정	휴대전화 문자메시지 관리: 신청(010-9495-9385)
지로 청구서 수신	주소:
도메인 가드	신청안함

결제 방법

결제 예정 금액	28,600원 (부가세 포함)	쿠폰 할인 금액	0원 [쿠폰적용]
결제 하실 금액	**28,600원** (부가세 포함)		

○ 신용카드   ○ 실시간 계좌이체   ○ 예치금 (잔액 0원)   ○ 무통장 입금(가상계좌)

ⓘ 결제하기 버튼은 한번만 클릭하시고 결제가 완료될 때까지 잠시만 기다려 주십시오.

[이전단계] [결제하기]

이제 결제만 완료되면 나만의 도메인을 가지게 된다.

드디어 도메인 등록이 완료되었다.

Step_4 등록된 도메인과 내 홈페이지 연결

그러면 등록한 도메인에 한번 접속해 볼까?

그런데 아쉽게도 내가 등록한 도메인으로 접속을 하면 아무런 정보도 보이지 않는다.

이는 내가 등록한 도메인과 내가 운영중인 홈페이지를 연결하지 않아서 발생하는 문제
이며 도메인과 홈페이지를 연결하면 나만의 도메인 주소로 홈페이지에 접속할 수 있다.

3-2-4 도메인과 홈페이지의 연결

그럼 지금부터 내가 만든 홈페이지와 내가 등록한 도메인을 연결해 보도록 하자.

Step_1 무료 호스팅 계정의 DNS 정보 확인

기존에 가입한 무료 홈페이지 사이트(http://www.hostinger.kr/)에 접속하여 **호스팅 〉 고급 〉 DNS 영역 편집기**를 확인하면 아래와 같은 Name Server 정보를 확인할 수 있다.

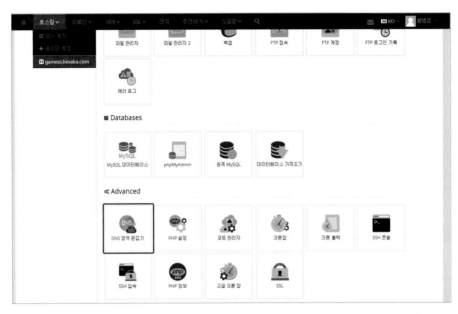

위에서 보이는 NameServer 정보인 ns1.hostinger.kr/ns2.hostinger.kr을 기록해 놓자.

NamesServer라는 것은 게임세상의 도메인과 같은 gamess.co.kr 같이 외우기 쉬운 영문으로 된 이름과 외우기 어려운 IP를 가진 서버를 서로 연결시켜주는 서버를 뜻한다.

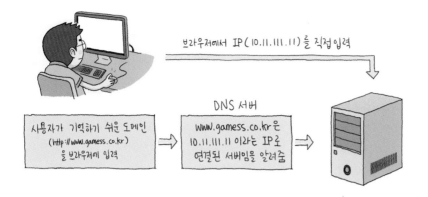

Step_2 도메인에 DNS 정보 변경

이제 내가 도메인을 등록한 i-names 사이트에 접속해서 **도메인 〉 정보변경 〉 네임서버 정보 변경** 페이지에 접근하면 아래와 같은 화면을 볼 수 있다.

연결할 사이트를 선택하고 네임서버 정보 변경을 선택해보자

현재 작성되어있는 "ns1.uhost.co.kr / ns2.uhost.co.kr" 대신 hostigner에서 확인된 네임서버 정보 "ns1.hosinger.kr / ns2.hosinger.kr"를 입력하자. 해당 서비스의 IP 정보는 윈도우 〉 command 창(시작 〉 CMD)에서 "ping ns1.hostinger.kr", "ping ns2.hostinger.kr"을 입력하여 확인하거나 "hostinger.kr"에서 발송되는 이메일 정보를 통해서도 확인할 수 있다.

서버 정보
서버명: server50.hostinger.kr
서버 IP: 31.220.16.41
고객님의 새로운 호스팅 계정에 기존 도메인을 사용하신다면 다음 목록의 네임서버로 갱신할 필요가 있을 것입니다.
네임서버 1: ns1.hostinger.kr 31.170.163.241
네임서버 2: ns2.hostinger.kr 31.220.23.1
네임서버 3: ns3.hostinger.kr 173.192.183.247
네임서버 4: ns4.hostinger.kr 31.170.164.249

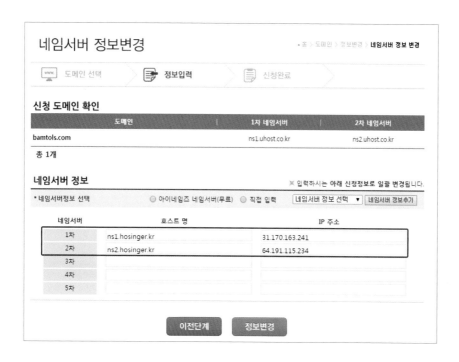

모든 정보를 입력하고 정보 변경을 클릭하자.

이제 bamtols.com의 도메인 정보를 관리하는 네임서버가 기존 inames에서 제공되는 "ns1.uhost.co.kr"에서 내 무료 웹 호스팅 업체인 hostinger의 네임서버인 "ns1.hostignger.kr"로 변경되었다.

네임서버는 여러 개를 등록할 수 있는데 최소 두 개를 등록해줘야 한다. 두개 이상을 등록하는 이유는 하나의 네임서버에 오류가 발생했을 때 다른 네임서버를 통해 정상적인 서비스를 제공하기 위함이다.

Step_3 무료 호스팅 서버에 내 도메인 등록하기

이렇게 도메인의 DNS 서버를 변경하고 나서 다시 내 무료 홈페이지에서 등록된 도메인 정보를 추가해 주어야 한다.

무료 홈페이지(http://www.hostinger.kr)에 로그인 후 **호스팅 〉 도메인 선택 〉 추가 도메인**을 선택하자

그럼 아래와 같은 도메인이 기존의 내 홈페이지와 연결된 것을 확인할 수 있다.

Step_4 기다리자 그리고 접속하자.

이제 기다리자. 등록된 도메인과 홈페이지의 IP가 정상적으로 연결되려면 최소 4시간에서 최대 48시간까지의 시간이 지나야 한다. 이제는 기다리는 일만 남았다.

정상적으로 모든 작업이 진행되었다면 아래와 같은 화면을 확인할 수 있다.

48시간이 지났는데도 불구하고 위와 같은 화면이 보이지 않는다면, DNS 주소를 다시 한번 확인해 보기 바란다.

이제 나만의 도메인과 나만의 홈페이지를 도메인을 통해 접속할 수가 있다.

이제부터는 본격적으로 개발이 포함된 웹사이트를 만들기에 앞서 개발에 가장 기본이 되는 PHP와 MySQL에 대한 기본적인 학습을 해보도록 하자.

3장 웹 호스팅의 시대 **089**

3-3 웹 프로그래밍 언어 PHP

게임세상이 무료 홈페이지에서 웹 호스팅으로 넘어가면서 겪은 가장 큰 변화는 바로 웹 프로그래밍의 도입이다.

당시(1990년대 말)까지만 해도 웹 프로그래밍 언어는 Perl을 이용한 CGI가 주를 이루었으며 PHP가 새롭게 등장한 것은 1990년대 말이다. PHP의 등장은 그 당시 웹 프로그래밍의 혁명이었다는 생각이 든다(물론 현재는 PHP 외에도 개발이 편리한 다양한 개발 언어와 프레임워크가 등장했다).

PHP의 가장 큰 특징은 무료라는 점이며 프로그래밍을 위한 문법이 필자가 배우고 있던 C와 매우 유사하여 아주 쉽게 웹 프로그래밍의 세계에 빠져들 수 있다는 점이다. 즉 기존에 배우던 프로그래밍 언어의 문법을 거의 그대로 사용할 수 있다는 점이 PHP의 가장 큰 장점이다.

처음 웹을 접하는 대부분의 사람들이 웹 프로그래밍을 굉장히 어렵게 생각하는 경향이 있다. 물론 프로그래밍 중에 고급 프로그래밍의 경우 공부해야 할 것도 많고 알아야 할 것도 많다. 일부 사용자는 프로그래밍 자체를 너무 두려워 한 나머지 프로그래밍에 대해 처음부터 모든 것을 포기하는 경향이 있다.

시작이 반이라는 말이 있지 않은가? 시작하라, 그럼 당신은 이미 웹 프로그래밍 분야에서 절반(?)의 전문가가 되어 있을 것이다.

필자는 게임세상의 운영과 제작을 위한 공부를 대부분 독학으로 마스터했다. 학원을 다닌 적도 없고 따로 누구에게 배운 적도 없다(물론 지금은 주변의 많은 개발자에게 많은 도움을 받고 있다). 학원과 학교를 제외하고라도 우리는 너무나 좋은 교육환경에 살고 있다. 모르는 것을 인터넷을 통해 물어보면 나보다 앞선 능력을 가진 네티즌이 너무나도 친절하게 그 물음에 답변을 해주니 말이다. 과거 유행하는 말 중에 "너 이게 뭔지 알아?"라는 정말이지 황당한 질문을 하게 되면 "네이버 지식검색에 물어봐"라는 유행어가 생기기도 했으니 말이다. 여러분이 찾고자 하는 정보는 모두 인터넷에 있으며 조금만 노력을 들인다면 원하는 자료를 쉽게 찾을 수 있을 것이다.

이 책을 읽는 독자 역시 아무것도 바라지 않고 당신에게 지식을 전수해 준 인터넷 정보 제공자들처럼 자신이 가지고 있는 정보를 필요로 하는 사람들에게 나누어 줄 수 있는 정보 제공자가 되었으면 하는 바람이다.

이제 다시 본론으로 돌아가 PHP의 문법에 대해서 간단히 공부해 보도록 하자.

PHP의 설치와 구현하기 위한 환경 등에 대해서는 이미 우리가 가입한 무료 웹 호스팅에 모두 설정되어 있으므로 설치에 대해서는 따로 자세히 설명하지는 않겠다. 이번 장에서는 PHP가 도대체 무슨 언어인지 어떻게 쓰면 되는 것인지 그리고 필수적으로 알아야 하는 것들은 어떠한 것들이 있는지에 대해 알아보도록 하자.

3-3-1 PHP의 시작

웹 프로그래밍을 배우는 데 PHP에서 제공되는 수많은 함수들을 모두 학습할 필요는 없다.

(알면, 고급 프로그래밍을 하는 데 분명 도움은 된다) 하지만, 무료 홈페이지 시대에서 설명했었던 HTML처럼 게임세상에서도 처음 PHP를 통한 웹 프로그래밍을 도입할 때 약 10여 개 내외의 함수만 이용하여 홈페이지를 개발하였다.

그럼 초기 게임세상에서 사용했던 PHP 함수들을 알아보자

함수명	설명
echo	문서에 텍스트를 출력해 주는 함수
if / else if / else	조건에 따른 결과를 보여주는 함수
for	조건에 맞은 내용을 반복해주는 함수
include	지정된 문서를 포함하여 출력해주는 함수

그럼 각 함수에 대해서 자세히 알아보도록 하자.

3-3-2 echo 함수

echo 함수는 입력한 문자를 출력해주는 함수로 PHP에서 가장 많이 사용되는 함수이다.

echo (문자열 또는 변수명)

먼저 메모장을 열어 아래와 같은 코드를 입력해 보자

```
<html>
<head>
<meta charset="utf-8">
<title>게임세상</title>
</head>
<body>

<?php
  echo("<p>게임의 모든 것 게임세상</p>");
?>

</body>
</html>
```

이렇게 만든 파일을 index.php로 저장하여 웹 호스팅 서버에 업로드를 하면 아래와 같은 결과가 나오게 된다(확장자를 꼭 .php로 저장하자).

FTP 업로드 방법은 2장. 무료 홈페이지의 시대의 무료 홈페이지 공간 만들기를 참고하기 바란다.

FTP 사용법 요약

Step1. FTP 프로그램을 설치하고 실행한다(FileZilla)
Step2. 호스트/ 계정명 / 비밀번호를 입력하여 호스팅 서버에 접속한다.
Step3. 파일 탐색기처럼 왼쪽의 파일을 오른쪽 호스팅 서버로 업로드 한다.

별도 도메인을 등록했다면 다음 그림과 같이 해당 도메인의 FTP 접속 정보를 다시 확인해주어야
한다.

위의 결과는 2장의 "무료 홈페이지" 부분에서 HTML로 작성한 문서와 같은 결과를 보여준다. HTML에서 문서의 시작을 <html>로 시작하여 </html>로 끝내는 것과 마찬가지로 PHP 역시 <?php로 시작하여 ?>로 끝내게 되면 이것이 바로 PHP 프로그래밍을 이용한 문서가 된다.

이를 변수를 이용하여 약간 응용하여 입력하면, 기존에 입력한 결과값과 동일한 결과값이 웹 브라우저에서 보이게 된다.

```
<html>
<head>
<meta charset="utf-8">
<title>게임세상</title>
</head>
<body>

<?php
  $msg = "게임의 모든 것 게임세상<br>";
?>
<?=$msg?>

</body>
</html>
```

echo 함수를 이용하여 문자열을 출력해줄 수도 있지만, HTML에서 바로 변수를 문자로 변환해 주는 방법은 위에서 보이는 것처럼 <?=$변수명?>으로 입력을 해주면 된다.

이 책에서는 PHP에서 사용되는 모든 함수들을 설명하지는 않을 것이다. 이미 그러한 내용은 인터넷이나 다양한 개발 서적을 통해 제공하고 있기 때문이다. 이 책에서는 실제 웹사이트 제작에 반드시 필요한 기능들을 설명하고 실습을 통해 초급개발자에서 중급 개발자로 가기 위한 기초적인 정보를 제공할 예정이다.

이 책의 내용을 모두 학습한다고 해서 초급 개발자가 되지는 않는다. 이 책의 목적은 초급 개발자를 길러내는 것이 아니라 200만 회원을 가진 주인장을 만들기 위한 책이기 때문이다.

상세한 개발 및 코딩 방법에 대해서는 별도의 PHP 관련 개발 서적을 참고하거나 커뮤니티(www.phpschool.com) 또는 php.net 웹사이트를 참조하기 바란다.

3-3-3 조건 함수, if/else if/else 함수

모든 프로그래밍 언어는 if/else if/else 함수를 통해서 개발된다고 해도 과언이 아니다. 그럼 조건 함수에 대해서 알아보도록 하자.

```
if (조건문) {
  statement;
}
else if (조건문){
  statement;
}
else{
  statement;
}
```

메모장에 아래와 같이 입력해보자.

```
<html>
<head>
<meta charset="utf-8">
<title>게임세상</title>
</head>
<body>
```

```
<?php
  $msg = "게임의 모든 것 게임세상<br>";
?>
<?=$msg?>

<?
  if ($data_type == "manual") echo("매뉴얼 자료실");
  else if ($data_type == "cheat") echo("치트 자료실");
  else echo("기타 자료실");
?>

</body>
</html>
```

위의 조건문을 설명하면 $data_type이라는 변수에 "manual"이라는 값이 입력될 때는 "매뉴얼 자료실"을 출력하고, "cheat"라는 값이 입력되면 "치트 자료실"을, 그밖의 값이 입력될 때에는 "기타자료실"을 출력하라는 조건문이다.

각 조건문에 들어가는 상세한 조건들은 아래와 같다.

조건	설명
!$a	변수 a에 값이 존재하지 않을 때
$a =! $b	변수 a와 변수 b가 같지 않을 때
$a > $b	변수 a가 변수 b보다 클 때
$a < $b	변수 a가 변수 b보다 작을 때
$a == $b	변수 a와 변수 b가 같을 때
$a > $b && $a < $c	변수 a가 b보다 크고 변수 c보다는 작을 때(and 조건)
$a > $b || $a < $c	변수 a가 b보다 크거나 변수 c보다 작을 때(OR 조건)

3-3-4 반복 함수, for 함수

for 함수는 해당 변수값이 특정 조건에 도달할 때까지 반복하는 함수이다.

```
for (시작 변수값 ; 변수값의 조건 ; 변수값이 변경 조건) {
    반복하는 동안의 내용
}
```

메모장에 아래와 같이 입력해보자.

```html
<html>
<head>
<meta charset="utf-8">
<title>게임세상</title>
</head>
<body>

<?php
  $msg = "게임의 모든 것 게임세상<br>";
?>
<?=$msg?>

<?
  if ($data_type == "manual") echo("매뉴얼");
  else if ($data_type == "cheat") echo("치트");
  else echo("기타");
?>
<br>
<?
  for ($i =0 ; $i< 5 ; $i++){
    echo ("$i $msg");
  }
?>
</body>
</html>
```

위 반복문을 설명해보면 $i라는 변수값의 초기값은 0이고 $i 값이 5보다 작은 동안 반복하고 $i 변수는 +1씩 증가한다는 표현이다.

이렇게 작성된 파일을 ftp로 업로드하고 결과값을 보면 아래와 같은 결과 화면을 볼 수 있다.

즉, i 값은 0부터 +1씩 값이 증가해서 i 값이 4까지 msg 변수 값의 내용인 "게임에 대한 모든 것 게임세상"이라는 문자를 총 5번 반복해서 보여주게 되는 것이다.

3-3-5 include 함수

include라는 말을 말 그대로 해석하게 되면 "포함하다"라는 뜻이다. 여기서 include 함수는 include 안에 있는 내용을 포함하여 웹 페이지에 해당 내용을 보여주라는 함수이다. include 함수를 적절히 활용하면 아래와 같이 반복적으로 사용되는 웹 페이지를 하나의 페이지로 관리할 수가 있다.

메모장에 아래와 같은 파일명으로 작성한 후 저장해보자.

header.php 파일로 저장

```
<html>
<head>
<meta charset="utf-8">
<title>게임세상</title>
</head>
<body>
  <p> 매뉴얼 | 치트 | </p>
```

contents.php 파일로 저장

```
<?php
  $msg = "게임의 모든 것 게임세상<br>";
?>
<?=$msg?>

<?
  if ($data_type == "manual") echo("매뉴얼");
  else if ($data_type == "cheat") echo("치트");
  else echo("기타");
?>
<br>
<?
  for ($i =0 ; $i< 5 ; $i++){
    echo ("$i $msg");
  }
?>
```

bottoms.php 파일로 저장

```
<p>COPYRIGHTS (C) 1988 - 2014 게임세상 ALL RIGHTS RESERVED SINCE MAY 28,
1998</p>
</body>
</html>
```

```
<?
  include("header.php");
  include("contents.php");
  include("bottoms.php");
?>
```

이렇게 각각 생성한 header.php/contents.php/bottoms.php/index.php 파일을 ftp를 이용하여 업로드해보자.

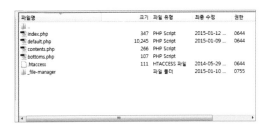

다시 웹브라우저를 통해 www.bamtols.com을 입력하면 아래와 같은 화면이 보이게 된다.

실제로 제작한 파일은 총 4개이지만, 우리는 3개의 파일(header.php/contents.php/bottoms.php)을 index.php에 포함하여 하나의 파일인 index.php만 사용자에게 보여주게 되는 것이다.

즉, 계속적으로 반복해서 사용하고자 하는 HTML 또는 PHP 파일들을 따로 분리하여 저장한 후 필요할 때 이를 불러들여 사용함으로써 하나의 파일로 모든 페이지에서 보여지는 페이지를 관리함으로써 효율적으로 웹사이트를 유지보수하고 관리할 수 있도록 해주는 함수가 바로 include 함수이다. include 함수를 적절히 활용하면, 반복적으로 사용되는 페이지를 하나의 PHP 파일에서 관리하게 할 수 있다.

실제 홈페이지에서 사용되는 부분은 모든 페이지에서 반복적으로 사용이 필요한 메뉴나 회사정보가 들어가 있는 bottoms 또는 배너 광고가 걸리는 페이지들이다.

홈페이지는 제작함으로써 끝나는 게 아니며 살아 있는 홈페이지를 만들기 위해서는 반드시 유지보수 및 운영을 고려하여 개발을 해주어야 한다.

살아 있는 홈페이지를 만들기 위해서는 유지보수 편의성을 고려해 개발해야 한다.

요즘은 이렇게 단순한 코딩을 벗어나 다양한 개발 프레임워크Framework를 이용하여 개발하고 있지만, 이러한 프레임워크는 어느 정도 개발 노하우가 쌓인 이후에 활용해도 늦지 않다.

지금까지 PHP에서 반드시 알아야 할 기본적인 몇 가지 함수를 공부해보았다. 사실 홈페이지를 개발하기 위해서는 앞서 설명한 몇 가지 함수 이외에 더욱 다양한 함수들을 학습해야 하지만 앞서 이야기한 대로 좀더 다양한 함수에 대해서는 홈페이지의 핵심 기능을 이야기하면서 추가적으로 설명하도록 하겠다.

3-4 데이터베이스, MySQL

홈페이지를 개발하기 위해서 반드시 알아야 할 것이 바로 데이터베이스다. 앞서 설명한 대로 데이터베이스에도 다양한 종류가 존재하나, 이 장에서 이야기할 데이터베이스는 우리가 사용할 MySQL이다.

데이터베이스 자체만의 성능을 비교해보면 오라클이나 MS-SQL에 비해 어느 정도 떨어진다고는 알려 있지만, 우리가 서비스하는 200만명 정도의 회원을 운영하는 데 있어서는 안정적으로 운영이 가능하다. 또한, 무엇보다도 MySQL의 가장 큰 장점은 바로 오픈소스이며 무료라는 점이다.

그럼 이번 장에서는 MySQL에서 사용되는 기본적인 사용법을 익혀보도록 하겠다.

대부분의 MySQL 관련 서적은 console(도스 커맨트창과 같은)에서의 사용법을 주로 설명하고 있지만 필자는 DB를 웹에서 쉽게 관리할 수 있는 phpMyAdmin을 이용하여 데이터베이스를 GUI로 원격 관리할 수 있는 방법으로 설명을 하도록 하겠다.

아래에서 제공되는 기본적인 정보 이외의 정보는 http://www.mysql.com/을 참조해주기 바란다.

3-4-1 MySQL 이용을 위한 준비, Database 만들기

Step_1 ▶ DB 생성하기

사실 아이네임즈에서 제공되는 MySQL 서비스를 통해 설명할 수도 있겠지만, 아이네임즈의 경우 유료를 통해 웹 호스팅을 가입해야만 이용이 가능하다는 문제점과 기존 무료 웹 호스팅을 통해서도 데이터베이스 이용방법에 대한 설명이 충분하기 때문에 무료 웹 호스팅 서비스인 호스팅거Hostinger.kr 서비스를 통해 설명을 하려고 한다.

사실 아이네임즈에서 제공되는 MySQL이나 호스팅거에서 제공되는 MySQL이나 이용 방법은 동일하다. 다만 최초 접속 경로가 서비스 제공업체에 따라 다르다는 점을 제외 하면 말이다.

그럼 기존에 무료로 가입한 웹 호스팅인 호스팅거에서 제공되는 MySQL을 통해 데이 터베이스를 생성해 보도록 하자.

Hostigner.kr 접속 〉로그인 〉호스팅 〉본인 도메인 선택(bamtols.com) 〉 Database 〉 MySQL 데이터 베이스를 선택하자.

아래 붉은색 박스 부분에 본인이 원하는 "데이터베이스명"과 DB 접속 "ID" 그리고 "비 밀번호"를 설정하고 생성 버튼을 클릭하자

정상적으로 Database가 생성되었다면 아래와 같이 DB가 생성된 것을 확인할 수 있다.

Step_2 DB에 접근하기

그럼 이제 본격으로 DB를 관리를 하기 위한 방법을 알아보자.

위의 화면에서 phpMyAdmin을 클릭하면 아래와 같이 생성된 DB에 접속할 수 있는 것을 확인할 수 있다.

▲ phpMyAdmin 관리 화면

3-4-2 MySQL 실습

본격적으로 실습하기에 앞서 SQL에서 사용되는 용어와 쿼리에 대해 기본적으로 알아보자. 데이터베이스라고 하는 것은 데이터를 특정 규칙에 따라 모아놓은 공간이라고 보면 된다. 홈페이지에서는 이렇게 모여 있는 데이터에서 우리 원하는 질의Query를 통해 원하는 데이터를 뽑아오고 PHP와 HTML을 이용하여 우리가 원하는 형태로 데이터를 보여주게 되는 것이다.

이를 도식화하면 아래와 같다.

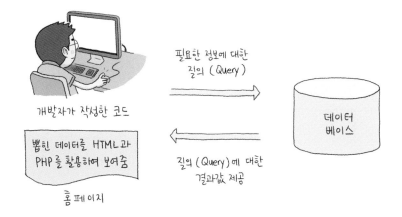

그럼 기본적인 데이터베이스의 용어 및 쿼리들에 대해 알아보자.

구분	설명
DB	데이터베이스를 뜻한다. 아파트로 따지면 아파트 단지로 생각하면 된다.
table	데이터베이스 내의 각각의 독립적인 데이터의 집합이다. 아파트 한동이라고 보면 된다.
data	자료다. 각 동에 있는 하나의 가구로 생각하면 된다.
Select 쿼리	데이터베이스 내의 특정 조건에 따른 결과값을 호출하기 위한 쿼리이다.
Insert 쿼리	데이터베이스 내 테이블에 데이터를 입력할 때 사용하는 쿼리이다.
Update 쿼리	데이터베이스 내 테이블의 정보를 수정할 때 사용하는 쿼리이다.
Delete 쿼리	데이터베이스 내 테이블의 정보를 삭제할 때 사용하는 쿼리이다.

그럼 예제를 통해 데이터베이스의 사용법에 대해 알아보자.

3-4-3 Table 생성 및 삭제하기

PhpMyAdmin에 접속해서 좌측 Create Table을 선택하자.

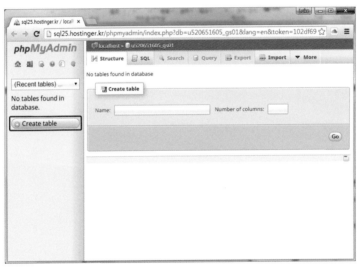

무언가 엄청나게 복잡한 것이 나왔다. 하지만, 너무 어렵게 생각하지 말자.

상세한 실습 내용을 작성하다 보니 이 책이 개발자를 위한 책인지 200만 회원을 만들기 위한 과정에 대한 책인지 필자도 헷갈리기는 한다. 하지만, **나홀로 개발/기획/디자인/운영**을 하려면 어쩔 수 없이 이러한 DB의 이용 방법을 학습해야 한다.

만일 본인에게 금전적인 여유가 있다면 별도의 개발자를 고용하여 개발을 하거나 그것 역시 금전적인 부담이 된다면 wixx.com을 이용하여 템플릿화된 홈페이지를 만들면 될 것이다. 하지만 처음에는 홀로 많은 것을 극복하며 배워나갈 것을 추천한다.

너무 어렵고, 복잡하다고 포기하지 말고, 정말 필요한 기능만 작성할 예정이니 하나씩 천천히 따라해보자.

여기서의 실습 내용으로는 회원가입을 위한 DB table을 만든다는 가정하에 table을 만들도록 하겠다. 회원가입을 할 때 기본적으로 필요한 정보는 무엇이 있을까? 아마도 아래와 같은 정보가 될 것이다.

컬럼명칭	설명
id	20자 이내의 특수문자를 제외한 숫자와 영문조합
password	20자 이내의 암호화된 숫자와 영문조합
nickName	10자 이내의 숫자와 영문조합
email	30자 이내의 @이 포함된 숫자와 영문조합

위의 정보가 입력될 table을 만들면 아래와 같다.

Table Name	members	
Column Name	type	Length/Values
id	varchar	40
password	varchar	40
nickname	varchar	20
email	varchar	60

위에 정리된 정보를 PhpMyAdmin에 입력해보면 다음과 같다. 다른 부분은 굳이 신경 쓰지 않아도 된다(사실 신경쓰면 좋긴한데 우리는 DBA가 아니다. 홈페이지가 일단 돌아가게만 만들면 된다).

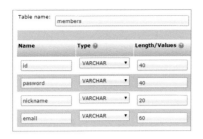

이후 우측 하단의 Save 버튼을 클릭해보자

▼ 자료형(Data type)의 종류

Data Type	설명
int	+ − 값의 정수형을 표현한다.
varchar	문자열을 입력하는 자료형, 숫자나 특수문자 등 모든 문자열 입력이 가능하다.
date	날짜를 나타내는 자료형

위의 Data Type 이외에 text나 bit 등 다양한 자료형이 존재하나 실제로 웹에서 사용되는 자료형은 위의 3개의 자료형을 주로 사용한다.

이제 아래와 같이 members라는 이름의 테이블이 생성된 것을 알 수 있다.

테이블을 삭제하고 싶다면 중간의 "Drop"을 클릭하면 아래와 같은 경고창이 보인다. "OK"를 클릭하게 되면 바로 "table"이 삭제되니 OK를 누르지는 말자. ^^;

테이블을 생성하는 것을 쿼리로 작성하면 아래와 같다.

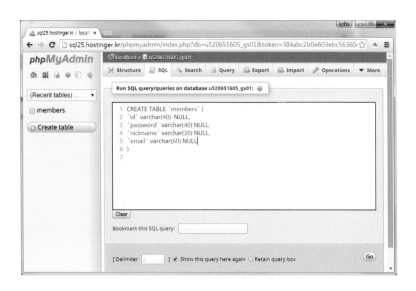

추가적인 정보를 확인하고 싶다면, 테이블명인 "members"를 클릭하면 아래와 같은 상세 정보를 확인할 수 있다.

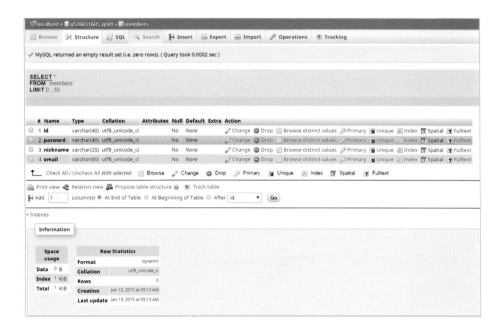

여기 나오는 정보를 모두 꼭 알아야 할까? 알면 좋지만 그냥 이런 화면이 있다 정도만 알면 된다. 꼭 알고 싶다면? MySQL 전문서적을 구매해서 학습하도록 하자. 위에 대한 상세 정보 몰라도 된다. 그냥 따라하자. 그럼 홈페이지가 만들어진다.

3-4-4 Insert 쿼리

Insert 쿼리는 앞서 설명한 내용 대로 table 내에 데이터를 입력하기 위한 쿼리이다. 그럼 기존에 만들어진 테이블에 Insert 쿼리를 이용하여 데이터를 입력해보자

Insert 쿼리의 기본 문법

```
Insert into 테이블명
(컬럼명1, 컬럼명2)
Values
(컬럼1에 들어갈 데이터1, 컬럼2에 들어갈 데이터2),
(컬럼1에 들어갈 데이터1, 컬럼2에 들어갈 데이터2)
```

이제 phpMyAdmin에서 제공되는 기능을 이용하여 테이블에 데이터를 입력해보자. 우측 상단의 Insert 탭을 클릭하게 되면 아래와 같은 화면이 보이게 된다.

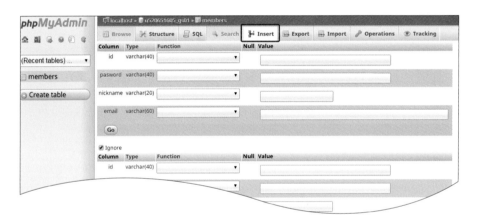

그럼 Value에 아래와 같이 두개의 정보를 입력하고 Go를 클릭하자.

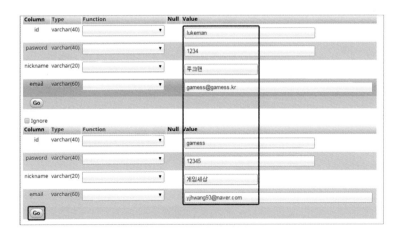

그러면 아래와 같은 화면이 보이면서 members 테이블에 데이터가 정상적으로 들어간 것을 확인할 수 있다.

이를 SQL 쿼리문으로 작성하면 아래와 같다.

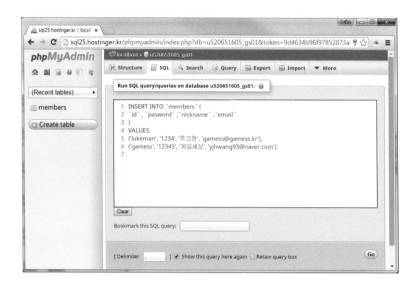

위에서 작성된 쿼리를 설명해보도록 하겠다.

쿼리문	설명
INSERT INTO 'members'	members 테이블에 데이터를 입력하자
('id', 'password', 'nickname', 'email')	적용되는 컬럼은 이것이다.
VALUES ('lukeman', '1234', '루크맨', 'gamess@gamess.kr'), ('gamess', '12345', '게임세상', 'yjhwang93@naver.com');	위에서 적용된 컬럼에 값을 입력해라

좌측의 members라는 테이블 명을 클릭하면 아래와 같이 정보가 입력된 것을 확인할 수 있다.

이것이 바로 DB 테이블에 데이터를 추가하는 insert 쿼리이다. 실제로 insert 쿼리를 PHP에서 사용하는 다양한 방법은 **PHP와 MySQL을 이용한 웹사이트 개발** 부분에서 설명하도록 하겠다.

사실 홈페이지를 개발하다보면 실제로 DB를 관리하는 툴에 들어오는 경우는 DB에 문제가 생겼거나 table을 생성하거나 table의 컬럼을 수정할 때 정도이다.

그러면 MySQL에서 제일 중요한 Select 쿼리에 대해 알아보자.

3-4-5 Select 쿼리

그럼 Select 쿼리문의 기본적인 문법을 알아보자.

```
Select  *  또는 찾을 컬럼명
From 찾을 테이블명
Where  조건절 ;
```

Select 쿼리는 찾고자 하는 테이블 내의 특정 조건을 확인하여 결과값을 호출하는 것을 뜻한다.

그럼 기존에 만들어진 테이블에서 자료를 한번 뽑아보자.

phpMyAdmin 화면에서 아래와 같이 SQL 탭을 선택하고 select 쿼리문을 입력해보자.

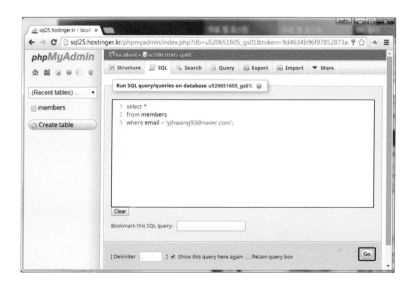

위와 같은 쿼리를 입력 후 Go 버튼을 클릭하게 되면 결과값이 보여지며 그 결과값은 아래와 같다.

id	pasword	nickname	email
gamess	12345	게임세상	yjhwang93@naver.com

위에서 작성된 쿼리를 설명하면 아래와 같다.

쿼리문	설명
select *	모든 컬럼에 대한 정보를 뽑는다.
from members	members 테이블에 있는 정보를 뽑는다.
where email='yjhwang93@naver.com';	email이라는 컬럼에 yjhwang93@naver.com이라는 이메일 주소를 가진 값의 정보를 뽑는다.

이러한 쿼리 이외에 앞서 설명한 조건 내의 등호를 통해 (!=, >, <) 다양한 데이터를 뽑을 수가 있다.

예를 들어 특정한 날짜 이후에 회원가입을 한 사용자를 뽑을 수도 있고, 특정한 도메인의 이메일 주소를 가진 사용자를 뽑을 수도 있다.

그럼 DB 컬럼 중 생년월일을 나타내는 컬럼이 있고 나이가 만 14세 이상인 사용자를 뽑는다고 가정하면 어떠한 쿼리를 작성해야 할까?

아래와 같은 쿼리가 될 것이다.

```
select * from members where birthday >'2000-1-1'
```

앞서 설명한 것처럼 select 쿼리는 실제로 홈페이지를 개발하는 데 가장 많이 사용하는 쿼리이고 이 쿼리만 잘 사용해도 좀더 다양한 결과값을 얻을 수 있다.

3-4-6 Update 쿼리

Update 쿼리의 기본적인 문법은 아래와 같다.

```
UPDATE  테이블 명
SET 컬럼명1=값1, 컬럼명2=값2...
WHERE 조건절 (컬럼명 = 값)
```

그럼 동일하게 아래와 같은 쿼리를 입력해보자

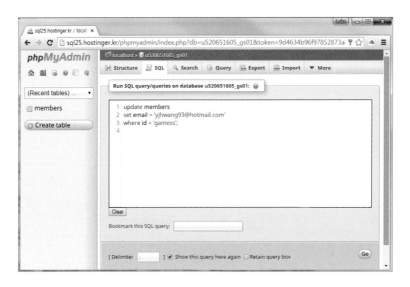

위와 같은 쿼리를 입력하면 아래와 같은 메지시를 확인할 수 있다.

✔ 1 row affected. (Query took 0.0002 sec)

다시 Select 쿼리를 이용하여 정보가 정상적으로 반영되었는지 확인해보자.

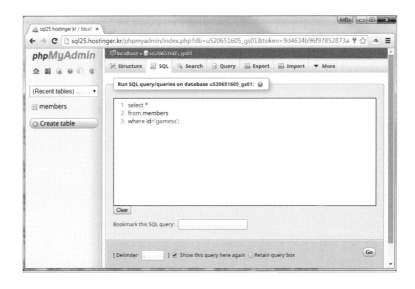

SQL 화면에 위와 같은 정보를 입력하면 아래와 같은 결과를 확인할 수 있다.

id	pasword	nickname	email
gamess	12345	게임세상	yjhwang93@hotmail.com

위의 정보를 보면 email 값이 기존의 'yjhwang93@naver.com'에서 'yjhwang93@hotmail.com'으로 변경된 것을 확인할 수 있다.

위에서 작성된 쿼리를 설명해보면 아래와 같다.

쿼리문	설명
upate members	members라는 테이블의 정보를 업데이트 한다.
set email ='yjhwang93@hotmail.com'	email 컬럼의 정보를 'yjhwang93@hotmail.com'으로 업데이트 한다.
where id='gamess';	id 컬럼값이 'gamess'인 모든 정보를 업데이트 한다.

Update 쿼리는 주로 자료실의 정보수정이나 회원정보를 수정하는 등 기존의 정보를 수정하는 용도로 사용된다.

3-4-7 Delete 쿼리

Delete 쿼리는 조건에 맞는 데이터를 삭제하는 쿼리이다.

문법은 아래와 같다.

```
DELETE FROM 테이블명
    WHERE 조건절 (컬럼명 = 값)
```

홈페이지를 제작할 때 Delete 쿼리는 주로 회원탈퇴나 기존에 업데이트 된 자료를 삭제하는 데 사용된다.

그럼 아래의 쿼리를 phpMyAdmin에서 실행해보자.

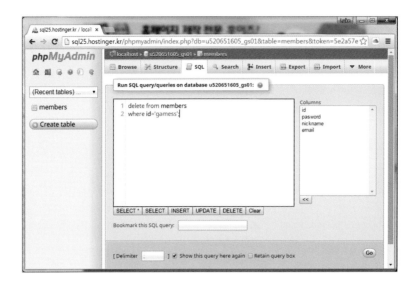

쿼리가 정상적으로 실행되면 아래와 같은 메시지를 확인할 수 있다.

✔ 1 row deleted. (Query took 0.0002 sec)

그럼 members 테이블내 데이터 정보를 확인해보자

id	pasword	nickname	email
lukeman	1234	루크맨	gamess@gamess.kr

위에서 작성된 쿼리를 설명하면 아래와 같다.

쿼리문	설명
delete from members	members라는 테이블의 정보를 삭제한다.
where id = 'gamess'	id 컬럼의 정보중 값이 'gamess'인 값을 찾아 삭제한다.

이제 MySQL에서 가장 기본적인 insert/select/update/delete 쿼리를 학습해 보았다. 사실 위에서 언급한 것 이외에 inner/outer join과 같은 많은 쿼리가 있지만 홈페이지를 개발하기 위한 가장 기본적인 부문에 초점을 맞춰 학습해 보았다.

MySQL에 대한 좀더 많은 정보는 "mysql.com", "www.w3schools.com/sql" 또는 "phpschool.com" 사이트를 참고하기 바란다.

3-5 PHP와 MySQL을 이용한 웹사이트 개발

앞서 설명한 간단한 PHP 함수와 MySQL의 기본적인 함수와 쿼리를 이용하여 게임세상의 핵심기능인 자료실, 회원가입, 사이버 머니 서비스를 개발하는 방법에 대해 학습해보고자 한다.

필자는 전문 개발자가 아니다. 그럼에도 불구하고 이 글을 작성하는 이유는 전문 개발자가 아니어도 PHP와 MySQL에서 제공되는 핵심 함수와 쿼리를 이용하여 홈페이지를 개발할 수 있다는 것을 알려주고 싶기 때문이다.

사실 아래의 자료실이나 회원가입, 사이버 머니 시스템을 모두 한꺼번에 만들지는 않았다. 실제 게임세상의 다양한 기능들은 오랜 기간 하나씩 추가되었고 하나의 서비스가 오픈될 때까지 짧게는 두달 길게는 6달 이상이 소요되었다(전문 개발자라면 이 기간이 10분의 1로 줄어들었을 것이다. ^^;).

아래에 작성된 게임세상의 핵심 기능 이외에도 다양한 기능을 지금도 만들고 있고 앞으로도 유저들의 목소리를 들으면서 계속적으로 서비스를 발전시킬 예정이다.

홈페이지의 개발과 운영은 100M 단거리 경기보다는 마라톤과 같다. 꾸준히 하나씩 학습하면서 기능을 하나씩 개발하고 개발된 서비스에 대한 유저들의 목소리를 듣고 개선하다 보면 필자처럼 어느덧 수백만 홈페이지의 주인장이 될 수 있다.

3-5-1 PHP와 MySQL 연동하기, DB의 정보를 화면에 보여주기

그럼 이제부터 본격적으로 PHP를 이용하여 웹사이트를 개발해보자

▼ PHP와 MySQL을 연동하기 위해서 사용되는 함수들

함수명	내용
mysql_connect()	MySQL 접속을 위한 함수
mysql_query()	MySQL 쿼리를 위한 함수
mysql_num_rows()	만들어진 쿼리의 행수를 확인하는 함수
mysql_result()	쿼리 결과를 보여주는 함수

기존에 학습한 PHP와 MySQL의 기본 그리고 새롭게 학습한 PHP에서 MySQL을 이용하는 함수를 이용하여 기존에 생성된 DB에서 데이터를 추출하고 이를 HTML 페이지로 보여주는 페이지를 개발하려고 한다.

아래와 같이 코드를 작성하고 "members.php"로 저장을 하자.

members.php

```php
<!-- HTML 선언 -->
<html>
<header>
<meta http-equiv="content-type" content="text/html; charset=utf-8">
<title>게임세상</title>
</header>
<body>
<?php

  $db_ip = "mysql.hostinger.kr";   // 호스팅 업체의 db 호스트 이름이나 IP
  $db_id = "u520651605_db";   // MySQL 접속 ID
  $db_pwd ="password123";   // MySQL 접속 Password
  $db_name = "u520651605_gs01";   // MySQL DB 이름

  // MySQL 접속을 위한 선언
  $connect = mysql_connect("$db_ip","$db_id","$db_pwd");
  mysql_query("set names utf8");
  mysql_select_db("$db_name");   // 접속할 DB 선택

  $query = "select * from members";
  $result = mysql_query($query, $connect);   // 쿼리를 통한 결과 호출
  $total = mysql_num_rows($result);   // 결과값의 전체 개수 확인

  for($i=0;$i<$total;$i++){   // 전체 개수만큼의 반복 선언
    $id = mysql_result($result,$i,"id");   // 각 행의 ID 값을 $id 변수에 저장
    // 각 행의 password 값을 $pwd 변수에 저장
    $pwd = mysql_result($result,$i,"password");
    // 각 행의 nickname 값을 $nickname 변수에 저장
    $nickname = mysql_result($result,$i,"nickname");
    // 각 행의 email 값을 $email 변수에 저장
    $email = mysql_result($result,$i,"email");

// HTML로 보여지는 영역 시작
?>
  <?=$id?> | <?=$pwd?> | <?=$nickname?> | <?=$email?><br>
<?
// HTML로 보여지는 영역 끝

  }
```

```
    //  반복함수가 종료되는 영역 표시
    ?>
    </body>
    </html>
    <!-- HTML 종료 -->
```

저장된 members.php 파일을 ftp를 이용하여 웹 호스팅 서버로 업로드를 한 후 www.
bamtols.com/members.php를 브라우저에 입력하면 아래와 같은 결과 화면을 확인할
수 있다.

혹시 보이는 화면의 한글이 깨진다면 PHP 파일을 저장할 때 아래와 같이 인코딩을
"utf-8"로 저장을 했는지를 한번 확인해 보자.

여기에 보이는 화면은 **2장. 무료홈페이지의 시대**에서 배웠던 HTML과 **3장. 웹 호스팅의 시대**에
서 학습한 PHP와 MySQL만을 이용하여 개발을 진행해본 것이다.

3-5-2 PHP와 MySQL 연동하기, form 태그를 통한 데이러 전달

그럼 추가적으로 입력 폼에서 정보를 받아 기존의 DB에 연결하여 업데이트하는 방법에
대해 알아보자.

아래 설명하는 내용은 회원가입, 자료실의 자료 업로드에 사용될 수 있으며 사용되는
쿼리는 insert에서 update로 변경하면 회원 정보 수정, 자료실 수정에 사용될 수 있다.

```
<!-- HTML 선언 -->
<html>
<header>
<meta http-equiv="content-type" content="text/html; charset=utf-8">
<title>게임세상</title>
</header>
<body>

<form method="post" action="join_progress.php">
  아이디<input type="text" name="id" maxlength="13"><br>
  비밀번호<input type="password" name="password" maxlength="13"><br>
  닉네임<input type="text" name="nickname" maxlength="13"><br>
  이메일<input type="text" name="email" maxlength="30"><br>
  <input type="submit" value="입력">
</form>

</body>
</html>
<!-- HTML 종료 -->
```

위의 소스코드는 input 태그를 이용하여 입력된 id/password/nickname/email에 대한 값을 post 방식(get 방식에 비해 전송 데이터에 제한이 없으며, 전송되는 정보를 사용자에게 보이지 않게 하기 위한 전송 방식)을 이용하여 join_progress.php 파일로 전달하라는 HTML 코드이다.

```
<!-- HTML 선언 -->
<html>
<header>
<meta http-equiv="content-type" content="text/html; charset=utf-8">
<title>게임세상</title>
</header>
<body>

<?php
  $db_ip = "mysql.hostinger.kr";  // 호스팅 업체의 DB 호스트 이름이나 IP
  $db_id = "u520651605_db";  // MySQL 접속 ID
  $db_pwd ="password123";  // MySQL 접속 Password
  $db_name = "u520651605_gs01";  // MySQL DB 이름

  // MySQL 접속을 위한 선언
  $connect = mysql_connect("$db_ip","$db_id","$db_pwd");
  mysql_query("set names utf8");
  mysql_select_db("$db_name");  // 접속할 DB 선택
```

```php
    $id = $_POST['id'];
    $password = $_POST['password'];
    $nickname = $_POST['nickname'];
    $email = $_POST['email'];

    $query = "INSERT INTO members (id, password, nickname, email) VALUES
      ('$id','$password','$nickname','$email')";
    $result = mysql_query($query);

    if($result){
      ?>
        <p>회원가입이 정상적으로 완료되었습니다.</p>
      <?}
    else{?>
      <p>회원가입이 실패하였습니다.</p>
<?}?>

</body>
</html>
<!-- HTML 종료 -->
```

위의 소스코드를 설명하면,

join.php 파일에서 전달받은 변수 값들인 id/password/nickname/email에 대한 값을
insert 쿼리를 이용하여 database의 members 테이블에 입력하라는 코드이다.

이를 브라우저에서 실행해보자.

bamtols.com/join.php를 브라우저에서 접속해보자.

정상적으로 입력이 진행되면 아래와 같은 메시지가 보일 것이다.

이제 정상적으로 데이터가 입력되었는지 Database의 members 테이블의 정보를 확인해보자

정상적으로 입력된 것을 확인할 수 있다.

앞서 학습한 몇개의 HTML과 몇개의 PHP 함수, MySQL 쿼리의 지식만으로도 충분히 자료실이나 회원가입, 사이버 머니 시스템을 만들 수 있고 실제로 필자도 위에서 알려준 몇 개의 함수를 이용하여 게임세상의 모든 서비스를 개발하였다.

실제로 개발을 진행하다 보면, 궁금한 점들이 하나씩 생기고 또 편리한 개발을 진행하기 위해서는 좀더 다양한 함수에 대해 학습이 필요하지만 꾸준히 개발을 진행하다 보면 스스로의 궁금증을 해결하기 위해 학습을 하게 될 것이다.

3-6 홈페이지의 핵심 기능

홈페이지에는 반드시 필요한 기능들이 있다. 회원가입과 로그인/로그아웃 기능, 그리고 게시판 기능, 사이버 머니 시스템 등이 있을 것이다.

사실 회원가입은 반드시 필요한 기능이 아닐 수도 있지만, 게임세상의 경우 회원가입 기능과 사이버 머니 시스템 도입을 통해 방문자의 충성도가 높아져 홈페이지가 좀더 발전될 수 있는 초석이 되었다. 따라서 회원가입 기능의 경우 홈페이지의 지속 가능한 발전을 위해서는 꼭 필요한 기능이다.

이번 장에서 설명할 내용은 게임세상에서 도입했던 기능 중 핵심이 되는 기능들인 회원가입, 로그인과 로그아웃 그리고 자료실, 사이버 머니 기능을 위주로 설명할 것이다.

이번 장에서 보여주는 설명이 일반 개발서적들에 비해 다소 부족할 수도 있다. 상세한 개발코드를 나열하기보다는 웹 서비스 개발을 위한 로직을 이해할 수 있도록 하는 데 초점을 맞출 것이다. 그러면 전체적인 동작원리를 이해할 수 있을 것이고 쉽게 응용력을 발휘하여 더 난이도 있는 고급 지식을 섭렵할 수 있을 것이다.

그럼 지금부터 홈페이지의 핵심 기능들에 대해 알아보자.

3-6-1 회원가입 기능

처음 웹사이트를 오픈한 지 2년여 가까이 회원가입 시스템을 도입하지 않았던 게임세상의 경우도 회원가입과 회원관리를 통한 운영의 필요성을 절실히 느끼고 회원가입 시스템을 도입하게 된다.

그럼 지금부터 회원가입을 위한 정보를 알아보도록 하자. 아래는 일반적인 웹사이트에서의 회원가입을 위한 입력 값이다.

▼ 기본정보

아이디	4자에서 13자 사이의 영문자 숫자 조합
비밀번호	6자 이상 12자 이내의 영문자 숫자 조합
이름	본인의 이름, 2자에서 4자
이메일	본인이 자주 사용하는 이메일 주소
뉴스레터 수신여부	수신과 수신하지 않음으로 구분함

▼ 추가정보

우편번호	앞자리 3자리 뒷자리 3자리
주소1	주소찾기를 통해 입력되는 부분
주소2	사용자의 직접 입력을 통한 주소
핸드폰	핸드폰 번호별, 서비스별 구분

회원정보에 대해 어떠한 값을 받느냐는 회원 정보를 통하여 어떠한 방식의 마케팅을 할 것인지에 대한 정책이 정해져 있어야 한다.

무턱대고 많은 회원정보의 입력은 회원가입률 및 사용자의 충성도를 떨어뜨리는 요인이 된다. 따라서 반드시 필요한 아이디와 비밀번호와 같은 주요 정보는 반드시 입력해야 하는 필수정보로, 주소와 핸드폰 번호 같은 정보는 선택정보로 사용자들에게 선택권을 주는 것이 좋다.

고객은 자신의 정보를 남에게 제공하기를 좋아하지 않는다

는 사실을 꼭 명심하자.

충성도 높은 고객정보는 온라인 마케팅에서 중요한 역할을 하게 된다. 과거 인터넷 거품이 한창일 때 회원 1명의 정보가 100원에서 500원정도의 가격에 거래가 되었으며 묻지마 투자가 한창 유행하던 때에는 회원수가 그 웹사이트의 투자 유치를 위한 척도일 때도 있었다.

하지만 현재는 전체 회원수 자체보다는 일 방문자나 페이지뷰 수 그리고 실제 활동하는 회원수가 투자에 있어서는 더욱 중요한 척도가 되고 있다.

2장. 무료 홈페이지의 시대에서도 이야기했지만 홈페이지를 만들 때에는 누구를 대상으로 어떠한 서비스를 제공할지에 대해 명확한 방향이 수립되어 있어야 한다.

이와 같이 홈페이지를 주로 방문할 사용자를 핵심 타겟 또는 코어타겟이라고 부르기도 하는데 홈페이지 제작 후 초기의 기획 의도에 맞게 핵심 타겟들이 홈페이지를 방문해 주면 좋겠지만 처음의 기획 의도와는 다르게 방문자가 핵심 타겟의 범위를 넘어서거나 엉뚱하게 나타난다면 그 이유에 대해서 로그분석이나 사용자 분석을 통해 홈페이지 운영 방향과 서비스 방향을 수정해야 할 것이다.

요즘은 개인정보 보호법의 강화로 만 18세 미만의 청소년의 개인정보를 수집하기 위해서는 반드시 보호자의 동의가 필요하기 때문에 회원 가입시 회원의 연령을 확인하기 위해서는 "휴대폰 인증"과 "아이핀 인증"을 통해 연령을 확인해야 한다.

휴대폰 인증의 경우 한 건당 40~50원의 비용이 발생되며, 아이핀 인증의 경우는 무료 혹은 10~20원 정도의 비용이 발생된다.

어느 정도 예산이 허락한다면 휴대폰 인증 또는 아이핀 인증의 도입을 통해 양질의 실제 회원정보를 수집하면 좋겠지만, 휴대폰이나 아이핀 인증을 통한 회원 연령 정보의 확인은 많은 비용을 발생시킨다.

반드시 연령 정보를 확인할 필요가 없는 홈페이지라면 최초 가입 시에는 개인정보를 수집하지 않는 프로세스를 이용하고 개인정보가 반드시 필요한 프로세스에서만 휴대폰 본인인증이나 아이핀 인증을 통한 인증을 진행하는 것이 좋다.

반드시 필요한 경우에만 본인인증을 도입하여 비용을 줄이자

게임세상 역시 이러한 비용적인 측면에 기인하여 개인정보를 수집하지 않는 방향으로 회원가입이 이루어지고 있다.

그럼 본격적으로 회원가입에 대한 개발을 진행해보자. 아래는 일반적인 회원가입 프로세스이다.

약관 동의 〉 회원가입 정보 입력 〉 회원가입 완료

그럼 실제 회원가입을 개발하기 위한 프로세스를 다이어그램으로 확인해보자.

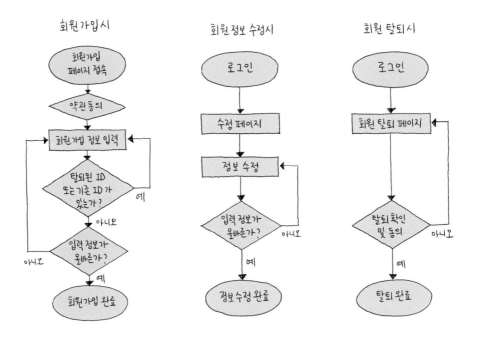

위 다이어그램처럼 회원가입 프로세스를 설계할 때 단순히 가입만을 고려하는 것이 아니라 회원정보 수정/탈퇴까지 고민해두고 개발을 진행해야 한다. 이는 자료실이나 다른 서비스에서도 동일하다. 추가적으로 나만의 공간이나 사이버 머니 시스템을 개발한다면 이 또한 같이 고민해주어야 한다.

그럼 게임세상의 회원가입 프로세스를 통해 실제 회원가입 프로세스를 알아보도록 하자.

앞서 설명했던 대로 회원가입을 위해서는 어떠한 정보를 수집할지에 대한 사전 결정이 있어야 회원가입 프로세스 및 시스템을 제대로 설계할 수 있다.

게임세상의 회원가입을 위한 페이지이다.

▲ 회원가입 동의 페이지

▲ 회원가입 페이지

그럼 위의 정보에 맞춰 DB Table을 설계해 보자.

▼ 회원가입을 위한 테이블

컬럼명	Data type(value)	설명
num	int(10)	DB에서 사용될 members의 unique 값
id	varchar(26)	아이디
password	varchar(26)	비밀번호
nickname	varchar(20)	닉네임
email	varchar(40)	이메일 주소
email_auth	int	이메일 인증 유무
email_agree	int	뉴스레터 수신 유무
birthday	date	생년월일
sex	varchar(2)	성별
password_question	varchar(100)	비밀번호 질문
password_answer	varchar(100)	비밀번호 답변
join_date	date	회원가입일
withdraw_date	date	회원탈퇴일

회원가입 페이지에서는 보이지 않지만 "회원가입일자", "회원탈퇴일자"를 위한 정보는 추후 홈페이지의 운영을 위한 기본정보로 꼭 추가되어야 한다.

회원가입 시 반드시 고려해야 할 것들이 향후 마케팅을 위한 자료로써의 회원가입 자료가 얼마나 가치있을지에 대해 고려를 해야 한다는 점이다.

마케팅에서 필요한 지표로는 성별/연령/거주지/이메일 정보 등이 있을 것이다. 로그분석툴을 통해 통계학적으로 방문자의 정보를 유추할 수 있기는 하지만 실제 입력되는 회원정보를 통해 (개인정보를 수집하지 않는 범위에서) 사용자의 정보를 얻는다면 더욱 효과적인 회원정보 수집이 될 것이다.

앞서 설명한 내용을 바탕으로 개발을 위한 기능을 분리하여 파일을 정리하면 아래와 같을 것이다.

파일명	설명
join_agree.php	회원가입 동의 페이지
join.php	회원가입 정보 입력 페이지
join_progress.php	사용자가 작성된 회원정보를 DB에 입력하는 페이지
join_result.php	회원가입 완료 페이지
forget_pwd.php	비밀번호를 찾을 수 있는 페이지

파일명	설명
forget_pwd_process.php	비밀번호를 찾을 수 있도록 DB를 확인하여 정보를 제공해 주는 페이지
widthraw.php	회원탈퇴를 할 수 있는 페이지
widthraw_process.php	회원탈퇴를 DB에서 삭제하는 페이지
members_modity.php	회원정보를 보여주는 페이지
members_modify_process.php	회원정보를 수정하여 DB에 저장하는 페이지

아래는 실제 게임세상의 회원가입을 입력을 위한 소스 중 일부이다.

```
<form id="join" name="join" method="post" action="join_progress.php">
<input type="text" id="mb_id" name="mb_id" required
  itemname="아이디" maxlength="13" />
<input type="password" id="mb_pw" name="mb_pw" required
  itemname="비밀번호" maxlength="13" />
<input type="password" id="mb_pw2" name="mb_pw2">
</form>
```

게임세상에서 회원
정보 입력을 위한
소스코드 중 일부
(join.php)

위의 소스코드는 form 태그 내에 정해진 변수 값 mb_id, mb_pw의 값들을 post 방식으로 user_join_confirm.php에 전달하라는 내용이다.

이렇게 form 태그를 이용하여 join.php 파일로부터 각각의 변수를 넘겨받게 되면 아래와 같은 소스코드를 이용하여 회원정보의 각 입력값이 올바른지에 대한 유효성을 체크하고 최종적으로는 회원 DB에 데이터를 insert 하게 되는 것이다.

```
#필수 입력사항 점검
if(!($mb_id&& $mb_pw&& $mb_pw2 && $mb_name&& $mb_email1 && $mb_email2
&& $mb_birth_y&& $mb_birth_m&& $mb_birth_d&& $mb_gender&& $mb_pw_
question&& $mb_pw_answer))
  alert('모든 필수입력 사항을 입력하셔야 합니다.', -1);

#ID 점검
if ((strlen($mb_id)<6) || (strlen($mb_id)>13)) {
  alert('아이디는 6~13자만 가능합니다.', -1);
} else if (preg_match("/[^0-9a-z_]+/i", $mb_id)) {
  alert('숫자, 영문, _만 입력하세요.', -1);
} else if (!preg_match("/[a-z]/i", $mb_id)) {
  alert('영문과 숫자를 조합하세요.', -1);
} else if (($exist = @assoc("SELECT 'mb_id' FROM 'members_info' WHERE
'mb_id' = '$mb_id' UNION SELECT 'mb_id' FROM 'members_withdrawal' WHERE
```

회원정보를 체크하고
DB에 입력하는 부분
에 대한 소스코드
(join_progress.
php)

```
  'mb_id' = '$mb_id'"))) {
    alert('이미 사용중인 아이디 입니다.', -1);
}

#이름 점검
if (!$mb_name) {
    alert('성명 or 닉네임을 입력 하세요.', -1);
}

#비밀번호를 암호화 하고 members 테이블에 회원정보 입력
$mb_pw = sha1($key2.md5($mb_pw));
$result = mysql_query("INSERT INTO 'members_info' ('mb_id', 'mb_pw',
'mb_name', 'mb_email', 'mb_agree_email', 'mb_pw_question', 'mb_pw_
answer', 'mb_mail', 'mb_addr', 'mb_phone', 'mb_agree_sms', 'mb_gender',
'mb_gm', 'mb_birth', 'mb_recommend') VALUES ('$mb_id', '$mb_pw', '$mb_
name', '$mb_email', '$mb_agree_email', '$mb_pw_question', '$mb_pw_
answer', '$mb_mail', '$mb_addr', '$mb_phone', '$mb_agree_sms', '$mb_
gender', 0, '$mb_birth', '$mb_recommend')");
```

상세한 코드는 지면상 모두 보여줄 수는 없지만 앞서 설명한 몇 개의 태그와 추가적인 CSS(웹 페이지 디자인을 해주는 언어의 일종, 이 책에서는 별도로 설명하지 않는다)를 통해 웹사이트의 디자인을 개선한다면 앞서 보여준 게임세상의 회원가입 페이지보다 더욱 멋진 회원가입 페이지를 만들 수 있을 것이다.

3-6-2 로그인/로그아웃 기능

홈페이지의 또 다른 핵심기능은 가입된 회원들이 정상적으로 로그인을 하고 로그아웃을 하는 것이다. 회원가입은 되었으나 로그인이 되지 않는다면? 특별한 사용자에게 유니크unique한 사용자만의 서비스를 제공할 수가 없을 것이다.

아래는 게임세상의 로그인 화면과 로그인 완료 후의 화면이다.

▲ 게임세상의 로그인 화면

▲ 로그인 완료 후 화면

로그인을 위한 개발 코드는 아래와 같다.

```php
$id = $_POST['id'];
$pw = $_POST['pw'];

// 입력된 정보를 DB에서 찾기
$query = "SELECT * FROM members WHERE id = '".$id."'";
$result = mysql_query($query) or die(mysql_error());
$row = mysql_fetch_array($result);
if(!$row) {   // 아이디 값이 없으면 기존 로그인 페이지 로딩
  header("location:login_page.php");
} else {   // 아이디 값이 존재하면
if($row['pw'] == $pw)   // 입력된 비밀번호와 기존 비밀번호를 비교
{
  // 로그인 성공시 세션을 생성함
  $_SESSION['id'] = $row['id'];
  $_SESSION['name'] = $row['name'];
  $_SESSION['email'] = $row['email'];
  $_SESSION['num'] = $row['num'];
} else {
  header("location:http://www.gamess.co.kr/login_page.php");
  }
}
```

위의 소스코드는 입력되는 회원정보의 아이디 값을 기존의 DB와 비교하여 정보가 있는
지를 확인하고 정보가 정상적으로 확인되면 사용자의 입력된 비밀번호와 DB의 비밀번
호를 비교하여 정상적으로 로그인을 하면 사용자의 정보로 세션값(서버에 저장되는 특
별한 정보)을 생성하는 코드이다.

로그아웃을 위한 소스코드는 아래와 같다.

```php
<?php
  session_start();
  session_cache_limiter('no-cache,must-revalidate');
  session_destroy();
  header("location:http://www.gamess.co.kr/index.php");
?>
```

로그아웃 코드는 기존에 생성된 세션을 제거하고 로그아웃을 완료했을 때 보여주는 페이지로 이동시키면 된다.

로그인을 하기 위한 방법으로는 cookie() 함수를 이용한 방법도 존재하나 cookie() 값의 경우 브라우저에서 손쉽게 위변조가 가능하여 로그인과 같이 중요한 정보는 session() 함수를 이용하여 관리하게 된다. cookie와 session의 가장 큰 차이점은 cookie는 저장된 정보를 사용자의 PC에 저장하고 session 값의 경우 해당 웹 서버에 저장이 된다는 점이다.

Cookie : 저장된 값을 사용자의 PC에 저장
Session : 저장된 값을 서버에 저장

최근에는 Facebook이나 트위터의 기존 계정을 활용하여 손쉽게 사용자의 로그인을 유도하는 경우도 있으나 이는 Facebook 개발자 앱을 통해 별도의 개발을 진행해야 한다. 게임세상에서는 개발의 어려움으로 인해 도입을 하지 못했다.

하지만 개발 능력이 되는 독자라면 Facebook이나 트위터와의 로그인 연계를 통해 사용자에게 회원가입에 대한 부담감을 줄여 회원의 증가에 큰 기여를 할 것으로 생각된다.

가능하다면 SNS 로그인 기능을 연계하라.

해당 기능은 Facebook 개발자 사이트(https://developers.facebook.com/)를 참고하기 바란다.

3-6-3 홈페이지의 핵심 기능, 자료실 기능

이제 본격적으로 게임세상의 핵심 기능을 만들어 보도록 하자. 이 페이지에서 개발된 모든 핵심 기능은 개발서적과 같이 상세히 설명하지는 않을 예정이다. 다만, 컨셉, 시스템을 설계하는 방법, 알고리즘의 설명을 통해 게임세상이 어떻게 구동되고 어떻게 만들어졌는지를 설명하려고 한다.

앞서 게임세상의 기본적인 자료실 운영프로세스를 설명했지만 상세한 내용을 설명하면 아래와 같다.

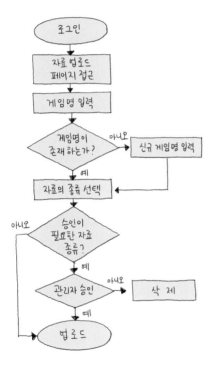

다음은 게임세상의 기본 운영 방식이다.

사용자가 업로드 하는 자료의 관리자 관리를 통해 양질의 콘텐츠를 제공한다

이와 같은 프로세스의 장점은 양질의 콘텐츠를 유지할 수 있지만 사용자의 글 작성시 관리자가 관여하여 실제로는 사용자의 게임세상 참여를 불편하게 하는 요인이 되기도 한다.

하지만 모든 부분에 있어서 관리자의 승인이 필요한 것은 아니다. 양질의 자료도 중요하지만 사용자의 참여도 중요하기 때문에 반드시 관리자의 승인이 필요한 첨부파일이 존재하는 자료실의 자료는 승인 프로세스를 유지하고 가볍게 사용자의 입력이 가능한 커뮤니티 글이나 소개의 글 또는 멀티미디어의 자료는 관리자의 승인 없이 바로 등록되는 프로세스를 유지하고 있다.

그리고 게임세상 자료실의 또 하나의 특징은 아래와 같이 "게임별"로 모여진 공간을 제공한다는 것이다.

▲ 게임별 홈 메인 화면

선택된 게임의 기본적인 정보와 최신 업데이트/인기자료를 첫 화면에 보여준다.

▲ 게임별 자료실 리스트 화면

스타크래프트라는 게임명으로 등록된 모든 자료의 리스트를 보여준다.

▲ 게임별 자료실 상세 정보 화면

각 게임별 카테고리에 맞는 상세 자료에 대한 내용을 보여준다.

위에서 보여지는 것과 같은 구조를 만들기 위한 DB 테이블의 기본 설계는 아래와 같다.

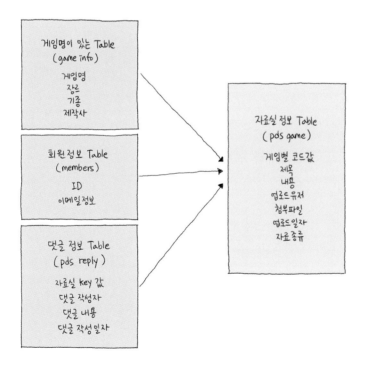

실제 보여주는 주된 정보는 자료실 정보 테이블(pds_game)이지만 이 자료실 테이블과 실제 업로드한 사용자의 정보가 있는 테이블과 댓글을 위한 테이블 그리고 게임명이 있는 테이블과의 연계를 통해 "게임별 자료실"의 모든 정보가 보이게 되는 것이다.

게임세상에서 작성된 실제 코드 중 데이터를 가져오는 코드를 보면 아래와 같다.

```php
<?php
  $game_info = mysql_assoc("SELECT * FROM 'game_info'
    WHERE 'game_code'='$code'");
  $pds_game = mysql_assoc("SELECT * FROM 'pds_game' WHERE 'num'='$num'");
  $query_reply = mysql_query("SELECT * FROM 'pds_reply'
    WHERE 'parent_num'='$num' AND 'pds_type'='pds_game' ");
  $pds_reply['mb_img'] = result("SELECT 'mb_img' FROM 'members'
    WHERE 'id'='{$pds_reply['id']}'");
?>
```

위와 같은 쿼리를 이용하여 각각의 테이블의 데이터를 연계해서 하나의 페이지에 보여주게 된다.

즉, 보여주는 페이지는 하나이지만 실제로는 4개의 테이블 정보를 조합하여 해당 페이지를 보여준다.

데이터베이스를 설계할 때 또 하나 중요한 점이 바로 Key 값이다. Key 값이라고 하는 것은 하나의 테이블에서 다른 테이블의 정보를 연결하기 위한 유일한Unique 값으로, 아래의 각각의 테이블은 다른 테이블과 연결할 수 있는 Key 값을 가져야만 한다.

▼ 키 값이 없다면 데이터를 연결해서 보여줄 수 없다

테이블명	Key 값
자료실 정보 테이블 (pds_game)	자료 번호, 사용자 ID, 게임 코드
사용자 정보 테이블 (members)	사용자 ID
댓글 테이블 (pds_reply)	댓글이 달릴 자료 번호, 사용자 ID
게임명 정보 테이블 (game_info)	게임별 코드값

위와 같은 구조와 테이블 설계를 잘 활용하면 작성된 게시물과 작성자의 정보를 연계하여 작성자의 개인홈으로 이동하거나 게임세상에 대한 로열티 점수 그리고 쪽지를 보낼 수 있게 연계되는 것이다.

자료실의 또 하나의 기능은 바로 글쓰기(자료 업로드) 기능이다. 글쓰기 기능은 모든 커뮤니티의 핵심적인 기능이라고 볼 수 있지만 실제로 구성되는 구조는 아래에 보이는 것처럼 그리 복잡해 보이지는 않는다.

하지만 사용자 본인이 작성된 자료가 정상적으로 승인되어 최종 자료실에 게시가 되었는지, 내가 업로드 한 자료를 다른 유저들이 얼마나 다운로드 받고 "좋아요"를 선택하는지에 대한 정보 제공, 즉 자신이 활동한 활동도에 대한 정보를 제공하는 것이 사용자의 로열티를 증대시키는 데 있어서 무엇보다도 중요하다.

충성도를 증대 시키기 위해서는 사용자 활동에 대한 정보를 제공하는 것이 필요하다.

No	카테고리	제목	다운횟수	좋아요	날짜	
1404	PC 게임유..	[승인] 게임세상 -FileZilla_3.9.0.5_win32-s..	0	0	2014-12-18	수정 / 삭제
1403	PC 메뉴얼	[삭제] 게임세상 -FileZilla_3.9.0.5_win32-setup	0	0	2014-12-18	수정 / 삭제
1402	온라인 게..	[삭제] 월드 오브 탱크 -xvm -5.4.1 (for WOT 9.4 pa..	0	0	2014-11-07	수정 / 삭제
1401	온라인 동..	[삭제] 리그 오브 레전드 -2014 헤로윙 영상	0	0	2014-10-27	수정 / 삭제

▲ 사용자 본인의 활동 정보를 확인할 수 있는 My page

게임세상 내의 글 작성(자료 업로드)은 웹에디터 툴을 이용하여 제공하고 있다. 실제로 글쓰기를 위한 에디터를 직접 제작할 수도 있겠지만, 최근에는 이러한 에디터 툴이 다양하게 오픈소스 형태로 제공되고 있으며 이러한 에디터 툴을 사용하면 좀더 사용자에게 편리한 글쓰기 기능을 손쉽게 제공할 수 있다.

▼ 웹 에디터툴 리스트

웹 데이터 툴명	특징 및 제공 사이트
네이버 스마트 에디터	제작사: 네이버 URL: http://dev.naver.com/projects/smarteditor
CK Editor	제작사: CKSource / 해외 오픈소스 / 무료 URL: http://ckeditor.com/
크로스 에디터	제작사: 나모 / 국내 / 유료 URL: http://www.namo.co.kr

어떠한 웹 에디터가 좋다라고 이야기하기는 어렵지만, 필자의 경우는 무료이면서 한국어로 사용자 지원이 원활한 네이버 스마트 에디터를 사용하고 있다.

3-6-4 홈페이지의 핵심 기능, 사이버 머니

사이버 머니 시스템이란 가상의 사이버 세계, 즉 인터넷 세계에서 통용되는 가상의 통화이다. 인터넷 세계라고는 하지만 대부분 각각의 사이트 내에서만 통용되는 사이버 머니를 제공하고 있다.

게임의 경우에서도 그들만의 사이버 머니를 제공하고 있는데 우리나라의 대표적인 온라인 게임인 리니지에서는 아덴이라는 사이버 머니를, 과거 대표적인 미니홈피인 싸이

월드에서는 도토리라는 사이버 머니 시스템을 도입하여 사용하고 또한 항공사에서는 항공 마일리지라는 형태의 사이버 머니 시스템을 운영하고 있다.

사이버 머니의 경우 현금과 동일하게 쓸 수 있는 사이버 머니와 각각의 사이트에서만 사용되며 사용실적 혹은 고객의 충성도를 나타내는 척도로써의 사이버 머니가 있다. 다른 말로는 포인트 제도라고도 한다.

게임세상 역시 GM_{Gamess Money}라는 명칭으로 사이버 머니를 사용하고 있다. 사이버 머니 시스템의 가장 큰 장점으로는 고객의 충성도를 높일 수 있으나 폐쇄적인 운영으로 인해 그 사용의 한계를 보여주기도 한다.

이러한 사이버 머니의 영역적 한계점을 극복한 것이 OK캐시백 포인트를 통한 좀더 광의적인 사이버 머니 시스템과의 연계이다. 피자헛의 구매시 OK캐시백을 이용하면 포인트 차감을 통한 할인 혜택이라든지, 게임내 캐쉬를 충전할 때 OK캐시백을 이용하는 것들이 좋은 예이다.

이와 같이 사이버 머니 또는 포인트 제도를 운영할 때 제일 중요한 것이 도입된 사이트 이외의 타 사이트에서 이용이 가능하거나 이 포인트가 현금과 동일 혹은 유사한 가치를 지니게 될 때 해당 사이버 머니는 좀더 활성화가 될 것이다.

사이버 머니의 활성화를 위해서는 현금과 동일 혹은 유사한 가치를 갖도록 해야 한다.

사이버 머니 시스템을 운영하는 데 무엇보다도 중요한 점이 바로 사이버 머니를 획득하고 이를 소비하는 방법이 선순환 구조로 되어야 한다는 점이다. 벌어들이기만 하고 쓰일 곳이 없다면 당연히 사용자의 사이버 머니에 대한 로열티는 줄어들 것이고 사이트 내의 사이버 머니는 그 가치를 잃어버릴 것이다.

게임세상도 사이버 머니 시스템은 게임세상의 핵심 서비스이기 때문에 회원의 지속적인 로열티 강화와 유지를 위해 사이버 머니 시스템의 선순환 구조를 유지시키기 위해 노력하고 있다.

정확한 통계 데이터를 확인할 수는 없지만, 게임세상의 경우 사이버 머니 시스템 도입 전과 도입 이후 6개월을 비교해보면 사용자의 재방문률이 약 300% 정도 증가했던 것으로 기억한다.

게임세상에서는 사이버 머니 시스템을 처음 도입한 이유가 명백한 마케팅적인 목적은 아니었다. 사용자의 홈페이지 이용량을 점검하고 또한 서버 트래픽을 일정한 수준으로 유지하기 위한 목적이었다. 물론 지금은 사이버 머니 시스템이 마케팅적인 목적을 위해 사용되고 있다.

그럼 이제부터 본격적으로 게임세상의 사이버 머니 시스템에 대해 알아보자.

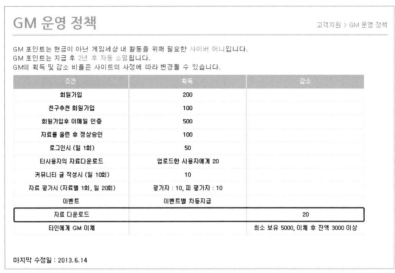

▲ 게임세상의 사이버 머니(GM)의 획득과 소비

게임세상에서의 사이버 머니를 획득하는 방법은 다양한 방법이 존재하며, 이는 결국 게임세상의 자료를 다운로드 받는 데 이용하게 된다.

초기에 위와 같은 획득과 소비의 구조는 사용자의 로열티를 유지하는 데 유용했지만, 현재와 같이 사용자의 참여가 낮은 구조에서는 사실 참여자의 적극적인 참여를 유도하기는 어려운 측면이 있다. 게임세상의 사이버 머니 시스템에 대해 자아비판을 해보자면, 사이버 머니를 소비하는 데 있어 가치 있게 소비하는 공간이 없다는 것이다.

사이버 머니를 소비할 수 있는 서비스를 만들어라

그래서 추가적으로 고민하고 있는 것이 바로 레벨 제도의 재도입이다.

현재의 레벨 제도는 인벤과 같은 커뮤니티뿐만이 아니라 다양한 곳에서 사용되고 있다.

인벤의 레벨

Php 스쿨의 레벨

리그오브 레전드 공식
커뮤니티의 레벨

레벨 제도의 경우 포인트에 따라 인벤과 같이 레벨을 숫자로 표시할 수도 있고 PhpSchool과 같이 커뮤니티적인 포인트는 C, 기술적인 부분은 T와 같이 개별적인 레벨로 표시해 줄 수도 있고, 리그 오브 레전드 공식 커뮤니티에서 운영하는 레벨별 휘장을 통해서도 레벨 제도를 표시해 줄 수도 있다.

레벨 제도의 경우 초기에는 레벨의 상승을 어렵지 않게, 후반으로 갈수록 어렵게 하는 것이 기본적인 레벨 제도의 운영 방식이다.

리그 오브 레전드 공식
커뮤니티의 레벨

XE 에서 제공되는
포인트 별 레벨

아쉽게도 게임세상의 경우 레벨 제도를 운영하다 중도에 이를 포기했다. 게임세상에서 도입된 레벨 시스템은 사이버 머니의 획득에 따라 그 레벨을 표시해 주는 것이 아닌 레벨 상승을 위해 사이버 머니를 소진하고 레벨이 상승된 사용자에게 자료 다운로드시 특정 퍼센트% 만큼의 차감 효과를 제공하고, 하루에 다운로드 받을 수 있는 수를 늘려주는 등의 혜택을 제공했었다.

이러한 소진을 통한 레벨 상승의 경우 사이버 머니를 소진하면서 얻는 혜택 등이 사용자의 예상에 비해 크지 않고, 사용자의 불만과 참여가 저조하여 기존에 운영중이던 레벨 제도를 없애고, 사이버 머니를 보여주는 정도에서 사이버 머니 시스템을 유지하고 있다.

비록 게임세상에서 레벨 제도를 없애기는 했지만 레벨 제도의 적절한 활용이 사용자의 각 커뮤니티의 로열티를 향상시키는 데 어느 정도 기여를 한다고 생각한다.

또한 이러한 레벨이나 사이버 머니 시스템은 사용자의 이용을 제한하는 데도 이용될 수 있다.

게임세상의 경우 GM 이외에 DN이라는 수치가 존재한다. DN이라는 수치는 하루에 최대 다운로드 받을 수 있는 자료의 숫자를 표시하는 것이며 이는 다음날 재로그인시 초기화가 된다.

게임세상에서 DN count와 사이버 머니 시스템을 동시에 도입한 이유는 사실 마케팅적인 이유보다는 로열티가 낮은 사용자를 줄이고 로열티가 높은 사용자만의 방문을 유도하기 위해 도입되었다.

즉, 사이트의 전체적인 방문자를 줄이기 위해 의도적으로 도입된 시스템이었다. 왜 사이트의 방문자를 의도적으로 줄여야 했을까?라는 의문이 들기도 할 것이다. 하지만 과거 게임세상의 경우 개인이 취미로 운영을 하기 때문에 수익적인 측면에서는 아주 최악의 상황이었다.

수익이 나지 않는 상태에서 웹 호스팅을 유지하는 데 많은 비용이 추가되었고 지속적으로 증가하는 방문자 대비 하드웨어적인 업그레이드는 한계가 있을 수밖에 없었다.

이러한 사용자의 트래픽을 줄이기 위한 사이버 머니 시스템과 DN count를 이용한 시스템의 도입은 로열티가 높은 사용자만의 방문을 유도하게 되어 서서히 사이트의 트래픽을 감소시키게 된다. (사실 이때는 사용자 수의 감소가 사이트 다운보다는 덜 중요했다.)

하지만 시간이 흘러 이러한 사이버 머니 시스템은 지속적으로 사이트의 트래픽을 감소시키게 되었고 이러한 제도는 장기적으로는 사이트에 매우 좋지 않은 영향을 끼치게 된다는 사실을 알게 되었다.

> **사이버 머니(포인트 제도)는 사용자 이용 제한을 위해서 사용되면 안 된다.**

즉, 사이버 머니 시스템은 사용자의 참여와 활동을 돕는 데 이용되어야지, 사용자의 참여를 제한하기 위해서는 절대로 도입해서는 안 된다.

3-6-5 게임세상에서의 사이버 머니 시스템(GM)

그럼 이어서 게임세상의 사이버 머니 시스템 설계 방법에 대해 알아보자.

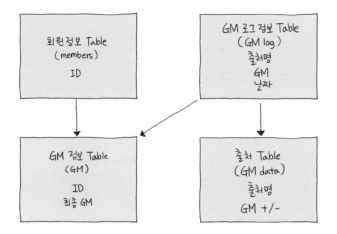

사이버 머니 시스템을 위해서는 크게 4개의 테이블이 필요하다. 회원정보가 있는 **members 테이블**, 사용자의 GM 사용 현황이 기록되는 **GM_log 테이블**, 사용자의 최종 GM 이 존재하는 **GM 테이블** 그리고 GM 획득과 소비의 기준을 제시하는 **GM_data 테이블**이 그 것이다.

여기서 주로 사용되는 부분은 각 사용자의 최종 GM이 존재하는 "GM 테이블"이 되겠지만, 사용자의 모든 GM 기록 정보가 있는 **GM_log 테이블**은 향후 사용자의 문의나 GM 의 오류 등을 확인하기 위한 중요한 정보가 되므로 설계 시 반드시 고려되어야 한다.

num	mb_num	type	variation	note	pds_type	time
4	1743802	7	-50	15119	pds_game	2011-10-07 22:26:15
5	113790	6	20	15119	pds_game	2011-10-07 22:26:15
6	91336	7	-50	5732	pds_game	2011-10-07 22:37:54
7	50981	6	20	5732	pds_game	2011-10-07 22:37:54
8	91336	9	10	5732	pds_game	2011-10-07 22:38:03
9	50981	10	10	5732	pds_game	2011-10-07 22:38:03
10	91336	7	-50	5635	pds_game	2011-10-07 22:38:14

▲ 게임세상의 실제 GM_log 정보

code	type	value	comment
1	join	200	회원가입
2	recommend	100	추천인
3	email_auth	500	이메일 인증
4	data_auth	100	자료 정상 승인
5	login	50	로그인
6	down_uploader	20	자료다운로드 (업로드한 사용자)
7	down_downloader	-20	자료다운로드 (다운로드한 사용자)
8	post	10	게시판 글 작성 (일 10회)
9	evaluator	10	자료 평가 (자료별1회) 평가자
10	evaluatee	10	자료 평가 Ⅱ 평가자
11	ask	0	자료 요청시 (0/100/200)
12	event	0	이벤트 (이벤트별 차등)
13	send	0	GM 발송
15	modify	500	정보수정 (1회한정)
14	email_agree	200	이메일수신동의

▲ 게임세상의 실제 GM 출처(GM_Data)가 있는 테이블 내 정보

코드를 작성하는 데 있어 팁을 알려주자면 모든 코드에서 GM이 추가 삭제되는 부분을 구현하는 것이 아니라 GM이 추가되고 삭제되는 부분은 별도의 함수로 만들어 하나의

파일로 만들어놓고 이 파일을 include 함수를 이용하여 gm() 함수만을 호출해서 사용하는 것이다.

실제 코드를 보면 아래와 같다(GM 호출 함수가 있는 파일을 생성).

```php
function gm($type, $user1, $user2='', $pds_num='', $pds_type='') {
  global $gm, $basic_dn, $basic_ln, $basic_pn;
  $mb = assoc("SELECT *FROM 'members' WHERE 'mb_id'='$user1'");
  if($user2) $mb2 = assoc("SELECT *FROM 'members' WHERE 'mb_id'='$user2'");
  switch($type) {
    case "modify":
      mysql_query("UPDATE 'members' SET 'mb_gm'='mb_gm'+
        {$gm['modify']['value']} WHERE 'mb_id'='{$mb['mb_id']}'");
      mysql_query("INSERT INTO 'gm_log' VALUES (NULL, '{$mb['mb_num']}',
        '{$gm['modify']['code']}', '{$gm['modify']['value']}', NULL,
          NULL, NULL)");
      break;
    case "user_join":
      mysql_query("UPDATE 'members' SET 'mb_gm'='mb_gm'+
        {$gm['join']['value']} WHERE 'mb_id'='{$mb['mb_id']}'");
      mysql_query("INSERT INTO 'gm_log' VALUES (NULL, '{$mb['mb_num']}',
        '{$gm['join']['code']}', '{$gm['join']['value']}', NULL, NULL,
          NULL)");
      break;
  }
}
```

사용자가 로그인할 경우 GM을 추가하는 내용은 아래와 같다.

```php
$id = $_POST['id'];
$pw = $_POST['pw'];

// 입력된 정보를 DB에서 찾기
$query = "SELECT * FROM members WHERE id = '".$id."'";
$result = mysql_query($query) or die(mysql_error());
$row = mysql_fetch_array($result);
if(!$row) {   // 아이디 값이 없으면 기존 로그인 페이지 로딩
  header("location:login_page.php");
} else {   // 아이디 값이 존재하면
  if($row['pw'] == $pw)   // 입력된 비밀번호와 기존 비밀번호를 비교
  {
    // 로그인 성공시 세션을 생성함
    $_SESSION['id'] = $row['id'];
    $_SESSION['name'] = $row['name'];
```

```
    $_SESSION['email'] = $row['email'];
    $_SESSION['num'] = $row['num'];
    Include("gm_function.php");
    gm("login", $row['mb_id']);

  } else {
    header("location:http://www.gamess.co.kr/login_page.php");
    }
  }
?>
```

다시 설명하자면, GM이 추가되고 삭제되는 함수를 이용하면, 게시물이 작성될 때, 게시물이 삭제될 때, 사용자가 댓글을 남길 때 등 GM을 추가하고 삭제하는 프로세스 내에 GM을 삭제하거나 추가하는 함수만을 적용해주면 된다.

그럼 로그인시 지급되는 GM을 50에서 100으로 증가시키려면 앞서 설명한 gm_data 테이블 내의 login 컬럼의 값만 수정해주면 된다.

code	type	value	comment
1	join	200	회원가입
2	recommend	100	추천인
3	email_auth	500	이메일 인증
4	data_auth	100	자료 정상 승인
5	login	50	로그인
6	down_uploader	20	자료다운로드 (업로드한 사용자)
7	down_downloader	-20	자료다운로드 (다운로드한 사용자)
8	post	10	게시판 글 작성 (일 10회)
9	evaluator	10	자료 평가 (자료별 1회) 평가자
10	evaluatee	10	자료 평가 피 평가자
11	ask	0	자료 요청시 (0/100/200)
12	event	0	이벤트 (이벤트별 차등)
13	send	0	GM 발송
15	modify	500	정보수정 (1회한정)
14	email_agree	200	이메일수신동의

어떠한 프로세스에 어떠한 사이버 머니를 제공할지에 대한 정답은 없다. 가령 회원가입이 중요하다면 회원가입에 큰 사이버 머니를 제공할 수도 있고, 사용자의 참여에 더 큰 비중을 준다면 댓글이나 게시물 작성에 큰 포인트를 제공할 수도 있을 것이다.

모든 서비스의 운영에는 정답이 없다. 결국 운영에 대한 정답은 끊임없는 운영의 노하우를 축적하고 실험하고 사용자의 목소리를 지속적으로 반영하여 발전시켜 나갈 수밖에는 없다.

지금까지 **웹 호스팅의 시대**에 대해 이야기를 해보았다.

사실 앞서 설명한 내용만으로 사이트 제작을 하는 데 있어서 모든 정보를 제공하지는 못한다. 하지만 기본적인 HTML 태그와 기본적인 PHP 함수, 그리고 MySQL을 이용하면 분명히 사이트 제작이 가능하다는 것이다.

혹, 뛰어난 개발자가 본다면 필자가 작성한 코드에 부족한 점이 많다는 점 역시 인정한다. 하지만 필자가 생각하는 **좋은 개발은 뛰어난 코드 작성에 있다기보다는 사용자의 요구에 맞춰 발 빠르게 대응하는 것**이라고 생각한다.

4장. 서버 호스팅의 시대에서는 개발에 대한 이야기보다는 게임세상을 어떻게 알리고 어떻게 발전시켰는지에 대한 이야기를 중점적으로 이야기할 예정이다.

4

서버 호스팅의 시대1

"지금부터는 전쟁이다. 바로 살아남기 위한 전쟁!"

웹 호스팅 시대와 달리 서버 호스팅의 시대는 "서버 운영"이라는 감당해야 할 짐이 하나 더 늘어나게 된다. 웹 서버 운영과 관리를 위해서 리눅스의 기본적인 운영 방법에 대한 학습 그리고 리눅스의 웹 서버인 아파치에 관한 부분을 학습해야 하며, Windows 시스템의 경우 IIS에 대한 공부를 집중적으로 해야 한다.

4-1 서버 호스팅의 시대

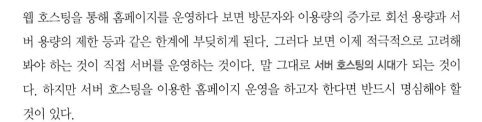

웹 호스팅을 통해 홈페이지를 운영하다 보면 방문자와 이용량의 증가로 회선 용량과 서버 용량의 제한 등과 같은 한계에 부딪히게 된다. 그러다 보면 이제 적극적으로 고려해 봐야 하는 것이 직접 서버를 운영하는 것이다. 말 그대로 **서버 호스팅의 시대**가 되는 것이다. 하지만 서버 호스팅을 이용한 홈페이지 운영을 하고자 한다면 반드시 명심해야 할 것이 있다.

과연 서버 호스팅으로 하드웨어적인 환경을 업그레이드할 만큼 여러분의 홈페이지가 가치가 있는지 그리고 업그레이드 할 만큼 많은 트래픽이 존재하는지에 대해 고민해 보아야 할 것이다. 웹 호스팅의 경우 한달에 소요되는 비용이 약 10만원 내외라고 한다면 서버 호스팅의 경우 적게는 3배 많게는 10배 이상의 비용이 소요되기 때문이다.

만일 여러분의 홈페이지가 이러한 서버 호스팅을 운영할 만한 비용을 벌어들이지 못한다면 안타깝지만 웹 호스팅 서비스에 남아 조금 더 자신의 홈페이지 방문자를 늘리기 위한 서비스를 개발하고 업그레이드 하는 것이 좋을 것이다. 무리한 확장은 결국 당신에게 엄청난 비용을 부담 지을 수도 있다는 점을 꼭 명심하자.

서버 호스팅으로의 이전은 이러한 서버에 관련되는 운영 비용만 부담되는 것이 아니다. 웹 서버를 운영하기 위한 서버 운영 인력 역시 굉장히 중요한 역할을 하게 된다. 만일 자신이 서버를 운영할 능력이 없다면 이는 신규 인력을 채용하거나 서버 관리 서비스를 제공해주는 업체에 위탁을 통해 운영할 수도 있으나 이 역시 비용이 수반된다.

그럼 어떻게 이러한 문제를 해결해야 할까? 가장 좋은 방법은 서버를 본인 스스로 직접 관리할 능력을 키우는 것이다. 너무나 당연한 이야기일지 모르겠지만 최소한의 비용으로 최대한의 효과를 얻는 방법은 바로 자신이 그에 필요한 능력을 키우는 것이다.

웹 서버의 운영과 관리를 위해서 리눅스의 기본적인 운영 방법에 대한 학습 그리고 리눅스의 웹 서버인 아파치에 관한 부분을 학습해야 하며, Windows 시스템의 경우 IIS에 대한 공부를 집중적으로 해야 한다.

서버 호스팅의 시대로 넘어오게 되면 웹 호스팅 시대와는 달리 서버와 네트워크에 대한 해킹과 보안의 위협에 항상 노출되며, 이러한 위협에 대처할 만한 능력이 존재하지 않는다면 당신이 운영하는 홈페이지는 본인도 모르는 사이에 좀비 서버(서버 운영자의 의지와는 관계없이 해커에 의해 임의로 조종 되는 서버)로 변해있을지도 모를 것이다.

만일 본인이 서버를 직접 운영할 능력이 부족하다면 아쉽지만 리눅스 서버보다는 Windows 서버를 추천한다.

Windows 서버의 경우 서버에 대한 기본적인 보안 위협에 대해서 정기적인 자동 패치를 통해 어느 정도는 해결이 가능하지만, 리눅스의 경우 이러한 보안 위협에 대해 전적으로 서버 운영자가 패치 등 보안 관련을 작업을 통해 직접 대처해야 하기 때문이다.

리눅스 서버에 대한 운영 능력이 부족하다면 Windows 서버도 대안이 될 수 있다.

물론 리눅스가 APM~Apache, PHP, MySQL~에 최적화된 환경이긴 하지만 Windows에서도 아파치와 PHP, MySQL을 설치하여 운영이 가능하다. 단, 리눅스에 비해서는 확실히 운영 효율이 떨어지기는 한다. 그 이유는 APM의 경우 태생이 리눅스에 기반하여 제작되었기 때문이다. 윈도우 서버의 경우에는 APM보다는 IIS, MS-SQL, .NET/ASP 조합이 서버와의 궁합이 더욱 잘 맞다.

필자도 처음으로 서버 호스팅 후 리눅스 OS에 APM을 설치하여 운영했으나 나날이 증가되는 보안 이슈 등에 대응할 능력이 되지 않아 리눅스에서 Windows로 변경한 후 APM을 설치하여 운영했었다. 물론 Windows를 OS로 사용하려면 Windows Server 라이선스를 직접 구매하거나 서버 호스팅 업체에서 제공하는 월간 라이선스에 대한 추가 비용은 부담해야 한다.

윈도우 서버가 리눅스 서버에 비해 보안 효율이 좋은 이유로는 자동 업데이트에 있다. 지금의 리눅스야 Yum이라는 간단한 설치 툴을 이용하여 보안 패치 역시 쉬워졌지만 필자가 운영할 당시만 해도 리눅스의 보안 패치는 어느 정도 서버에 대한 지식이 있어야만 했다. 물론 윈도우 서버라고 하더라도 아파치나 PHP, MySQL에 대한 보안 이슈가 있다면 당연히 추가 보안 패치를 수동으로 진행해 주어야 한다.

웹 호스팅 시대와 달리 서버 호스팅의 시대는 "서버 운영"까지 감당해야 할 짐이 하나 더 늘어나게 된다.

지금부터는 전쟁이다. 바로 살아남기 위한 전쟁!

4-1-1 코로케이션 서비스

서버를 이용하여 홈페이지를 운영하는 방법으로는 코로케이션 서비스와 서버 호스팅 서비스가 있다. 코로케이션 서비스라고 하는 것은 "co-location"이라는 영어인데, co 라는 것은 "공동의"라는 접두사와 location이라는 "위치"를 뜻하는 영어가 합쳐진 말로 "공동으로 위치한다" 정도로 이해하면 될 것 같다.

본인이 서버만을 직접 구매하고 서버 덱(서버를 설치하는 공간)과 네트워크 회선만을 임대해서 이용하는 서비스를 코로케이션 서비스라고 하고 서버와 서버덱 그리고 네트워크 회선을 일괄적으로 구매하는 것을 서버 호스팅 서비스라고 한다.

각 서버 호스팅 업체에서 제공되는 서비스는 대부분 서버 호스팅이라고 해서 "서버+서버덱+네트워크 회선"을 통합하여 제공하는 서비스이다.

필자의 경우는 처음 저렴한 조립 PC를 이용하여 코로케이션 서비스를 약 5개월간 운영했으나, 하드디스크의 고장으로 결국 코로케이션 서비스를 해지하고 서버 호스팅(서버+서버덱+네트워크)으로 서비스를 변경했었다.

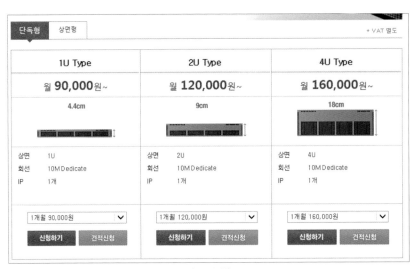

▲ i-names에서 제공하는 코로케이션 서비스 가격 정보(2015년 1월)

필자도 그때 안 사실이지만 조립 PC의 경우 웹 서버를 쓰기에는 한계가 존재한다. 24시간 운영되어야 하는 웹 서버의 경우는 확장의 편리함이나 저발열과 저전력 그리고 하드웨어적인 안정성이 담보되어야 하지만 조립 PC의 경우 이러한 부분에 문제가 발생될 우려가 크다. 저렴한 조립 PC의 안정적이지 않은 부분은 결국 홈페이지의 서비스 질에도 큰 문제를 끼치기 때문에 조금 비싸더라도 꼭 서버용으로 인증된 제품을 구매하여 이용하기 바란다.

서버용 장비가 왜 일반 PC보다 비싼지 필자도 그때 처음 알게 되었다.

4-1-2 서버 호스팅 서비스

본인이 웹 서버용 하드웨어를 보유하고 있다면 코로케이션 서비스를 추천하긴 하지만 기왕이면 서버 호스팅 업체에서 제공하는 서버 호스팅 서비스를 이용하는 것도 나쁘지는 않다.

서버 호스팅을 이용하기에 앞서 몇 가지 알아야 할 용어들이 있다.

구분	상세 설명
CPU	중앙처리 장치이다. 제일 중요하긴 하지만 대부분 Intel의 Xeon을 이용한다. 높은 Hz가 좋긴 하지만 2.0GHz 이상이면 무난하다.
메모리 RAM	최소 2G 이상이어야 한다. 웹 서버에서는 CPU보다 메모리의 양이 무엇보다 중요하다. Java를 이용한다면 4G 이상이어야 한다.
HDD	저장할 수 있는 공간이다. 1T 정도면 넉넉하게 이용할 수 있다.
네트워크 회선	초당 가능한 네트워크 트래픽, 10Mbps 단위로 제공한다.

FUJITSU
Fujitsu RX100S8

820,000원

CPU	E3-1230v3 3.30GHz(8MB)
메모리	DDR3 4G PC3 12800
HDD	SATA3 1T
회선	10Mbps
IP	1개

1개월 820,000+90,000원 ∨

신청하기 상세보기

SUPERMICRO
SM-1602SA

850,000원

CPU	Xeon Quad Core Ivy-Bridge E3-1230v2 3.30GHz
메모리	DDR3 4G PC10600
HDD	SATA3 500G
회선	10Mbps
IP	1개

1개월 850,000+90,000원 ∨

신청하기 상세보기

ASUS
ASUS R300E7

1,030,000원

CPU	Intel Xeon E3-1220v2 Quad 3.1GHz 8MB
메모리	DDR3 4G PC10600
HDD	SATA3 500G
회선	10Mbps
IP	1개

1개월 1,030,000+90,000원 ∨

신청하기 상세보기

IBM
IBMX3550M4

2,200,000원

CPU	Intel Xeon Processor E5-2609 4C 2.4GHz 10MB 1066MHz 80W W/Fan
메모리	DDR3 4G PC10600
HDD	IBM SAS 300G 2.5 10K
회선	10Mbps
IP	1개

1개월 2,200,000+90,000원 ∨

신청하기 상세보기

IBM
IBMX3650M4

2,500,000원

CPU	Intel Xeon Processor E5-2609 4C 2.4GHz 10MB 1066MHz 80W W/Fan
메모리	DDR3 4G PC10600
HDD	IBM SAS 300G 2.5 10K
회선	10Mbps
IP	1개

1개월 2,500,000+90,000원 ∨

신청하기 상세보기

HP
HP360pG8

4,800,000원

CPU	Xeon Hexa Core E5-2630 2.30GHz L3 15MB
메모리	HP 4GB PC3 10600
HDD	HP SAS 300GB 2.5
회선	10Mbps
IP	1개

1개월 4,800,000+90,000원 ∨

신청하기 상세보기

▲ i-names에서 제공되는 서버 호스팅 가격 정보(2015년 1월 기준)

서버 호스팅에서 무엇보다도 중요한 것이 바로 네트워크 회선이다. 네트워크 회선의 경우는 웹 호스팅과는 달리 크게 아래와 같이 4가지 상품이 존재한다.

각 상품을 좀더 상세히 살펴보면 10M Dedication 서비스는 10Mbps의 네트워크 회선을 온전히 내 서버 하나에서만 사용하는 것이고 10M Shared 서비스는 10Mbps 회선을 여러 대의 서버에서 나눠서 사용을 한다는 이야기이다.

즉, 웹 호스팅에서 서버 자원을 여러 개의 홈페이지가 나눠 쓰듯이 Shared 회선의 경우는 여러 개의 서버가 하나의 네트워크 회선을 나눠서 사용한다.

여기에서 10Mbps와 100Mbps의 차이점은 초당 감당이 가능한 네트워크 트래픽을 나타낸다.

10Mbps의 경우는 10Mbps/8bit=1.25Mbyte로 초당 네트워크 트래픽을 감당할 수 있다는 이야기이며, 100Mbps의 경우는 12.5Mbyte로 초당 네트워크 트래픽을 감당할 수 있다는 이야기이다. 즉, 서버 호스팅에서의 네트워크 회선은 일간 총 전송량으로 네크워크 트래픽을 제한하는 것이 아니라 초당 감당 가능한 네트워크 트래픽으로 네트워크 회선 비용이 부과된다는 점을 명심해야 할 것이다.

서버 호스팅의 네트워크 회선은
일간 총 전송량이 아닌 초당 순간 전송량으로 비용이 청구된다.

이를 일간 총 네트워크 트래픽으로 계산해 보면 $1.25Mbyte \times 60s \times 60m \times 24h=105$ Gbyte 즉 하루에 총 105Gbyte 정도의 네트워크 트래픽을 감당할 수 있다는 이야기가 된다.

다시 말하면 하루 웹사이트의 일간 전체 트래픽이 105Gbyte가 넘지 않는다면 10M Dedication 서비스보다는 10M Shared 서비스를 이용하는 것이 비용적인 측면에서는 유리하다는 이야기로 요약될 수 있다.

일 전송량이 100Gbyte를 넘지 않으면
10M Shared가 비용적인 측면에서 유리하다.

서버 호스팅을 이용할 때에도 본인이 운영중인 홈페이지 트래픽을 사전에 예측하여 서버 호스팅 서비스를 신청해야 보다 저렴한 비용으로 홈페이지 운영이 가능하다.

하지만 모든 서버 호스팅업체에서 Shared와 Dedication으로 네트워크 회선 서비스를 구분하여 신청을 받지는 않는다.

회선 정보	10Mbps	☑ 변경	회선선택 ▼	99,000 원/건
			회선선택	
			10Mbps	
			20Mbps	
상면 정보	1U		30Mbps	0 원/건
			50Mbps	
			70Mbps	
합계 비용			100Mbps	99,000 원/건

▲ i-names에서 선택 가능한 회선 정보

위의 서비스에서 보이는 것처럼 일부 서버 호스팅 업체에서는 Dedication으로만 네트워크 회선 서비스를 제공하고 있다.

앞서 이야기한 대로 서버에 대한 부가 서비스를 추가하게 되면 비용 역시 또 추가된다. **서버 호스팅을 가장 저렴하게 이용하는 방법은 다름 아닌 본인 스스로 관리 능력을 키워야 한다는 점을** 꼭 명심하자.

☑ 관리대행 및 부가서비스 신청			
관리대행 (?)	⦿ 관리대행 신청 ○ 신청 안함		165,000 원/월
부가서비스	방화벽서비스	관리대행에 포함되어 있음	0 원/월
	백업서비스	관리대행에 포함되어 있음	0 원/월
	웹방화벽	Web Night ▼	0 원/월
	웹사이트 이전	신청 안함 ▼	0 원/건
	DB호스팅	100M ▼	11,000 원/월
합계 비용			176,000 원

웹 호스팅과는 달리 서버 호스팅의 경우 이런저런 서비스를 추가할 경우 비용은 기하급수적으로 늘어나게 된다. 필자는 그래서 열심히 공부했다. 왕성한 학습 의욕 때문이 아니라 바로 비용을 줄이기 위해서이다.

서버 호스팅은 물리적으로 넉넉한 자원을 이용할 수 있다는 장점이 있기는 하지만 기존에 구매한 서버로는 감당이 되지 않을 정도로 사용자가 늘어날 때 확장의 문제가 발생하게 된다.

다시 말하면, 초기에 1 CPU에 32Gbyte의 RAM으로만 서버를 운영했으나 이 서버가 도저히 감당할 수 없도록 사용자가 증가한다면? 추가적으로 동일한 사양의 서버를 한 대 더 구매하고 OS 설치하고 PHP, MySQL 설치하고 이런저런 설정을 다시 해주는 부분은 비용적인 측면뿐만이 아니라 분명 번거로운 작업이 될 것이다.

그리고 서버의 경우 감가상각이 매우 심해 1년 전에 구매한 서버를 중고시장에 내다 팔면 매우 저렴한 가격으로밖에는 매도가 불가능하다는 문제점 등이 있다.

이러한 서버 호스팅의 단점을 해결한 것이 바로 클라우드 서비스이다. 클라우드 서비스의 경우 사용자가 적을 경우에는 저렴한 클라우드 서버를 이용하다가 사용자가 증가할 때에는 원 클릭만으로 서버를 확장할 수 있다. 이러한 확장성의 편리함과 보다 저렴한 비용이 클라우드 서비스가 확대되는 원동력이라고 볼 수 있다.

필자가 운영중인 게임세상의 경우도 2011년 홈페이지의 대규모 개편과 함께 서버 호스팅에서 클라우드 서비스로의 이전을 통해 많은 비용을 절감했다. 이러한 클라우드 서비스의 장점 및 이용 방법에 대해서는 **6장과 7장의 클라우드 호스팅의 시대**에서 자세히 다루도록 하겠다.

사실 웹 호스팅의 시대가 게임세상의 개발적인 관점에서 큰 성장을 이루었다면 도메인 등록과 서버 호스팅으로의 이전은 게임세상의 방문자와 수익적인 측면에 있어서 큰 발전을 이루게 된다.

사용자는 가만히 기다리면 방문해주지 않는다. 끊임없이 홈페이지의 문제점을 파악하고 사용자의 요구사항과 사용패턴을 분석하여 사용자가 필요로 하는 콘텐츠와 서비스를 제공할 수 있도록 노력해야 하며, 또한 다양한 방법을 통해 본인이 운영중인 홈페이지에 사용자가 원하는 콘텐츠가 존재한다는 사실을 알려주어야 한다.

> **홈페이지는 끊임없이 변화해야 살아남을 수 있다.**

본인 홈페이지의 문제점이나 사용자의 요구사항은 로그 분석을 통해서 해결하고 사용자가 원하는 콘텐츠가 있음을 알리는 방법으로는 검색엔진의 등록이나 검색엔진이 좋아하도록 홈페이지를 만들어야 한다.

또한 서버 호스팅으로 인해 발생되는 비용을 다소나마 줄이기 위해서는 사이트 방문자의 트래픽을 이용한 온라인 광고 노출을 통해 비용을 해결해야 한다.

다음 글에서는 이러한 **사용자의 요구사항을 분석하는 로그 분석 방법** 그리고 본인이 사이트를 돈을 들이지 않고 알리는 방법, 그리고 온라인 광고를 통해 수익을 창출하는 방법에 대해 이야기 하고자 한다.

4-2 웹사이트 로그 분석

"웹사이트 로그 분석? 흠, 어디서 많이 들어본 것도 같고 들어보지 못한 것도 같고..."

"적을 알고 나를 알면 백전 백승?"

로그 분석이란 바로 자신이 운영하는 홈페이지에 대한 것들을 알아가기 위한 분석을 뜻한다. 아파치나 IIS와 같은 웹 서버는 사용자의 홈페이지 이용에 대한 정보를 로그파일의 형태로 남기게 된다. 이 로그파일에는 어떠한 IP를 가진 방문자가 어떤 페이지를 어느 정도 시간 동안 방문했는지 또 어떤 페이지를 언제 보았는지에 대한 이용에 대한 로그 정보가 저장된다.

로그 분석이라고 하는 것은 바로 이러한 웹사이트 방문자들에 대한 일련의 정보들을 분석하여 홈페이지 운영자가 원하는 정보로 얻어내는 분석을 뜻한다.

로그 분석에 대한 설명을 **서버 호스팅의 시대**에 설명하고 있기는 하지만, 사실 무료 홈페이지의 시대부터, 웹 호스팅의 시대부터 클라우드 호스팅의 시대까지 웹을 운영하고 만든다면 어느 시대에서든 반드시 필요하다.

자 그럼 로그 분석을 실시하기에 앞서 로그 분석의 기초가 되는 로그파일들에 대해 알아보자

4-2-1 로그파일 이란?

Windows의 IIS에서는 웹 로그에 대한 기록을 event_log의 ex20140111.log와 같은 형태로 저장되며 아파치의 경우도 access.log라는 명칭으로 웹 로그파일이 생성된다.

그럼 실제로 로그파일에는 어떠한 정보가 쌓이는지 알아보자.

IIS에 쌓이는 로그파일을 간단히 분석해보면 203.228.170.61이라는 IP를 가진 사용자가 2014년 2월 15일 오전 7시 11분 00초에 LUKE라는 사용자 이름을 가지고 203.251.2.73 서버에 접속을 하여 웹 서비스를 요청했으며 서비스는 총 5,213초 동안 진행되었고 253바이트의 데이터를 에러 없이(200과 0 코드) 사용자에게 전송하였다. 여기서 사용된 HTTP 명령은 POST이며 요청한 파일이름은 title.htm이고 마지막으로 웹서버에 접속한 사용자의 프로토콜은 Mozilla/4.0이라는 정보를 보여주는 것이다.

IIS의 웹 로그파일은 기본적으로 %SystemDrive%₩inetpub₩logs₩LogFiles와 같은 폴더에 생성되며, 사용자의 설정에 따라 로그파일의 저장 위치를 변경할 수도 있다.

사실 이렇게 한줄한줄 쌓이는 로그 정보는 페이지뷰 수에 따라 실제 하루에 수백만 줄의 텍스트 정보로 쌓이며 용량으로 따지면 적게는 몇 Mbyte에서 크게는 몇백 Mbyte까지의 데이터가 쌓이게 된다. 하루에 쌓이는 용량이 10Mbyte씩만 된다고 해도 일년이면 3650Mbyte 즉 3.6Gbyte가 되게 된다.

이렇게 대용량으로 쌓이는 로그파일을 사람이 수작업으로 일일이 분석을 한다는 것은 현실적으로 불가능하다. 그래서 웹 로그파일을 이용하여 분석을 해주는 솔루션이 필요하게 되는 것이다.

앞서 설명한 것처럼 로그파일을 이용한 웹 로그 분석의 방법이 초창기 웹 로그 분석의 방법이었다면 이러한 로그파일을 저장할 공간에 대한 문제점을 해결하기 위해 바로 "코드삽입을 통한 로그 분석" 방법이 나오게 되며, 이 책에서 중점적으로 설명할 부분은 바로 **코드삽입을 통한 로그 분석** 방법에 대한 내용이다.

실제로 로그파일을 이용한 로그 분석의 경우는 저장된 로그파일을 관리 운영하는 부분이 생각보다 쉽지 않다. 나날이 쌓이는 로그파일을 위해 별도의 저장 공간을 확보해야 하며, 또한 로그 분석을 하는 데도 상당한 시간이 걸린다(물론 스케쥴러를 통해 매일 작동이 되게는 가능하지만). 확실히 코드를 이용한 로그 분석보다는 관리의 어려움이 존재한다.

4-2-2 로그 분석의 종류

로그 분석의 방법은 앞서 이야기한 **코드삽입을 통한 로그 분석**과 **로그파일을 이용한 로그 분석** 뿐만이 아니라 **통계학적 로그 분석** 방법으로 나뉠 수 있다.

코드삽입을 통한 로그 분석과 로그파일을 이용한 로그 분석의 경우 본인이 소유한 홈페이지의 로그 분석을 위해 주로 이용하고 "통계학적 로그 분석"의 경우는 로그 분석이라기보다는 리서치 업체에서 인터넷 이용자를 대상으로 모집단을 선정하여 통계적인 관점에서 이용자의 해당 홈페이지에 대한 사용자수나 페이지 뷰를 예측하는 방식이다.

"코드삽입 로그 분석"과 "로그파일을 이용한 로그 분석"의 경우는 매우 상세한 사용자의 홈페이지 이용정보를 얻을 수 있으며 "통계적인 로그 분석"의 경우는 타 사이트와 비교한 내 홈페이지의 방문자 정보를 얻거나 경쟁사의 웹 트래픽에 대한 정보를 얻기 위해서 사용된다.

▼ 로그 분석 방법에 따른 특징

구분	특징
로그파일을 이용한 로그 분석	별도의 로그파일을 저장할 공간이 필요함 실시간 분석은 거의 불가 매우 많은 방문자가 존재하는 사이트에서는 분석이 어려움 별도의 솔루션이 필요함
코드삽입을 통한 로그 분석 (페이지 태깅 방식 로그 분석)	코드삽입 이전의 과거 웹 로그에 대해서는 분석이 불가능 로그파일을 저장할 공간이 필요치 않음 무료 솔루션이 많이 나와있음
통계학적 로그 분석	정확한 방문자 정보 확인은 불가능 통계적으로 비교를 위한 수치를 위해 유용함 인구통계학적인 정보도 확인이 가능함 타 홈페이지와 통계적인 비교가 가능함

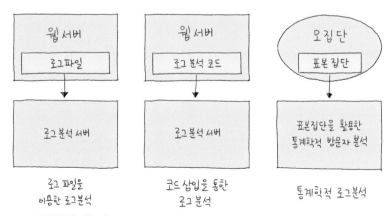

▲ 로그 분석 방법에 따른 구성도

아래는 종류별 로그 분석 서비스를 제공하는 솔루션/업체명과 각 특징들을 소개해보았다.

구분	솔루션 명	특징
로그파일을 이용한 로그 분석	Wise log http://www.wiselog.com/	유료, 고차원적 로그 분석이 가능하나 별도의 서버가 필요하며 고비용
	webalizer http://www.webalizer.org/	무료, 오픈소스, 간단한 로그 분석만 가능, 아파치에서만 이용 가능
코드 삽입을 통한 로그 분석	구글 어낼리틱스 http://www.google.com/analytics/	무료, 실시간 및 상용서비스에 버금가는 로그 분석 정보 제공
	Piwik http://piwik.org/	무료, 오픈소스, 로그 분석을 위한 별도의 로그 분석 서버 필요
	에이스카운터 http://www.acecounter.com/	유료, 실시간 및 쇼핑몰 등에 특화된 로그 분석 결과 제공
통계학적 로그 분석	랭키닷컴 http://www.rankey.com/	유료, 30만 모집단 중 랭키닷컴에서 제공되는 툴바를 설치한 사용자를 대상으로 한 통계학적 로그 결과 제공
	코리안 클릭 http://www.koreanclick.com/	유료, 리서치 전문기관인 닐슨에서 제공하는 통계학적 로그 분석 결과 제공
		다수의 온라인 광고 에이전시에서 이용을 하고 있음

4-2-3 코드삽입을 통한 로그 분석(페이지 태깅 방식 로그 분석)

그럼 실제 코드삽입을 통한 로그 분석을 상세하게 알아보도록 하자. 이번 글에서 주로 설명한 코드 삽입을 통한 로그 분석 방식은 바로 구글님들께서 개발한 Google Analytics(이하 GA)이다.

GA의 장점을 설명해 보자면 코드에서 확인된 로그에 대한 정보는 구글에서 별도로 제공되는 로그 분석 서버를 이용하기 때문에 로그 분석을 위한 서버가 별도로 필요치 않으며 GA에서 제공되는 로그 분석 코드를 로그 분석을 필요로 하는 웹 페이지에 추가만 하면 다양한 로그 분석 정보가 제공된다.

구글 로그 분석 솔루션을 이용하는 방법은 아래와 같다.

Step1. 구글 회원가입

Step2. 구글 로그 분석 서비스 신청

Step3. 구글 로그 분석을 위한 코드 확인

Step4. 분석이 필요한 페이지에 코드 삽입

Step5. 로그 분석 결과 보기

Step_1 구글 회원가입

http://www.google.com/analytics 사이트에 접속 후 구글 계정을 만들어보자.

정상적으로 구글 회원가입이 완료된 후 구글 로그 분석 사이트에 접속하면 아래와 같은 신청페이지를 확인할 수 있다.

Step_2 ▶ 구글 로그 분석 서비스 신청

그럼 로그인 후 로그 분석 서비스를 신청해보자.

구글 로그 분석 서비스에 가입한 후 아래와 같이 내 계정 설정을 위한 정보를 입력해 보자.

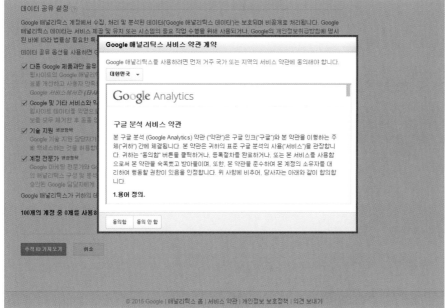

Step_3 구글 로그 분석을 위한 코드 확인

구글 로그 분석을 위한 서비스 이용약관에 동의하면 아래와 같은 추적 코드를 확인할 수 있다.

추적 코드를 상세히 보면 아래와 같다.

```
<script>
  (function(i,s,o,g,r,a,m){i['GoogleAnalyticsObject']=r;i[r]=i[r]||function(){
  (i[r].q=i[r].q||[]).push(arguments)},i[r].l=1*new Date();a=s.createElement(o),
  m=s.getElementsByTagName(o)[0];a.async=1;a.src=g;m.parentNode.insertBefore(a,m)
  })(window,document,'script','//www.google-analytics.com/analytics.js','ga');

  ga('create', 'UA-59009761-1', 'auto');
  ga('send', 'pageview');

</script>
```

Step_4 분석이 필요한 페이지에 코드 삽입

추적코드를 analyticstracking.php(파일명이 반드시 이와 같을 필요는 없다)라는 파일로
저장한 후 로그 분석이 필요한 웹 페이지 <body> 태그 바로 밑에 아래와 같은 코드를 입
력하면 로그 분석을 위한 모든 준비는 끝난다.

```php
<?php include_once("analyticstracking.php") ?>
```

아래는 실제 게임세상에 적용된 구글 로그 분석 코드를 삽입한 내용이다.

로그 분석 코드를 삽입하는 데 있어서 주의할 점은, 앞서 분석이 필요한 페이지에 구글 로그 분석 코드를 삽입하라고 했지만, 사실 모든 페이지에 구글 로그 분석 코드를 삽입해주어야 홈페이지의 정확한 로그 분석 결과를 얻을 수 있다.

게임세상의 개발적인 구조를 확인해보면 아래와 같다.

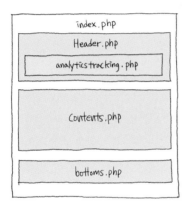

위의 구조를 설명하자면 index.php와 같이 사용자에게 보여지는 페이지에 header.php/contents.php/bottoms.php와 같이 3개의 영역으로 구분해놓고 index.php 파일에서 header.php와 conetnts.php 그리고 bottoms.php 파일을 include 함수를 이용하여 호출하고, header.php에서는 다시 GA 코드인 analyticstracking.php를 다시 include하는 형태로 운영을 하는 것이 홈페이지의 운영 유지보수에 유리하다.

이를 php 파일로 구성해보면 아래와 같다.

index.php

```php
<?php
  include("header.php");
  include("conetnts.php");
  include("bottoms.php");
?>
```

header.php

```
<html>
<head>
<title>게임세상</title>
</head>
<body>
<?php include_once("analyticstracking.php"); ?>
```

contents.php

```
<p> 게임에 대한 모든 것은 게임세상에 있습니다</p>
```

bottoms.php

```
<p>COPYRIGHTS (C) 1988 - 2014 게임세상 ALL RIGHTS RESERVED SINCE MAY 28,
1998</p>
</body>
</html>
```

Step_5 로그 분석 결과 보기

이러한 설정을 통해 모든 부문에 구글 로그 분석 코드의 삽입이 완료된 후 **홈**을 클릭하면 아래와 같은 화면을 확인할 수 있으며 **전체 웹사이트 데이터**를 클릭하면 드디어 로그 분석에 대한 정보를 확인할 수 있다.

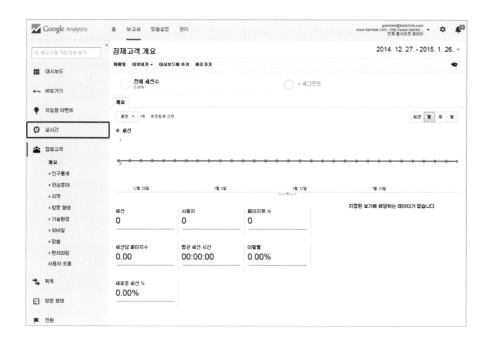

아쉽지만 아직까지 홈페이지의 방문자가 하나도 없기 때문에 결과 데이터는 0의 값을 보여준다. 구글 로그 분석 데이터는 약 24시간 이후에 전일의 로그 분석 결과를 확인할 수가 있다.

로그 분석 솔루션이 정상적으로 작동되는지 확인하기 위해서는 본인의 홈페이지에 본인 스스로 접속 후 구글 로그 분석 페이지에서 **실시간 > 개요** 서비스에 접속했을 때 현재 사이트의 활성 사용자수에 1이 보이면 로그 분석 솔루션이 정상적으로 작동된다고 볼수 있다.

실시간 로그 분석 정보는 최소 10분에서 1시간이 지난 후에 확인이 가능하며, 지난 로그 분석에 대한 결과는 앞서 설명한 대로 최소 24시간이 지나야 전일에 대한 로그 분석이 가능하다.

4-2-4 로그 분석으로 얻을 수 있는 정보들

모든 로그 분석을 위한 설정이 완료되었으니 본격적으로 방문자를 위한 로그 분석 결과를 어떻게 분석하여 어떠한 정보를 얻을 수 있는지 확인해보자

로그 분석에서 얻을 수 있는 정보는 크게 아래와 같다.

구분	설명
방문자수	홈페이지를 방문하는 사용자수를 알 수 있다.
페이지뷰수	방문자와는 달리 사용자가 실제로 본 페이지 숫자를 알 수 있다.
체류시간	방문자가 해당 페이지에 얼마나 머물렀는지를 알 수 있다.
홈페이지를 방문하기 전 사이트	확인된 페이지를 방문하기 전의 홈페이지 정보를 알 수 있다.
방문자의 하드웨어 환경 정보	테스크탑/모바일, 사용자의 브라우저 종류 및 버전 등의 정보를 알 수 있다.

위 표의 5가지 정보 이외에도 특정 이벤트 등록을 통해서 페이지 로딩 속도나 홈페이지 내에서 사용자가 입력한 검색어 값 등 어떤 검색엔진에서 어떤 검색어를 통해 본인의 홈페이지로 이동하였는지 등 좀더 다양한 정보를 얻을 수 있다.

지금부터는 GA의 상세한 메뉴를 설명하면서 로그 분석으로 얻을 수 있는 정보를 알아보도록 하자. 사실 GA의 경우 책 한 권을 쓸 만큼의 내용이 있으나(?) 실제 홈페이지를 운영하는 데 있어 필요하고 중요한 정보에 대해 집중적으로 알아볼 수 있도록 하자.

사실 필자도 구글 로그 분석의 모든 기능을 알지 못한다.

4-2-5 GA의 기본적인 사용법

GA에서 사용되는 주요 메뉴에 대해 알아보자.

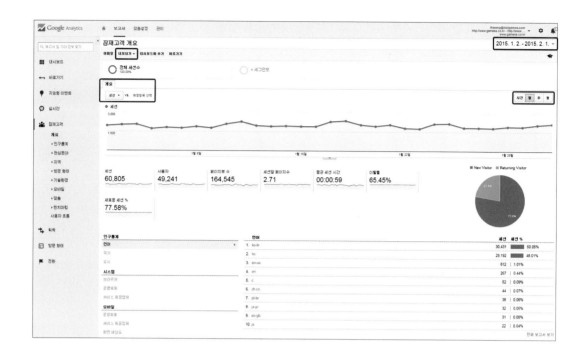

GA는 기본적으로 기간에 따른 로그 분석이 가능하다. 우측 상단의 날짜를 클릭하면 아래와 같이 시작일자, 종료 일자, 그리고 비교 대상이 되는 기간을 추가적으로 설정하여 검색이 가능하다.

또한 그래프 위쪽의 **세션▼**을 클릭하면 아래와 같이 추가로 확인할 수 있는 측정 항목들을 볼 수 있다.

또한 분석기준을 시간 또는 일/주간/월간으로 선택할 수 있는데, 각각의 항목시 보여주는 그래프는 아래와 같다.

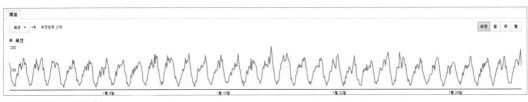

▲ 시간 선택시 로그 분석 결과

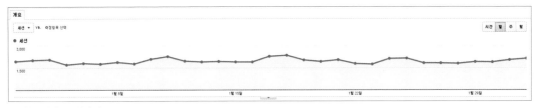

▲ 일간 선택시 로그 분석 정보

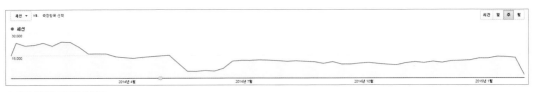

▲ 주간 선택시 로그 분석 정보

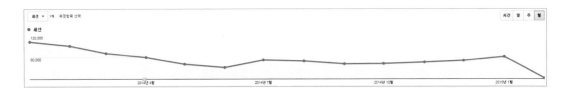

4-2-6 월간 선택시 로그 분석 정보

주간/월간 정보는 시간/일간 분석보다는 좀더 긴 시간(최소 2개월 이상)으로 분석기간을 선택해야 홈페이지 방문자의 트랜드를 분석하는 데 도움이 된다.

위의 정보는 엑셀로도 저장이 가능한데, 좌측 상단의 내보내기를 선택하면 다양한 형태로 정보의 변환이 가능하다.

로그 분석에서 제공되지 않는 좀더 상세한 정보의 가공을 위해서는 엑셀용으로 자료를 다운로드 받은 후 엑셀의 다양한 기능을 활용하여 원하는 정보를 얻으면 될 것이다.

즉, 최근 한달간 시간대별 평균 방문자에 대한 정보는 GA에서 별도로 제공되지 않기 때문에 한달간의 시간대별 방문자 정보를 다운로드 하여 엑셀을 통해 시간대별 평균 방문자수 등으로 변환이 가능하다는 이야기이다.

4-2-7 GA 〉보고서 〉실시간 메뉴

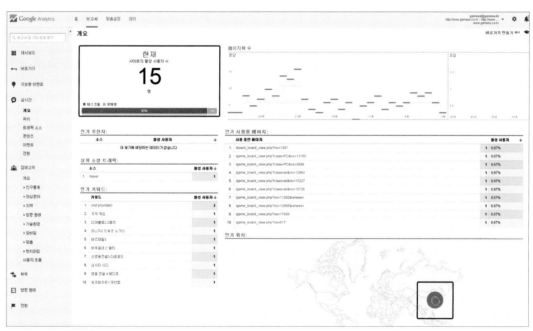

▲ GA 실시간 〉개요 화면

GA의 좋은 점이 2006년 서비스 오픈 이후 지속적으로 서비스의 개선이 이루어진다는 점에 있다. 실시간 로그 분석 역시 2006년 오픈 당시에는 제공되지 않던 서비스였지만 현재는 실시간 분석 서비스를 제공하고 있다.

실시간 분석에서 확인할 수 있는 정보는 아래와 같다.

구분	설명
디바이스 종류	데스크톱인지 모바일에서의 접속인지를 확인할 수 있다.
분당 /초당 페이지뷰 수	분당/초당 사용자의 페이지뷰 수를 확인할 수 있다.
인기 키워드	내 홈페이지에 접속하기 위한 키워드에 대한 정보이다. 어떠한 외부 사이트에서 어떠한 키워드로 접근했는지를 알 수 있다. 예) 네이버에서 어떤 키워드로 접근했는지
인기 사용중 페이지	현재 사용자가 접속중인 페이지 중 최상위 10개의 페이지의 URL을 보여준다.
인기 위치	사용자가 접속한 지역에 대한 정보를 확인할 수 있다.

실시간 보고서에서는 현재 내 홈페이지의 다양한 상태에 대한 정보를 확인할 수 있다. 예를 들어 사이트 접속이 갑자기 느려지고 CPU와 RAM의 이용률이 급증했다면?

실시간 보고서 정보를 통해 현재 내 홈페이지 방문자의 실제 정보를 확인할 수 있을 것이고 이러한 정보는 내 하드웨어의 한계점을 알 수 있는 중요한 수치가 된다. 또한 현시점에서 사용자가 가장 많이 찾는 콘텐츠와 키워드 등의 검색을 통해 "온라인 광고" 집행 시 현재 가장 많이 이용되고 있는 정보도 확인할 수가 있다.

만일 해외 서비스를 이용한다면 어느 나라에서 실시간으로 가장 많은 방문자를 보이는지 역시 알 수 있다.

4-2-8 GA〉보고서〉잠재고객

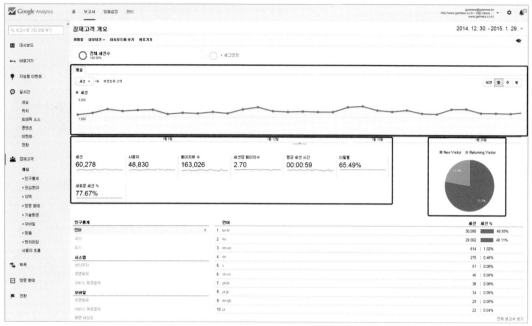

▲ GA〉잠재고객〉개요 화면

다음은 잠재고객에 대한 화면이다. 실질적으로 가장 많이 이용되는 메뉴가 바로 잠재고객에 대한 메뉴이다. 잠재고객 메뉴에서 제공되는 정보는 홈페이지 로그 분석의 가장 기초가 되는 PV Page Views(페이지뷰 수)나 UV Unique Visitors(방문자 수) 그리고 세션값에 대한 정보 등을 확인할 수 있다. 그럼 좀더 자세히 알아 보자.

구분	상세 내용
세션	방문자와는 조금 다른 수치로 이벤트와 연관된 수, 즉 사용자가 홈페이지에서 특정 액션을 얼마나 취했는지에 대한 수치이다.
사용자 (방문자수)	홈페이지에 대한 방문자 수이다.
페이지뷰 수	홈페이지의 전체 페이지뷰 수이다.
평균 세션 시간	방문자의 평균 세션 시간이다. 예전에는 방문당 머문 시간으로 정보가 제공되었으나 언제부터인가 기준이 평균 세션시간으로 정보가 변경되었다.
이탈률	전체 방문자 중 한 페이지만 페이지를 보고 나간 비율이다. 이탈률이 높다는 건 검색엔진을 통해 해당 페이지에 접속했으나 본인이 원하지 않는 정보를 보여준다고 보면 된다.

구분	상세 내용
New Visitor / Returning Visitor	처음 방문한 사용자와 재방문한 방문자에 대한 비율이다. New Visitor보다는 Retuning Visitor가 높은 것이 좋다.
인구통계	방문자 중 연령별, 성별에 대한 통계학적 방문자 수에 대한 정보를 제공해준다.
기술환경	방문자의 브라우저 버전과 종류에 대한 정보를 제공해준다. 심지어는 IE의 버전도 상세하게 알 수 있다.
사용자의 흐름	방문자가 어떤 페이지를 통해 어떤 페이지로 이동했는지 등에 대한 정보를 알 수 있다.

홈페이지를 제작하는 데 방문자의 기술적인 환경은 무엇보다도 중요하다. 이러한 기술적인 환경이 중요한 이유는 실제 사이트 제작을 위한 가이드가 되기 때문이다. 예를 들어 특정 HTML 코드와 CSS의 경우는 IE 7 이하에서는 정상적으로 작동하지 않게 된다. 하지만 사용자가 가장 많이 사용하는 페이지에 IE 7 이상만 이용이 가능한 코드가 추가된다면 이는 사용자의 사용성(특정 브라우저에서는 홈페이지가 깨지는 현상 등을 의미함. 다른 말로 브라우저 호환성)을 떨어뜨리게 하는 원인이 될 것이다.

이 기술정보는 **잠재고객 〉 기술환경 〉 브라우저/운영체제**에서 확인이 가능하다.

브라우저 ?	획득		
	세션 ? ↓	새로운 세션 % ?	신규 방문자 ?
	60,805 전체 대비 비율(%): 100.00% (60,805)	77.64% 평균 조회: 77.58% (0.09%)	47,212 전체 대비 비율(%): 100.09% (47,171)
1. Internet Explorer	38,549 (63.40%)	78.39%	30,218 (64.00%)
2. Chrome	18,422 (30.30%)	75.67%	13,940 (29.53%)
3. Android Browser	2,129 (3.50%)	78.58%	1,673 (3.54%)
4. Firefox	824 (1.36%)	78.76%	649 (1.37%)
5. Safari	538 (0.88%)	84.01%	452 (0.96%)
6. Safari (in-app)	132 (0.22%)	82.58%	109 (0.23%)
7. Opera	95 (0.16%)	68.42%	65 (0.14%)
8. (not set)	41 (0.07%)	100.00%	41 (0.09%)
9. IE with Chrome Frame	21 (0.03%)	80.95%	17 (0.04%)
10. Mozilla Compatible Agent	16 (0.03%)	100.00%	16 (0.03%)

또한 홈페이지의 실제 DB가 아닌 구글에서 제공되는 인구 통계학적인 정보도 확인이 가능한데,

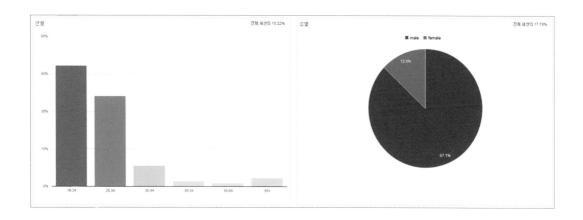

해당 정보를 얻기 위해서는 **관리 〉속성 〉속성설정 〉인구 통계 및 관심분야 보고서 사용** 설정을
해주어야 통계를 얻을 수가 있다.

구글의 통계학적 정보가 정확한지 실제 DB와 비교해보았다.

연령 구분	구글 로그 분석	실제 사용자 DB (최근 1년간 가입자)
18~24세	48.40%	19.2%
25~34세	36.16%	38.5%
35~44세	8.34%	7.3%
남자	87%	91.26%
여자	13%	8.74%

사실 비교 수치가 18~24세의 경우는 조금 다른 값을 보이고 있다. 이와 같은 차이가 발생하는 원인은 게임세상은 최근 1년간 회원가입자에 대한 정보이고 GA 로그 분석은 실제 방문한 사용자의 통계학적인 정보이며 또한 GA에서는 18세 이하에 대한 정보가 분석되지 않기 때문으로 추정된다.

비록 실제 DB의 정보와 통계학적인 정보에 약간의 차이가 있기는 하지만 이런 통계학적인 정보도 분명 홈페이지의 방문자 성향을 분석하는 데 도움이 되는 건 사실이다.

4-2-9 GA 〉보고서 〉획득

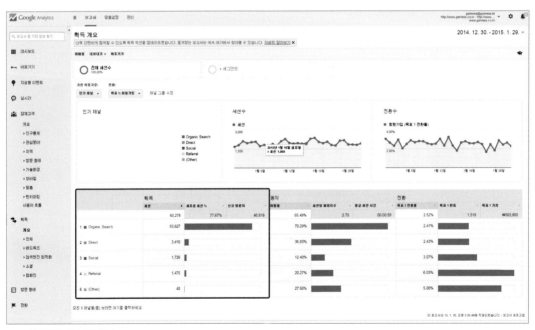

▲ GA 〉보고서 〉획득 개요 화면

GA의 획득 메뉴에서는 이 홈페이지를 방문한 방문자가 어떠한 경로를 통해 들어왔는지를 알려준다.

구분	설명
Organic Search	알려진 검색엔진을 통해 들어온 숫자이다. 검색엔진에 최적화되어 있다면 이 수치가 높을 것이다.
Direct	브라우저 주소창에서 검색엔진 등 타 사이트를 거치지 않고 바로 홈페이지에 접속해 온 숫자이다. 즐겨찾기로 많이 등록되어 있다면 이 수치가 높을 것이다.
Social	페이스북이나 유튜브와 같은 소셜 서비스로 분류된 곳을 통해 들어온 숫자이다.

1.	네이버 / organic	39,504 (65.54%)
2.	google / organic	11,779 (19.54%)
3.	(direct) / (none)	3,411 (5.66%)
4.	blog.naver.com / referral	1,222 (2.03%)
5.	다음 / organic	1,006 (1.67%)
6.	daum / organic	778 (1.29%)
7.	gamess01.tistory.com / referral	635 (1.05%)
8.	gamess.co.kr / referral	354 (0.59%)
9.	naver / organic	316 (0.52%)
10.	kin.naver.com / referral	207 (0.34%)

▲ GA 〉보고서 〉획득 〉전체 〉소스/매체

위의 정보로 게임세상을 방문하기 전 이용한 홈페이지의 상세 정보를 알 수 있다. 게임세상의 경우는 네이버를 통한 유입이 가장 많고 그 다음이 구글을 통한 방문이라는 것을 알 수 있다. 그 다음은 Direct로 브라우저 주소 창에서 주소를 직접 입력해서 방문했다는 것을 알 수 있다.

어떤 수치가 높은 게 제일 좋을까? 당연히 Direct 수치일 것이다. Direct 수치가 높다는 건 그만큼 방문자가 해당 홈페이지의 주소에 대해 정확히 알고 있거나 즐겨찾기를 통해 방문한다는 것을 뜻하기 때문이다.

1.	트로피코5 트레이너	250	(1.06%)
2.	성인토렌트	200	(0.85%)
3.	심시티 빌드잇 치트	200	(0.85%)
4.	트로피코5 치트	200	(0.85%)
5.	게임세상	170	(0.72%)
6.	성인 토렌트	170	(0.72%)
7.	하급생 에디터	170	(0.72%)
8.	커스텀 레이드 5 플러스 에디터	110	(0.47%)
9.	ariadne 치트	90	(0.38%)
10.	드라몬 퀘스트	90	(0.38%)

▲ GA 〉보고서 〉획득 〉검색엔진 최적화 〉검색어

검색엔진에서 어떠한 키워드를 통해 게임세상을 방문했는지에 대한 정보이다.(왜 성인 토렌트라는 키워드가 상위에 있는지에 대해서는 필자도 알 수 없다 ㅜㅜ.)

방문 페이지	노출수	클릭수
	90,990 전체 대비 비율(%): 121.32% (75,000)	17,467 전체 대비 비율(%): 145.56% (12,000)
1. http://www.gamess.co.kr/pds_board_view.php?no=10756	1,600 (1.76%)	170 (0.97%)
2. http://www.gamess.co.kr/pds_board_view.php?no=13989	1,600 (1.76%)	150 (0.86%)
3. http://gamess.co.kr/	1,000 (1.10%)	60 (0.34%)
4. http://gamess.co.kr/pds_board_view.php?no=13040	1,000 (1.10%)	90 (0.52%)
5. http://www.gamess.co.kr/pds_board_view.php?no=17343	1,000 (1.10%)	320 (1.83%)
6. http://gamess.co.kr/pds_board_view.php?no=16633	900 (0.99%)	70 (0.40%)
7. http://www.gamess.co.kr/pds_board_view.php?no=13802	700 (0.77%)	110 (0.63%)
8. http://gamess.co.kr/pds_board_view.php?no=10757	500 (0.55%)	60 (0.34%)
9. http://www.gamess.co.kr/pds_board_view.php?no=10155	500 (0.55%)	70 (0.40%)
10. http://www.gamess.co.kr/pds_board_view.php?no=14766	500 (0.55%)	90 (0.52%)

▲ GA 〉보고서 〉획득 〉검색엔진 최적화 〉방문 페이지

검색엔진에서 해당 URL이 노출된 수와 사용자가 실제로 클릭한 숫자이다. 노출이 많이 되었다는 것은 그 만큼 검색엔진에 최적화되어 홈페이지가 운영되고 있다는 이야기이고, 클릭수가 높다는 것은 노출된 검색결과에서 사용자가 클릭할 만한 제목으로 콘텐츠가 제공되고 있다는 뜻이다. 노출수 및 클릭수 역시 높으면 좋다.

4-2-10 네이버 검색어 수 확인하기

GA에서 제공되는 **검색엔진 최적화 〉검색어**에 대한 정보는 어떠한 검색어를 통해 게임세상까지 오게 되었는지에 대한 키워드 정보이며, 네이버의 전체 사용자가 어떠한 검색어를 입력했는지에 대한 정보를 얻을 수 있는 방법이 존재하는데 바로 "네이버 키워드 검색 광고" 서비스에서 그러한 정보를 확인할 수 있다.

네이버 메인 〉하단 광고를 클릭하면 네이버 검색광고에 대한 정보를 확인할 수 있으며

네이버의 검색 광고 관리 시스템 〉키워드 도구에 접속하면 아래와 같은 화면을 확인할 수가 있다.

위의 화면은 실제 네이버에서 특정 키워드로 검색된 결과를 알 수가 있는데 여기서 보이는 정보를 통해 실제로 사용자가 네이버에서 얼마나 많은 검색을 하는지에 대한 정보를 알 수 있다. 예를 들어 게임세상의 방문 정보 중 **트로피코5**를 입력하면 해당 검색어를 통한 실제 사용자가 네이버에서 검색한 월간 검색 숫자를 확인할 수 있다.

포탈에서 실제로 사용하는 사용자의 검색어를 통해 사용자가 많이 검색하는 정보를 확인할 수 있고 이는 검색엔진에 최적화를 위한 좋은 **소스** 자료 활용될 수 있을 것이다.

자 그럼 내 홈페이지에 있는 리그 오브 레전드 자료를 좀더 잘 알리려면 어떻게 해야 할까? 실제 **리그 오브 레전드**라는 키워드는 월 1.3백만명의 검색 키워라는 걸 알 수 있고,

	키워드 ▾	연관도 ▾	월간조회수(PC) ▾	월간조회수(모바일) ▾	월 노출현황 ▾	월평균 클릭수 ▾	월평균 클릭률 ▾	월평균 클릭 비용 ▾	월평균 예상 비용 ▾	경쟁현황 ▾
	리그오브레전드 [집무노출]		1,385,684	237,388	0	0.0	0.00%	70원	0원	11

롤이라는 키워드는 약 1.9백만의 검색 키워드인 것을 볼 수 있다.

	키워드 ▾	연관도 ▾	월간조회수(PC) ▾	월간조회수(모바일) ▾	월 노출현황 ▾	월평균 클릭수 ▾	월평균 클릭률 ▾	월평균 클릭 비용 ▾	월평균 예상 비용 ▾	경쟁현황 ▾
	롤		1,991,892	1,092,951	3	21.0	0.01%	84원	1,764원	9

그렇다면 사실 게임명이 리그 오브 레전드이긴 하지만 실제 콘텐츠의 제목을 "롤"로 하는 것이 자신의 콘텐츠가 네이버에서 잘 검색될 수 있다는 걸 알 수 있다. 즉, 2개 중에 하나만을 선택할 수가 없다면 위의 "키워드 도구"를 통해 원하는 정보를 확인하자.

실제 검색엔진에서의 최우선 순위는 사이트의 제목이 된다. 게임세상에서 운영중인 "리그 오브 레전드 스토리"의 경우도 제목을 "롤 스토리" 또는 "리그 오브 레전드 스토리" 두 가지의 제목으로 정할 수가 있을 것이다.

리그오브레전드 스토리는 월 조회수는 947이고

롤 스토리 키워드를 통한 월 조회수는 3,309이다.

그렇다면 사이트의 이름을 정할 때 "리그 오브 레전드 스토리"라기보다는 "롤 스토리"라고 정하는 것이 검색결과에서 좀더 많이 노출될 것이라고 예상할 수가 있는 것이다.

하지만 검색엔진에 노출되는 홈페이지의 이름은 도메인만큼이나 중요하기 때문에 사용자가 많이 검색한다고 무조건 그대로 이용해야 하는 것은 아니다. 사용자의 검색 결과가 아무리 많다고 해도 사이트 방문시 해당 사이트를 명확하게 인지시키기 위해서는 브랜드명 자체인 "리그 오브 레전드"라는 키워드가 들어간 "리그 오브 레전드 스토리"라는 사이트명을 가져도 크게 나쁘지는 않을 것이다.

즉, 검색엔진에 등록되는 사이트명은 검색엔진 결과뿐만이 아니라 브랜드도 고려해서 등록해주는 것이 좋다. "롤 점검"이라는 단어를 많은 유저가 검색한다고 해서 "롤 점검 스토리"라고는 할 수 없는 것 아닐까? 사실 리그 오브 레전드 정기 점검시 "롤 점검"이 라는 키워드를 입력해보면 검색 결과에서 정말 생뚱맞게 언론사의 기사가 노출되기도 하는 건 이와 같은 사용자의 검색어를 활용한 방법이 아닐까 살짝 유추해본다.

4-2-11 GA 〉보고서 〉방문형태

그럼 이제 로그 분석 솔루션인 GA에서 방문형태의 상세 메뉴 기능들에 대해 알아보자.

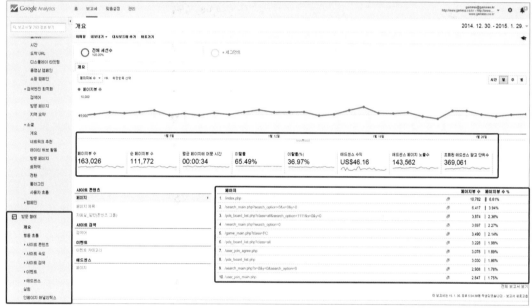

▲ GA 〉보고서 〉방문형태 〉개요

위에 보이는 페이지는 GA에서 가장 많이 사용하는 방문형태에 대한 보고서이다.

방문형태에서 제공되는 정보를 확인해보자.

구분	상세 설명
페이지뷰 수	홈페이지를 방문한 사용자의 페이지뷰 수
평균 페이지에 머문 시간	방문자가 전체 홈페이지에 머문 시간
애드센스 수익	구글 애드센스와 구글 로그 분석을 연결해 놓으면 보이는 광고 수익
페이지	페이지뷰 수가 높은 페이지의 URL을 보여준다.

GA에서 제일 중요한 수치는 다름아닌 바로 페이지뷰 수와 평균 페이지에 머문 시간이다. 사실 방문자 수도 중요한 수치이기는 하지만 페이지뷰 수야말로 홈페이지의 운영척도를 나타내 주는 중요한 수치다. 또한 평균 페이지에 머문 시간이 높다는 건 한번 방문한 사용자가 볼 만한 콘텐츠가 있다는 이야기가 된다.

> **"페이지뷰 수"는 사이트의 이용률을 가늠하는 제일 중요한 수치이다.**

> **"평균 페이지 머문 시간"은 사용자의 충성도를 가늠하는 중요한 수치이다.**

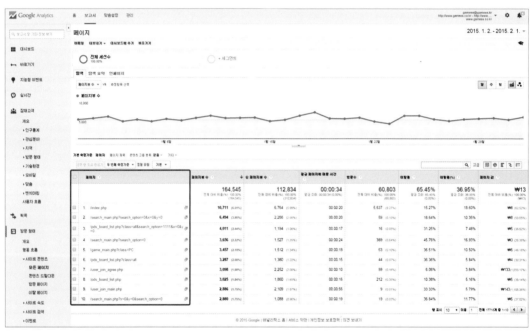

▲ GA 〉보고서 〉방문형태 〉사이트 콘텐츠 〉모든 페이지

사이트 콘텐츠의 보고서 내용은 내가 알고 싶은 각각의 페이지에 대한 페이지뷰 수나 방문자 수, 이탈률 등의 각각의 페이지에 대한 세부적인 정보를 확인할 수 있다.

이 보고서 페이지의 활용을 통해 실제적으로 어떠한 메뉴들을 사용자가 많이 이용하고 있는지를 알 수 있다. 하지만, 각 메뉴별로 로그 분석을 하기 위해서는 각 메뉴별 URL을 규칙적으로 제작해놓는 것이 좋다.

게임세상을 예를 들어 설명하면

메뉴명	상세 파일명
게임별 홈 메뉴	game_list.php / game_board_view.php
뉴스 메뉴	news_board_list.php / news_board_view.php
자료실 메뉴	pds_board_list.php / pds_board_view.php
커뮤니티 메뉴	board_board_list.php / board_board_view.php

위와 같이 각각의 메뉴에 대한 파일명을 각 메뉴의 특징을 잘 나타내줄 수 있도록 개발해주어야 추후 로그 분석을 할 때 좀더 쉽게 각 메뉴별 상세 로그 분석 정보를 분석할 수가 있다.

게임별 홈의 해당 기간 동안의 상세정보를 알아보자.

아래 붉은색 박스 영역에 game_라는 검색어를 입력하게 되면 파일 리스트 중에 game_가 포함된 모든 페이지에 대한 정보를 확인할 수 있다.

구글 로그 분석에서는 대부분 해당 검색어가 포함된 모든 결과를 보여주게 된다.

▲ GA 〉 보고서 〉 방문형태 〉 사이트 콘텐츠 〉 모든 페이지 〉 검색결과

하지만 이렇게 메뉴별로 파일명을 특정 규칙을 가지지 않고 생성했다면 각각의 메뉴에 포함된 모든 URL을 하나씩 확인한 후 그 합을 구해야 메뉴별 상세정보를 확인할 수 있다.

하지만 이러한 작업이 번거롭다면, 앞서 설명한 구글 로그 분석에서 추가로 하나의 코드를 생성해서 각각의 메뉴가 포함되는 페이지에 각각 로그 분석 코드를 추가하여 이를 분석하는 방법도 있다.

관리 〉계정 〉새 계정 만들기를 통해 새로운 계정을 생성하고 새롭게 생성된 구글 코드를 해당 메뉴에만 등록을 하는 것이다.

새롭게 생성된 GA
로그 분석 코드 값

```
<script>
  (function(i,s,o,g,r,a,m){i['GoogleAnalyticsObject']=r;i[r]=i[r]||function(){
  (i[r].q=i[r].q||[]).push(arguments)},i[r].l=1*new Date();a=s.createElement(o),
  m=s.getElementsByTagName(o)[0];a.async=1;a.src=g;m.parentNode.insertBefore(a,m)
  })(window,document,'script','//www.google-analytics.com/analytics.js','ga');

  ga('create', 'UA-59234512-1', 'auto');
  ga('send', 'pageview');

</script>
```

기존 GA 로그 분석 코드값은 UA-59009761-1이고 새롭게 생성된 GA 로그 분석 코드값은 UA-59234512-1이 된다.

위에서 작성된 코드를 analyticstracking_game_home.php로 저장하고 게임별 홈 메뉴가 존재하는 game_list.php/game_board_view.php 파일에만 include 함수를 이용하여 <? include_once("analyticstracking_game_home.php"); ?>를 포함해 주면 된다.

하지만 모든 메뉴에 각각의 로그 분석 코드를 다르게 포함하면 분석하기에는 편리하지만 추후 구글 분석 코드의 관리가 어려워진다. 따라서 개발시 각 메뉴명을 검색이 용이하게 규칙적으로 제작하게 되면 하나의 GA 로그 분석 코드를 통해 생성된 전체 페이지에서 특정 규칙으로의 검색을 통해 원하는 메뉴에 대한 상세 분석이 가능할 것이다.

이와 같이 별도의 코드를 따서 분석하는 경우는 아래와 같이 도메인이 다르거나 서브도메인이 다른 경우에만 이용하는 것이 좋다.

다른 도메인에 같은 구글 로그 분석 코드를 이용할 경우 lolstory.co.kr/index.php 파일과 gamess.co.kr/index.php를 하나의 동일한 파일로 인식하게 되면 이는 결과적으로 올바르지 않은 로그 분석 결과를 얻을 수가 있기 때문이다.

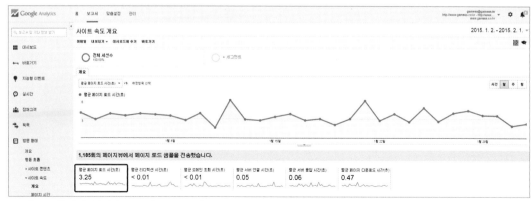

▲ GA 〉 보고서 〉 방문형태 〉 사이트 콘텐츠 〉 사이트 속도 〉 개요

사실 위에서 보여주는 사이트 속도에 대한 정보는 방문자의 특별한 특징적 정보를 얻기 위한다기보다는 실제로 방문하는 사용자가 홈페이지를 얼마나 느리지 않게 이용하고 있는지를 알 수 있는 정보이다. 즉, 평균 페이지 로드 시간이 높다면 페이지 로딩이 느리다는 이야기이고 이는 곧 서버의 한계를 넘어선 사용자가 방문하고 있거나 특정 코드에 문제가 발생하고 있다고 보면 된다. 평균 페이지 로딩 시간은 5초를 넘지 않는 것이 좋다.

> 평균 페이지 로드 시간이 높다는 건 서버가 한계에 도달했거나
> 코드상에 문제가 있는 것으로 볼 수 있다.

▲ GA 〉 보고서 〉 방문형태 〉 사이트 콘텐츠 〉 사이트 속도 〉 페이지 시간

페이지 시간에 대한 상세 메뉴를 확인해 보면 어떤 페이지에서 평균보다 페이지 로딩 시간이 빠른지 혹은 느린지에 대해 확인할 수 있다. 게임세상의 경우는 /search_main.php?search_option=0에서 평균 페이지 로딩 시간보다 오래 걸리는 것을 확인할 수 있다.

▲ GA 〉 보고서 〉 방문형태 〉 사이트 콘텐츠 〉 사이트 검색

이제 드디어 사이트 검색까지 오게 되었다. 사이트 검색이라고 하는 것은 내 사이트에서 사용자가 실제로 검색하는 검색어가 어떤 것인지를 보여주는 결과값이다.

이러한 결과값을 얻기 위해서는 먼저 검색 변수에 대한 정보를 설정해주어야 한다.

게임세상의 검색어를 위한 매개 변수는 keyword이며 이러한 매개 변수를 GA 〉관리 〉설정 보기 〉검색어 매개변수에 등록을 해주어야 한다.

검색어	전체 순 검색량	전체 순 검색량 %
1. 파랜드	137	1.22%
2. 하급생	123	1.10%
3. 영웅전설	105	0.94%
4. 드라곤퀘스트	98	0.88%
5. 동급생	85	0.76%
6. ariadne	84	0.75%
7. 창세기전	78	0.70%
8. 삼국지	72	0.64%
9. 악튜러스	66	0.59%
10. 파랜드 택틱스	59	0.53%

게임세상 내 검색 키워드 중 많은 사용자가 "파랜드"라는 키워드와 "하급생"이라는 키워드로 검색한 것을 알 수 있다.

이러한 검색 결과를 잘 모아서 주간 월간 검색어에 대한 관리를 진행한다면 실제 게임세상의 방문자가 어떠한 검색어로 게임세상에서 검색을 하고 어떠한 콘텐츠를 원하는지를 알 수 있을 것이다.

방문자의 검색어 정보를 통해 방문자가 원하는 콘텐츠를 파악할 수 있다.

지금도 그렇지만 게임세상을 운영할 때 이러한 키워드들을 게임세상에 일일이 검색어로 넣어 보고 해당 키워드로 검색되는 콘텐츠가 얼마나 존재하는지, 존재하는 콘텐츠 중에 검색은 제대로 되고 있는지를 파악하고 있으며 이 정보는 사이트 이용자의 요구사항을 파악하는 데 있어서 무엇보다도 중요한 정보가 된다.

이러한 정보를 바탕으로 게임세상에서는 게임명을 두 가지 형태로 저장하고 있다. 하나는 "리그 오브 레전드"나 "리그오브레전드"와 같이 띄어쓰기가 포함된 단어와 포함되지 않은 단어로 구분을 해서 저장을 한다.

위의 두 가지 정보가 무엇이 다를지 의아해 할지 모르겠지만, 전용 검색엔진이 없는 게임세상에서는 검색결과를 온전히 DB 쿼리만을 이용하여 검색을 해야 하는데, 만일 사용자가 "리그오브레전드"라는 검색어를 입력하게 되면 "리그 오브 레전드"라는 게임명으로 저장된 정보를 사용자의 검색 결과에는 보이지가 않는다. 하지만 "리그 오브 레전드"와 "리그오브레전드"라는 두 가지 게임명으로 저장을 할 경우 좀 더 많은 검색 키워드를 통해 게임세상 내 콘텐츠가 검색된다.

이러한 문제는 DB 쿼리에서 띄어쓰기가 다르면 다른 텍스트로 인식하기 때문에 발생되는 문제이다.

존재하는 콘텐츠가 사용자에게 잘 검색될 수 있게 해주는 건 매우 중요하다.

4-2-12 Google Analytics를 활용해서 Insight 얻어보기

기본적인 GA의 각각의 기능들에 대해서는 알아보았다. 그러면 이러한 내용을 바탕으로 실전에는 어떻게 사용할 수가 있을까?

웹사이트를 운영하는 데 가장 기본적인 질문을 통해 하나씩 알아 보자.

1. 내 홈페이지 1월달 평균 방문자는 어떻게 되는 걸까?

Step1-1 분석 기간의 날짜를 설정한다.

Step1-2 **보고서 〉 잠재고객 〉 개요**에서 측정 가능 항목을 **사용자**로 변경한다.

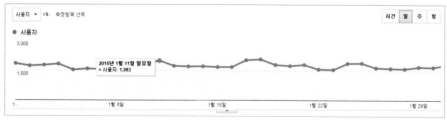

Step1-3 **내보내기**에서 Excel(XLSX) 형태로 파일을 다운로드 한다.

Step1-4 다운로드 된 파일을 엑셀에서 열고 엑셀의 average( ) 함수를 이용하여 평균값을 구한다.

일 색인	사용자
2015-01-26	1,634
2015-01-27	1,605
2015-01-28	1,587
2015-01-29	1,681
2015-01-30	1,666
2015-01-31	1,806
일평균	1,725

▲ 지면으로 인해 1/1 ~ 1/25 자료는 생략했다.

위와 같은 정보의 조합으로 최근 한달 간 평균 방문자 수를 1,725명이라는 것을 알 수 있다.

2. 내 홈페이지에서 한달 간 방문자가 가장 많은 시간은 언제일까?

Step 2-1 위와 같이 동일한 방법으로 진행하되 일 단위가 아닌 시간으로 선택한 후 이 자료를 엑셀로 다운로드 받는다.

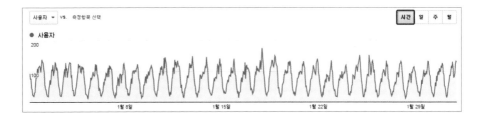

Step2-2 엑셀로 다운로드 받을 경우 시간 색인의 값은 0/1/2~와 같은 값으로 표시되는데 이 값을 24:00 시간 단위로 다시 치환해 주어야 한다.

시간 색인	사용자	시간 24시간용
000023	129	000023
000024	110	000000
000025	96	000001
000026	57	000002
000027	44	000003
000028	40	000004
000029	28	000005
000030	21	000006
000031	19	000007
000032	18	000008

Step2-3 이렇게 치환된 값을 엑셀의 피벗 테이블을 통해 정리하면 아래와 같은 결과를 확인할 수가 있다.

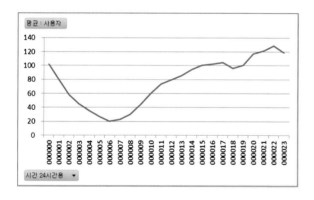

위의 정보를 통해 얻을 수 있는 정보로는 최근 한달 간 방문자 중 사용자가 평균적으로 가장 많이 방문한 시간대는 22:00라는 것을 알 수 있다.

앞서 예를 들어 설명한 것과 같이 로그 분석에서 제공되는 자료만으로는 내가 필요한 모든 자료를 얻지 못한다. 이렇게 얻어진 자료를 본인이 필요로 하는 자료로 재가공을 할 수 있어야 진정한 로그 분석의 마스터라고 이야기할 수 있다.

지금까지 Google Analytics를 활용한 구글 로그 분석에 대한 방법 및 예제를 다루어 보았다. 앞서 로그파일을 이용한 로그 분석 방법이나 통계학적 로그 분석의 경우도 GA를 통한 결과와 크게 다르지 않은 결과를 보여준다.

따라서 어떠한 방식의 로그 분석을 사용하는지보다는 이러한 로그 분석의 데이터 값을 잘 조합하여 본인이 필요한 로그 분석 정보를 얻는지가 더욱 중요하다.

로그 분석 데이터를 잘 조합하여 활용하는 것도 능력이다.

4-2-13 로그파일을 이용한 로그 분석

다음은 로그파일을 이용한 로그 분석에 대해 알아보자. 앞서 설명한 것처럼 로그파일을 이용한 로그 분석의 경우는 아파치나 IIS에서 로그파일을 기록하겠다는 옵션을 설정을 해주어야 로그파일이 정상적으로 생성되며, 이렇게 쌓인 로그파일을 통해 로그 분석을 진행하게 된다.

로그파일을 이용한 로그 분석의 경우 webalizer와 같은 무료 로그 분석 솔루션과 wise log와 같은 유료 로그 분석 솔루션이 있는데 여기서는 무료 로그 분석 솔루션인 webalizer에 대해 간단히 소개해 보도록 하겠다.

webalizer의 경우 아쉽게도 IIS를 위한 로그 분석 정보는 제공하지 않는다. 오직 아파치의 로그파일만이 분석이 가능하며 제공되는 서비스는 아래와 같다.

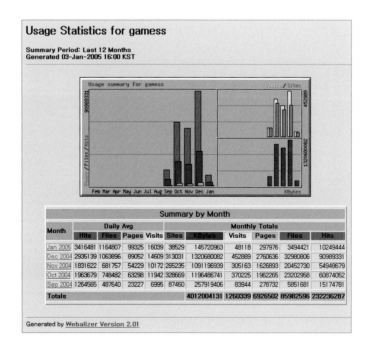

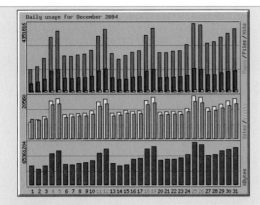

Daily Statistics for December 2004

Day	Hits		Files		Pages		Visits		Sites		KBytes	
1	1427426	1.57%	522720	1.58%	40966	1.48%	7914	1.75%	9215	2.94%	28996874	2.20%
2	1615850	1.78%	637424	1.93%	56370	2.04%	8987	1.98%	8927	2.85%	24205337	1.83%
3	2143520	2.36%	807130	2.45%	73683	2.67%	10585	2.34%	9515	3.04%	29234400	2.21%
4	3465523	3.81%	1351034	4.10%	112291	4.07%	18000	3.97%	16122	5.15%	47726557	3.61%
5	3856898	4.24%	1431398	4.34%	122087	4.42%	19002	4.20%	16558	5.29%	51723335	3.92%
6	2283234	2.51%	868000	2.63%	74854	2.71%	11463	2.53%	10272	3.28%	31200256	2.36%
7	2265040	2.49%	858368	2.60%	73504	2.66%	11698	2.58%	10467	3.34%	30504401	2.31%
8	2354708	2.59%	904107	2.74%	76141	2.76%	11925	2.63%	10740	3.43%	32635346	2.47%
9	2413733	2.65%	905930	2.75%	75768	2.74%	12162	2.69%	10907	3.48%	34042552	2.58%
10	2655416	2.92%	996159	3.02%	84340	3.06%	13192	2.91%	11826	3.76%	37011643	2.80%
11	3547832	3.90%	1342510	4.07%	110802	4.01%	17451	3.85%	15495	4.95%	48517295	3.67%
12	3988469	4.38%	1459459	4.43%	123045	4.46%	18944	4.18%	16620	5.31%	55202143	4.18%
13	2441115	2.68%	900328	2.73%	76417	2.77%	12171	2.69%	10901	3.48%	32954141	2.50%
14	2083444	2.29%	782870	2.37%	68534	2.48%	12534	2.77%	11251	3.59%	29080275	2.20%

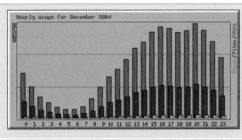

Hourly Statistics for December 2004

Hour	Hits			Files			Pages			KBytes		
	Avg	Total		Avg	Total		Avg	Total		Avg	Total	
0	105200	3261217	3.58%	38828	1203694	3.65%	3227	100040	3.62%	1491197	46227092	3.50%
1	74016	2294514	2.52%	27591	855350	2.59%	2254	69880	2.53%	1069494	33154303	2.51%
2	49271	1527420	1.68%	18529	574415	1.74%	1540	47764	1.73%	720678	22341028	1.69%
3	35984	1115523	1.23%	13371	414519	1.26%	1079	33456	1.21%	520840	16146025	1.22%
4	25658	795398	0.87%	9577	296913	0.90%	781	24222	0.88%	395070	12247174	0.93%
5	20248	627707	0.69%	7652	237226	0.72%	611	18956	0.69%	285827	8860634	0.67%
6	20174	625418	0.69%	7250	224765	0.68%	615	19070	0.69%	289396	8971287	0.68%
7	26891	833645	0.92%	10107	313341	0.95%	831	25776	0.93%	398289	12346949	0.93%
8	45151	1399694	1.54%	16550	513058	1.56%	1408	43655	1.58%	651186	20186756	1.53%
9	71927	2229740	2.45%	27227	844037	2.56%	2222	68900	2.50%	1129438	35012583	2.65%
10	96313	2985713	3.28%	36056	1117757	3.39%	2960	91769	3.32%	1476826	45781621	3.47%
11	114236	3541329	3.89%	42127	1305942	3.96%	3510	108818	3.94%	1687861	52323689	3.96%
12	137042	4248329	4.67%	50005	1550180	4.70%	4227	131046	4.75%	1977795	61311656	4.64%
13	162602	5040691	5.54%	59138	1833305	5.56%	4986	154578	5.60%	2382257	73849980	5.59%
14	177110	5490431	6.03%	64269	1992356	6.04%	5416	167908	6.08%	2664404	82596523	6.25%
15	201338	6241482	6.86%	72763	2255671	6.84%	6057	187786	6.80%	2966636	91965730	6.96%
16	212538	6588698	7.24%	75855	2351522	7.13%	6292	195059	7.07%	3158515	97913956	7.41%
17	210113	6513533	7.16%	75107	2328323	7.06%	6295	195152	7.07%	2981845	92437192	7.00%
18	199420	6182022	6.79%	71321	2210977	6.70%	5975	185239	6.71%	2825724	87597458	6.63%
19	204364	6335296	6.96%	72840	2258055	6.85%	6072	188245	6.82%	2950012	91450368	6.92%
20	221089	6853768	7.53%	78758	2441522	7.40%	6652	206215	7.47%	3170012	98270377	7.44%
21	205365	6366325	7.00%	72939	2261129	6.86%	6201	192240	6.96%	2925762	90698624	6.87%
22	177628	5506487	6.05%	64533	2000550	6.07%	5448	168912	6.12%	2514860	77960672	5.90%
23	141450	4384951	4.82%	51490	1596199	4.84%	4385	135950	4.92%	1968658	61028405	4.62%

위 화면에서 보이는 것처럼 webalizer의 경우는 GA처럼 상세한 로그 분석에 대한 정보를 제공하고 있지는 못하다. 하지만 GA에서는 얻을 수 없는 히트 수나 트래픽에 대한 정보를 얻을 수 있기 때문에 GA를 통해서는 방문자의 성향과 같은 정보를 분석하고 webalizer를 통해서는 실제적인 트래픽 정보를 확인하는 용도로 사용하여 각 로그 분석 솔루션이 가지고 있지 못한 점을 보완해서 사용하면 좋을 것이다.

하지만 아쉽게도 webalizer의 경우는 2013년 이후 별도의 업데이트가 이루어지고 있지 않아 새로운 기능을 기대하기에는 어려운 점이 있다.

필자 역시 GA가 나오기 전에는 주로 webalizer를 통해 로그 분석을 진행했으나 GA를 이용한 이후로는 webalizer의 이용이 현저히 줄어들었다. 그럼에도 불구하고 이러한 서비스를 소개하는 이유는 다양한 로그 분석 솔루션에 대한 소개를 통해 다방면의 솔루션 활용법을 익히기 위함이다.

4-2-14 통계학적 로그 분석

로그 분석의 또 다른 방법으로는 통계학적 로그 분석 정보를 제공하는 웹사이트를 활용하는 방법이 있다. 현재 국내에는 이러한 서비스를 제공하는 업체가 랭키닷컴, 코리안클릭이나 인터넷 매트릭스와 같은 인터넷 통계 전문 사이트들이 있다.

각 사이트들에 대한 신뢰도 부분에 대해서는 어떤 사이트가 가장 좋다라고 이야기하기 어렵지만 각 서비스별 간단한 특징을 이야기하자면 이러한 웹사이트의 경우 자신의 웹사이트뿐만이 아니라 타 웹사이트들에 대한 통계자료와 웹사이트들에 대한 랭킹 정보를 제공한다는 것이다.

이러한 랭킹정보를 함께 제공하는 웹사이트의 경우 타사이트의 방문자 수와 페이지뷰 수를 어느 정도는 객관적으로 확인할 수 있으며 이러한 정보를 바탕으로 자신이 운영하고 있는 웹사이트의 현재 위치를 파악함으로써 좀더 발전적으로 홈페이지 제작을 위한 기본 정보로 활용할 수 있을 것이다.

주간순위		사이트명	대표 도메인	소분류명
1	-	네이버	www.naver.com	종합포털
2	-	다음	www.daum.net	종합포털
3	-	네이트	www.nate.com	종합포털
4	-	구글	www.google.com	검색엔진
5	-	11번가	www.11st.co.kr	오픈마켓
6	-	G마켓	www.gmarket.co.kr	오픈마켓
7	-	옥션	www.auction.co.kr	오픈마켓
8	▲1	KB국민은행	www.kbstar.com	시중은행
9	▲1	YouTube	www.youtube.com	동영상/비디오
10	▼2	페이스북	www.facebook.com	SNS

▲ 2015년 1월 랭키닷컴 주간 리포트

분야순위		사이트 명/기업 명	전체순위		분야 점유율	도달율	전체 점유율	일 평균 방문자수	일 평균 페이지뷰	Session Visits	세부 정보	보안
1	-	플레이포럼	34	-	52.25%	2.40%	회원	328,778	6,178,936	670,808	보기	
2	-	인벤	286	▲16	5.60%	0.25%	회원	34,921	595,620	71,847	보기	
3	-	섬계이트	321	▲17	4.86%	0.25%	회원	34,314	496,872	62,407	보기	
4	-	파이터포럼	348	▲11	4.49%	0.20%	회원	27,313	584,709	57,682	보기	
5	-	노리누리	441	▼1	3.41%	0.18%	회원	24,857	453,067	43,825	보기	
6	-	온게이트	578	▲15	2.54%	0.15%	회원	21,629	249,765	32,643	보기	
7	-	Play XP	643	▲39	2.24%	0.10%	회원	14,015	223,654	28,748	보기	
8	▲2	온감닷컴	651	▲75	2.21%	0.07%	회원	8,646	405,079	28,409	보기	
9	-	와우자드	696	▲21	2.02%	0.14%	회원	19,126	188,327	25,947	보기	
10	▼2	꼽리니지	709	▲5	2.00%	0.11%	회원	15,338	369,027	25,652	보기	
20	-	게임세상	2,065	▲137	0.64%	0.05%	회원	6,270	11,710	8,199	보기	

▲ 2004년 랭키닷컴에서의 게임세상 순위

2004년도 2월에 게임세상의 경우는 랭키닷컴 내에서 약 3만여 개의 웹사이트에서 전체 2,065위를 차지한 것을 확인할 수 있으며 일 평균 방문자수는 6,200명, 일 평균 페이지 뷰 수는 11천명인 것을 확인할 수 있다.

랭키닷컴 이외에도 앞서 이야기했던 코리안 클릭이나 인터넷 매트릭스와 같은 업체에서 제공하는 웹사이트 통계자료를 통해 자신의 웹사이트 현황을 파악하는 방법이 있다. 하지만 전문 통계업체를 이용할 경우 좀더 신뢰도 높은 통계학적인 로그 분석 결과를 얻을 수 있기는 하겠지만 고비용이 들어간다는 단점이 있다.

4-2-15 로그 분석 결과의 비교

구분	NA Log	랭키닷컴	Webalizer
일방문자수	15,345	5,604	14,683
일 페이지뷰수	157,058	13,313	85,548

위의 정보는 2004년도에 필자가 이용했던 Na Log라는 로그파일을 이용한 로그 분석 자료와 랭키닷컴 그리고 webalizer의 일 평균 방문자 수 정보를 비교한 자료이다.

똑같은 웹사이트를 어떠한 분석 솔루션과 분석 방법을 사용하느냐에 따라서 그 사이트 의 방문자 수와 페이지뷰 수가 위의 결과에서처럼 많이 달라진다.

필자가 이야기하고자 하는 바는 어떤 로그 분석 방법을 이용하여 로그 분석을 하는 것 이 신뢰도가 높은 로그 분석 방법이라는 것이 아니다. 이러한 웹사이트 로그 분석 방법 들을 통해 웹사이트가 어떠한 방법으로 로그 분석이 되는지와 각 랭킹 사이트 내에 랭 킹이 매겨지는 과정과 방법들에 대한 세부적인 이해를 통해 추후 자신의 웹사이트가 어 떻게 하면 좋은 랭킹값을 얻고 좋은 로그 분석 결과를 얻을 수 있는지에 대한 방법을 스 스로 학습해야 한다는 것을 이야기해 주고 싶다.

또한 이러한 각 로그 분석의 결과에서 공통적으로 필요한 요소들과 얻어지는 자료를 통 해 사이트의 랭킹을 한 단계 업그레이드 할 수 있는 방법에 대해 지속적으로 공부할 수 있도록 하자는 것이다.

이런 랭킹 제공 사이트에서 좋은 랭킹을 얻게 되면 어떠한 결과를 얻게 될까? 추후 자 신의 웹사이트를 다른 온라인 광고 대행사에 어필을 할 때 혹은 자신의 웹사이트를 다 른 이들에게 알릴 때 좋은 기초자료가 된다.

예를 들어 "제가 무슨 무슨 사이트를 가지고 있는데 하루 방문자수는 얼마"라고 이야기 하는 것보다는 "코리안 클릭, 인터넷 매트릭스 혹은 랭키닷컴의 정보에 의하면 전체 랭 킹 몇등 정도하는 홈페이지구요. 하루 방문자 수는 얼마입니다."라고 이야기하는 것 중 어떠한 말들이 조금 더 신뢰감이 느껴지는가? 당연히 두 번째 외부적으로 타인들이 믿 을 수 있을 만한 사이트의 결과를 통해 자신의 사이트를 알리는 것이 좋은 방법일 것 이다.

랭키닷컴과 같은 랭킹사이트의 경우 고객들이 랭킹 사이트 내에 상위 웹사이트를 우선적으로 검색하여 접속하는 경우가 최근 들어 빈번하게 생기며 랭키닷컴의 랭킹을 웹사이트의 인지도를 비교하는 데 많이 활용하고 있다. (물론 랭키닷컴도 상세 정보를 확인하려면 별도의 비용을 지불해야 한다.)

물론 코리안 클릭이나 인터넷 매트릭스와 같은 전문 인터넷 통계사이트를 활용하는 방법도 있겠지만 한달에 100만원 이상의 비용을 지불할 수 있는 사업자에게 추천하는 방법이며 무료를 사랑하고 좋아하는 홈페이지 운영자에게는 그리 추천해 줄 만한 방법은 아니다.

지금까지 이야기한 로그 분석은 무료 홈페이지의 시대든 클라우드 호스팅의 시대이든 홈페이지를 운영한다면 반드시 필요한 분석이다. 내 홈페이지를 제대로 알지 못한다면 더욱 발전된 홈페이지로 나아갈 수 없기 때문이다.

지금까지 GA 로그 분석 보고서에 대해 간단히 알아보았다. 사실 앞서 이야기한 것 이외에 좀더 심층적(?)이고 복잡한 내용이 있지만 기초부터 차근차근 하나씩 공부하다 보면 어느 순간 로그 분석의 전문가가 되어 있을 것이다.

4-3 구글 맞춤 검색 설정하기

앞서 이야기한 자체 검색 기능의 경우는 자연어 검색(각각의 단어를 분리해서 검색하는 고급 검색 방법, 형태소 분석 검색이라고도 한다)이라든지 연관 검색이라든지 좀더 고급화된 검색 결과를 제공하지 못한다. 따라서 이러한 고급 검색 기능을 누군가 무료로 제공해주고 있다면?

당연히 사용자에게는 콘텐츠를 좀더 잘 검색할 수 있는 추가적인 서비스를 제공해주는 것이 이용 편의 측면에서는 좋을 것이다. 정말 다행스러운 건 이러한 고급 검색 기능을 구글에서 별도로 제공하고 있으며 이 서비스 명칭은 바로 **구글 맞춤 검색** 서비스이다.

비록 맞춤 검색의 결과 화면을 직접 제어할 수는 없지만 이런 고급 검색 기능이 제공된다면 사용자가 게임세상의 콘텐츠를 좀더 쉽게 찾게 될 것이다.

▲ 게임세상 내 구글 맞춤 검색 기능

위의 기능은 특정 사이트에 대한 검색 결과만을 보여주는 기능으로 사이트 내 검색 기능을 구현하기 어렵다면 구글 맞춤 검색을 활용하여 사용자에게 검색 기능을 제공해주면 좋을 것이다.

그럼 직접 구글 맞춤 검색 기능을 통해 내 사이트 내 검색엔진을 달아보도록 하자.

Step_1 구글 맞춤 검색 사이트 등록하기 (https://www.google.co.kr/cse/)

구글 맞춤 검색 사이트는 위의 URL에 접속 후 본인이 검색할 사이트의 도메인을 입력하면 맞춤 검색엔진을 위한 자바스크립트 코드를 받을 수 있다.

```
<script>
  (function() {
    var cx = '014983768764195127626:s_ae_jvhwey';
    vargcse = document.createElement('script');
    gcse.type = 'text/javascript';
    gcse.async = true;
    gcse.src = (document.location.protocol == 'https:' ? 'https:' : 'http:') +
      '//www.google.com/cse/cse.js?cx=' + cx;
    var s = document.getElementsByTagName('script')[0];
    s.parentNode.insertBefore(gcse, s);
```

```
    })();
</script>
<gcse:search></gcse:search>
```

Step_2 검색용 코드 홈페이지에 삽입하기

맞춤 검색을 위한 코드가 생성되었다면, 위의 맞춤 검색엔진 코드를 search.php 파일에
저장한 후 해당 php 파일을 호출하면 아래와 같은 결과 화면을 볼 수 있다.

이 search.php 파일을 index.php에서 include 함수를 통해 자신이 원하는 위치에 호출
하면 아래와 같은 결과 화면을 볼 수 있다.

```
<?
  include("header.php");
  include("contents.php");
  include("search.php");
  include("bottoms.php");
?>
```

즉, 검색엔진이 존재하지 않더라도 구글에서 제공해주는 맞춤 검색을 이용하면 자신만의 검색엔진을 꾸밀 수가 있다.

> **사용자가 원하는 콘텐츠를 찾을 수 있는 방법은 많을수록 좋다.**

직접 만든 검색엔진뿐만이 아니라 구글 맞춤 검색과 같이 홈페이지에서 사용자가 원하는 콘텐츠를 찾을 수 있는 방법이 추가된다면 사용자는 자신이 원하는 콘텐츠를 좀더 손쉽게 찾을 수 있을 것이다. 콘텐츠는 존재하지만 이 콘텐츠를 사용자가 찾을 수 없다면 수많은 콘텐츠는 무용지물이 될 것이다.

여기까지가 서버 호스팅 시대의 절반 내용이다. 서버 호스팅은 할 이야기가 많아 2개의 장(Chapter)로 구성하였다. 서버 호스팅 2부의 내용은 **홈페이지 알리기**부터 시작해보자.

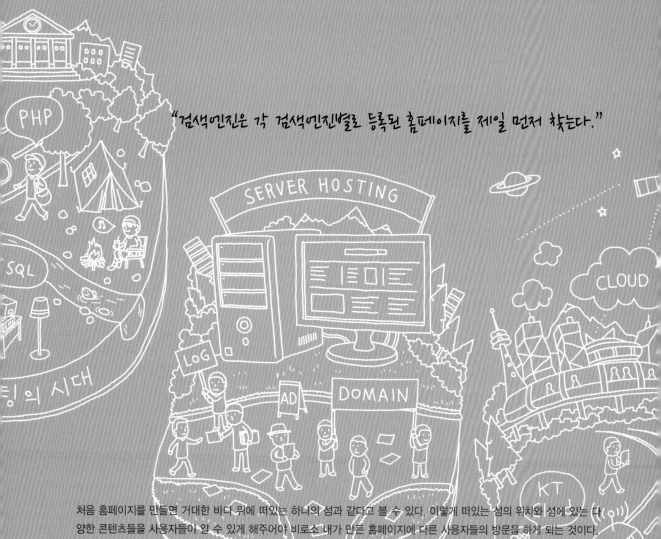

05

서버 호스팅의 시대 2

"검색엔진은 각 검색엔진별로 등록된 홈페이지를 제일 먼저 찾는다."

처음 홈페이지를 만들면 거대한 바다 위에 떠있는 하나의 섬과 같다고 볼 수 있다. 이렇게 떠있는 섬의 위치와 섬에 있는 다양한 콘텐츠들을 사용자들이 알 수 있게 해주어야 비로소 내가 만든 홈페이지에 다른 사용자들의 방문을 하게 되는 것이다.

5-1 홈페이지 알리기

이제 홈페이지도 제작되었고, 별도의 도메인도 구입하였다. 그리고 로그 분석을 통해 방문자의 정보를 분석할 수 있는 로그 분석에 대한 기본 지식도 알게 되었다.

그러면 지금부터는 어떻게 하면 내가 만든 홈페이지를 다른 사람들이 잘 이용할 수 있도록 알릴 수 있는지에 대해 알아보도록 하자.

처음 홈페이지를 만들면 거대한 바다 위에 떠있는 하나의 섬과 같다고 볼 수 있다. 이렇게 떠있는 섬의 위치와 섬에 있는 다양한 콘텐츠들을 사용자들이 알 수 있게 해주어야 비로소 내가 만든 홈페이지에 다른 사용자들이 방문을 하게 되는 것이다.

일반 사용자는 내 홈페이지의 존재를 알지 못한다.

사실 홈페이지를 알리는 방법이 기존의 다양한 마케팅 방법과 특별하게 다르지는 않다. 다만 필자가 이야기하려고 하는 건 홈페이지를 제작하게 되면 반드시 고려해야만 하는 부분, 그리고 최소한의 비용으로 홈페이지를 알리는 방법에 대한 것이다.

비용만 있다면 제일기획과 같은 국내 굴지의 광고대행사를 통해 다양한 미디어 노출을 통해 홈페이지를 알리면 좋겠지만, 이는 비용이 수반되지 않으면 현실적으로는 불가능하다.

홈페이지를 단기간에 알리는 작업은 결코 비용 없이는 이루어지기 어렵다. 하지만 게임세상의 경우 16년간의 꾸준한 운영을 통해 사이트의 인지도를 지속적으로 향상시켰으며 약 최소 200만 명은 알고 있는 홈페이지가 되었다.

돈이 없다면, 결국 개인의 노력과 시간을 통해 이를 극복해야 한다는 이야기이다.

5-1-1 검색엔진에 등록하기

게임세상의 이름인 "게임세상"을 검색어로 하여 구글과 네이버에서 검색하게 되면 어떠한 결과가 나올까?

게임세상이 어느 정도 인지도가 있는 사이트인 것 같기는 하다. 바로가기도 있고 각 메뉴별 세부정보에 대한 내용도 있다. 신기하지 않은가?

그러면 네이버에서 검색을 해보도록 하자

▲ 네이버에서의 게임세상 검색 결과

게임세상이라는 사이트가 바로 제일 위에 뜬다. 신기하다. 사실 꽤 오래 전에 없어지기는 했지만 네이트나 라이코스 야후와 같은 일부 검색엔진에서는 인기 있는 웹사이트의 경우는 상위 노출과 함께 인기사이트, HOT, New와 작은 블릿을 홈페이지 좌측에 표시해주고 이러한 사이트가 좋은(?) 사이트라는 것을 간접적으로 알려주기도 했었다.

게임세상이 참 잘나갈 시절에는 네이트와 라이코스 야후 등에서 한때 "인기사이트"로 등록되기도 했었다.

▲ 2004년도 네이버 검색 내 "인기 아이콘"이 붙어 있는 게임세상

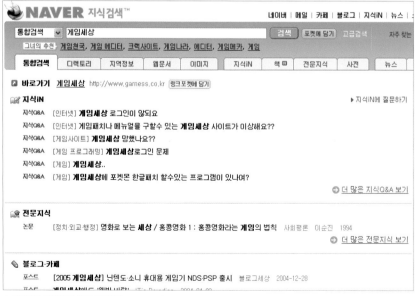

▲ 2005년 네이버에 노출된 게임세상

▲ 다음에서의 게임세상 검색 결과

▲ 네이트에서의 게임세상

앞서 이야기한 대로 내 홈페이지를 찾는 대부분의 정보는 검색엔진을 통해 최초로 검색이 시작된다. 그렇다면 홈페이지만 오픈하면 바로 검색엔진이 알아서 찾아와 줄까?

    "절대 그렇지 않다."

검색엔진은 각 검색엔진별로 등록된 홈페이지를 제일 먼저 찾는다.

앞서 이야기한 대로 모든 검색엔진은 기본적으로 검색엔진에 등록된 홈페이지를 최우선하여 검색하게 되며, 검색엔진의 크롤링(자료를 퍼오는 작업)을 통해 다양한 홈페이지의 웹 문서를 저장한다. 이렇게 저장된 웹 문서를 검색엔진 특유의 노출 알고리즘을 통해 우선순위에 따라 노출하는 것이다.

그럼 검색엔진에는 누가 등록을 해주는 것일까? 인기가 있는 사이트의 경우는 검색엔진에서 검색 품질을 높이기 위해 자체 인력을 이용하여 등록을 해주지만 게임세상과 같은 소규모 홈페이지의 경우는 이러한 작업을 검색엔진에서 해주지 않는다. 따라서 검색엔진에 노출되려면 최우선적으로 해야 하는 작업이 바로 검색엔진에 본인의 홈페이지를 등록하는 작업이다.

5-1-2 네이버에 홈페이지 등록하기

네이버에 검색을 등록하는 방법은 아래와 같은 순서로 진행된다.

Step1. 등록유무 확인

Step2. 홈페이지 등록 및 설명 정보 입력 후 등록 신청

Step3. 심사 후 등록

자 그럼 한단계씩 진행해 보도록 하자

네이버 메인 화면의 최하단을 보면 **검색등록**이라는 메뉴를 확인할 수 있다. 클릭하자.

Step_1 등록유무 확인

별도의 오프라인 매장이 존재하지 않고 홈페이지만 존재한다면 세 번째 메뉴를 선택하면 된다.

등록하고자 하는 도메인을 입력하고 중복확인을 선택하면 등록 가능 유무를 확인할 수 있다.

Step_2 홈페이지 등록 및 설명 정보 입력

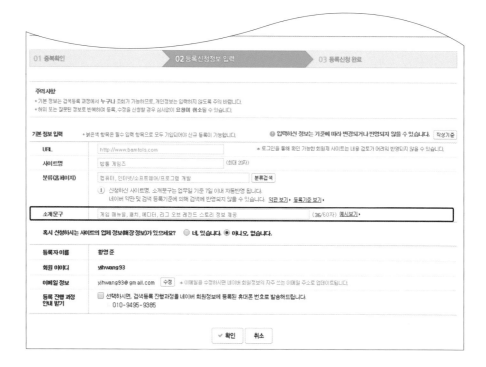

사이트명 분류, 소개문구 등을 입력해보자. 여기에서 제일 주의해서 입력해야 하는 것이 바로 사이트명과 소개문구이다. 여기에서 입력되는 소개문구는 실제로 사이트 등록후 그 사이트를 표시해주는 주된 내용이 되기 때문에 꼭 많은 부분들을 고려해서 등록을 해주어야 한다.

여기에 등록될 내용은 지난 **네이버 검색광고 등록** 사이트에서 가장 많이 사용자가 검색한 키워드를 찾아내고 이를 적절히 활용하게 되면 적절한 문구를 얻을 수가 있을 것이다.

다만, 이렇게 입력된 소개 문구의 경우는 심사 등록 과정에서 심사 담당자에 의해 적절하게 변형되어 적용된다. 또한 완성되지 않은 홈페이지거나 불법 홈페이지의 경우 등록 신청을 하였더라도 심사과정에서 불합격 통보를 받게 되면 검색엔진에 사이트는 등록이 되지 않게 된다.

Step_3 심사 후 등록

모든 심사가 정상적으로 등록되었다면 7일 이내에 네이버에서 본인이 등록한 홈페이지를 만나 볼 수 있을 것이다.

앞서 설명한 네이버 이외에도 좀더 많은 검색이 되기 위해서는 다양한 검색엔진에 위와 같은 방법으로 홈페이지를 모두 등록해주도록 하자. 많이 등록할수록 홈페이지는 검색 엔진에서 좀더 많이 노출될 것이기 때문이다.

5-1-3 구글에 홈페이지 등록하기

이제 네이버와 같은 국내 검색엔진과는 등록방법이 조금 다른 구글 검색엔진에 홈페이지를 등록해보자.

구글 메인 페이지이다. 어디를 봐도 홈페이지를 등록하는 메뉴가 보이지 않는다. 난감하다. 그렇다. 구글은 메인페이지에서는 따로 홈페이지 등록을 받지는 않고 있다. 다만 robots.txt에서 구글 봇이 검색을 할 수 있도록 해주고 네이버와 같은 검색 포털에 등록을 해놓으면 구글 봇이 이 정보를 바탕으로 자동으로 해당 홈페이지를 등록하게 되는 것이다.

하지만, 구글에서 잘 검색되기를 기다리는 것 이외에 구글 내의 검색을 좀더 잘 되게 하기 위해 구글의 웹마스터 도구(www.google.com/webmaters)라는 웹사이트 관리 도구를 이용하면 구글에서의 검색이 좀더 빠르고 원활하게 진행되게 할 수 있다.

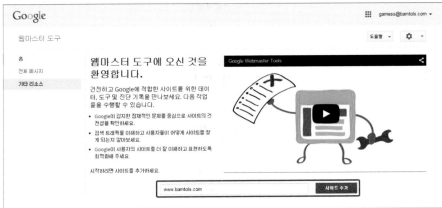

그럼 하단에 본인이 운영중인 사이트의 URL을 입력하고 사이트 추가를 선택하자. 이렇게 사이트를 등록하면 본인이 해당 계정의 소유주인지를 확인하는 절차가 있다.

소유자임을 확인하면 아래와 같은 소유권 확인 페이지가 보이게 된다.

사이트가 정상적으로 등록되면 아래와 같은 사이트 관리 화면을 확인할 수 있다.

구글 웹마스터 도구의 장점은 구글 검색봇이 크롤링(문서 퍼오기)을 진행하다가 사이트에 오류가 발생해서 사이트에 접속되지 않으면 등록된 이메일로 해당 사이트의 상태를 보내주는 기능과 구글 내에서 좀더 검색이 잘 될 수 있도록 다양한 기능을 제공해 준다는 것이다.

그럼 좀더 원활한 구글 내의 검색을 위해 사이트 맵을 등록해보자.

사이트맵 추가 버튼을 선택하면 아래와 같은 화면이 보인다.

사이트맵은 확장자가 txt 또는 xml로 되어 있어야 하며 아래와 같이 메뉴에 대한 URL
을 작성해주면 된다.

sitemap.txt

```
http://www.bamtols.com/game_list.php
http:// www.bamtols.com/news_board_list.php
http://www.bamtols.com/pds_board_list.php?type=pds_manual
http://www.bamtols.com/pds_board_list.php?type=pds_editor
http://www.bamtols.com/pds_board_list.php?type=pds_cheat
http://www.bamtols.com/pds_board_list.php?type=pds_save
http://www.bamtols.com/pds_board_list.php?type=pds_map
http://www.bamtols.com/pds_board_list.php?type=pds_gameutility
```

본인이 운영하는 사이트의 주요 메뉴를 사이트맵을 통해 등록을 하면 구글 검색엔진은
등록된 사이트의 사이트맵을 우선하여 크롤링 하게 되고, 이렇게 크롤링 된 웹 문서는
자동 봇에 의한 크롤링보다 우선하여 검색엔진에서 노출된다.

사이트맵이 정상적으로 제출되면 위와 같은 화면을 확인할 수 있다.

사이트 맵은 여러 개를 추가할 수도 있고, 본인 홈페이지의 주요 메뉴가 업데이트 되면 그에 맞춰 새롭게 등록해주면 된다.

구글 웹마스터 도구는 도메인이 다른 여러 개의 사이트를 모두 관리해줄 수가 있으며 하나의 구글 계정을 통해 모든 사이트를 관리 운영해 줄 수 있다.

▲ 게임세상에서 관리하는 사이트의 구글 웹마스터 도구 화면

▲ www.gamess.co.kr 사이트 도구의 메인 화면

앞서 이야기한 것처럼 크롤링의 오류나 구글 내 어떠한 검색어를 통해 게임세상에 접속했는지 그리고 클릭은 얼마나 일어났는지 사이트에 대한 추가적인 정보도 확인할 수 있다.

5-1-4 구글 웹마스터 도구 > 데이터 하이라이트

구글 웹마스터 도구의 또 하나의 중요한 기능 중 하나는 구글 검색엔진에서 잘 검색될 수 있도록 데이터를 정리해주는 기능이 있는데 이 기능이 바로 데이터 하이라이트 기능이다.

데이터 하이라이팅을 할 URL을 입력하고 확인을 누르면 다음 화면을 확인할 수 있다.

여기에서 보이는 왼쪽 화면에서 제목으로 선택할 영역을 드래그로 선택하고 마우스 우측 버튼을 선택하게 되면 "제목/게시자/게시일/이미지" 등을 선택할 수 있으며 각 선택 영역에 맞춰 마우스 오른쪽 클릭 후 드롭다운 메뉴를 선택해주면 우측에 해당 내용에 맞게 내용이 추가된다.

이후 완료를 누르게 되면 아래와 같은 화면을 확인할 수 있으며 이는 각 페이지의 특성에 맞는 집합을 만드는 작업이다.

이렇게 집합을 선택하게 되면 유사하다고 판단되는 웹 문서를 보여주게 되는데 이와 같이 해당 문서의 제목영역과 게시자/게시일/이미지 영역을 지정하는 작업을 반복해서 하게 된다.

기존에 검색된 예제 페이지가 5개였지만 검색 완성도를 높이기 위해서 검색엔진에서 자동으로 유사한 웹 페이지를 아래처럼 추가적으로 보여주게 된다.

이러한 예제에 대한 태깅 작업이 모두 완료되면 아래와 같은 화면이 보이며 게시를 클릭하게 되면 최종 게시가 완료되는 것이다.

구글 웹마스터 도구를 통해 사이트 URL을 등록해주고 사이트맵을 등록해주고 게시물들의 태그들을 모두 등록해줬다.

이제부터는 내가 설정한 대로 구글에서 잘 검색해주기를 기다리기만 하면 된다.

> **홈페이지를 알리기 위해서는 검색엔진에서 잘 검색되도록 검색엔진의 추가 기능을 잘 활용하자.**

지금까지 네이버 검색엔진 등록과 구글 검색엔진의 등록을 통해 여러분이 만든 홈페이지에 들어올 수 있도록 검색엔진에 표시판과 다리를 연결했다. 이제부터는 이러한 검색엔진을 통해 검색하는 유저에게 상위에 노출할 수 있는 방법에 대해 이야기 해보도록 하겠다.

5-2 검색엔진이 좋아하는 홈페이지

게임세상의 로그 분석 결과를 보면 알겠지만 전체 방문자의 약 80% 이상이 검색엔진을 통해 홈페이지를 방문한다. 사이트의 인지도에 따라 조금씩은 다르겠지만, 홈페이지를 방문하는 첫 번째 경로가 검색엔진을 통하는 것은 부인할 수 없는 사실일 것이다.

과거 검색엔진의 상위 노출을 위한 다양한 전략과 방법들을 통해 상위로 노출을 시켜주는 온라인 마케팅 서비스도 존재했지만, 검색엔진의 검색 상위노출 기술의 변경 등으로 인해 실제로 첫번째 페이지에 자신의 사이트가 보이기는 쉽지가 않다.

하지만, 아직까지도 변하지 않는 몇 가지 검색엔진이 좋아하는 규칙이 존재하는데 여기에서 가장 기본적인 검색엔진이 좋아하는 규칙들을 소개하려고 한다.

검색엔진은 텍스트만 읽을 수 있다.

국내에 많은 홈페이지를 보면 화려한 디자인으로 홈페이지가 제작된 경우가 매우 많다. 하지만 해외 웹사이트를 보면 대부분의 홈페이지가 모두 텍스트로 구성되어 있는 것을 알 수 있다. 이렇게 텍스트로 구성된 웹사이트의 경우 용량의 감소로 네트워크 트래픽을 감소시킬 수 있는 장점도 있지만 제일 중요한 건 바로 검색엔진은 텍스트로 되어 있는 홈페이지의 콘텐츠를 더 잘 찾는다는 것이다.

게임세상의 메뉴를 보면 알겠지만, 게임세상의 모든 메뉴명은 텍스트로 제작되어 있다. 이미지로 만든 웹사이트보다는 디자인적인 측면에서 다소 아름답지 못할 수 있지만 분명한 건 검색엔진이 좋아한다는 사실이다.

또한 검색엔진의 DB에 웹 문서들을 저장할 때는 아래와 같은 로직으로 저장을 한다.

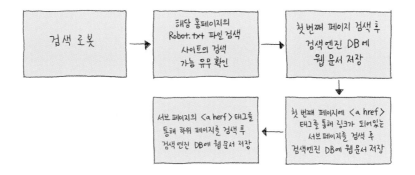

즉 첫번째 페이지에서 하위 페이지로의 a href 태그를 활용한 링크가 잘 되어 있어야 검색엔진이 홈페이지 곳곳의 모든 콘텐츠를 저장하게 되고 이렇게 검색엔진의 DB에 콘텐츠가 잘 저장되어야 검색엔진에서 그나마 노출될 가능성이 있는 것이다.

〈title〉〈/title〉 태그를 잘 활용하라

검색엔진에서 가장 중요하게 생각하는 것이 바로 title 태그이다. title 태그의 경우는 해당 웹문서의 제목을 표시해 주는 기능인데, 이를 실제 홈페이지에 적용해 보면 아래와 같다.

▲ 게임세상의 메인 페이지의 타이틀 태그

▲ 특정 콘텐츠에 접속했을 때의 타이틀 태그

위 자료의 title 태그에 적용된 내용은 "리그 오브 레전드 : 슬픈 미라의 저주 게임세상"이 된다.

이를 구글 검색엔진을 통해 "리그 오브 레전드 슬픈 미라"라는 검색어로 검색했을 경우 구글의 4번째 페이지에 아래와 같이 게임세상의 콘텐츠가 노출된다.

리그 오브 레전드 ; 슬픈 미라의 저주 게임세상
gamess.co.kr/game_board_view.php?no=17507&code=4508... ▼
6일 전 - 게임명 : **리그 오브 레전드**. 영문명. League of Legends. 장르. 기타. 구분/기종.
온라인 / PC. 개발사. Riot Games ...

< Goooooooooogle >
이전   1 2 3 **4** 5 6 7 8 9 10   다음

4번째 페이지가 사실 상위에 노출된다고 이야기하기는 어려울 수도 있겠지만, 79,900
개의 웹 페이지 중 38번째로 노출이 된다는 건 어느 정도 상위에 노출된다고 볼 수
있다.

만일 title 태그를 위와 같이 적용하지 않았다면 79900개의 문서 중 20000번째 쯤 페
이지에 해당 콘텐츠가 노출될 수도 있었을 것이다.

이를 실제 PHP 개발 코드에서 적용해 보면 아래와 같다.

```
<html>
<head>
  <title><?=$pds_game['game_name']?>: <?=$pds_game['subject']?>게임세상</title>
```

즉, 각 페이지가 호출될 때 보여주는 게임명과 게임제목을 각각의 변수로 지정해준 후
이를 title 태그에 적용해주면 브라우저에서의 타이틀이 "리그 오브 레전드 : 슬픈 미
라의 저주 게임세상"과 같이 적용되는 것이다.

검색엔진은 문서의 중요도를 정할 때 바로 타이틀 태그를 제일 중요하게 생각하게 된다.

〈meta〉 태그를 잘 활용하라

또 하나, 검색엔진에서 각 웹 문서의 특징을 확인하는 데 메타 태그를 통해 문서의 특징
을 파악하게 된다. 따라서 검색엔진이 좋아하고 잘 찾을 수 있도록 메타 태그 역시 문서
의 특징에 맞게 잘 적용해 주는 것이 좋다.

아래는 메타 태그의 적용 예제이다.

```
<html>
<head>
  <meta name="keywords" content="리그 오브 래전드">
  <meta name="author" content="게임세상">
  <meta name="description" content="슬픈 미라의 저주">
  <meta name="classification" content="동영상">
</head>
```

구분	설명
keywords	자료에 대한 키워드
author	작성자 이름
description	문서에 대한 설명
classification	분류 항목

이를 실제 개발 소스에 적용해 보면 아래와 같다.

```
<html>
<head>
  <title><?=$pds_game['game_name']?> : <?=$pds_game['subject']?> 게임세상
  </title>
  <meta name="keywords" content="<?=$pds_game['game_name']?>">
  <meta name="author" content="게임세상">
  <meta name="description" content="<?=$pds_game['subject']?>">
  <meta name="classification" content="<?=$pds_game['data_type']?>">
</head>
```

⟨h1⟩ ⟨/h1⟩ 태그와 ⟨strong⟩ ⟨/strong⟩ 태그를 잘 활용하라.

HTML 태그 중 하나인 ⟨h1⟩ 태그의 경우는 문서의 단락 중 제목에 해당되는 값을 나타내준다. ⟨strong⟩ 태그의 경우 강조 표시를 해주는 태그이다. 단순히 글자를 크게 키워주거나 강조해주는 것이지만 title 태그와 마찬가지로 검색엔진에서 특정 키워드에 연관 있는 문서를 검색할 때 위와 같은 ⟨h1⟩ 태그와 ⟨strong⟩ 태그에 좀 더 우선순위를 두고 검색결과를 노출하게 된다.

지금까지 검색엔진이 좋아하는 웹 페이지를 위한 기본적인 웹 페이지 구성 방법에 대해 알아보았다.

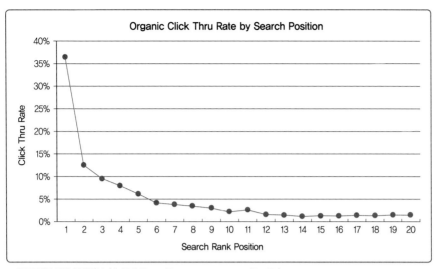

▲ 구글 검색순위별 클릭률(2011) (자료출처 :http://www.marketology.co.kr/?p=294)

2011년에 발표된 구글 검색순위별 클릭률 자료를 보면 앞에 보이는 10개의 사이트가 클릭률의 대부분을 차지하고 있다는 사실을 알 수 있다. 따라서 첫번째 페이지에 본인의 홈페이지에 대한 결과를 보여주면 좋겠지만, 사실 이러한 작업은 쉽지가 않은 작업이다. 그러기 위해서는 앞서 이야기한 웹 문서의 특징뿐만이 아니라 좀더 심도 깊고 고난이도의 작업이 필요한 것으로 알고 있다. 심지어는 검색엔진 상위에 노출을 해주는 업체도 있으니 말이다.

하지만 이러한 일련의 작업 없이 첫번째로 노출되기 위한 방법은 바로 "광고"를 집행하면 된다. 구글의 경우는 "애드워즈"를 통해, 그리고 네이버는 클릭초이스와 같은 검색 광고 상품 말이다.

필자가 이야기하고 싶은 것은 첫번째 페이지에 노출되면 좋지만 그렇지 않더라도 검색 엔진이 좋아하도록 웹 페이지를 만들면 결국 유저들은 언젠가는(?) 본인이 제작한 홈페이지의 콘텐츠를 찾게 된다는 것이다.

그리고 이렇게 한번 찾아온 방문자에게 만족할 만한 콘텐츠를 제공하고 다시 방문할 수 있도록 꾸준한 운영과 지속적으로 서비스를 확장한다면 언젠가는 여러분이 제공하는 콘텐츠가 첫 번째 웹 문서로 보이게 될 것이다.

> 검색엔진 상위 노출도 중요하지만 제일 중요한 건 사용자가 필요로 하는 콘텐츠를 제공하고 다시 찾을 수 있는 콘텐츠를 제공해 주어야 한다는 점이다.

5-2-1 robots.txt 설정하기

robots.txt 파일은 검색엔진에게 내 사이트의 자료를 크롤링(자료를 퍼감)해도 되는지 혹은 검색하지 말아야 하는지를 알려주는 지표가 된다. 그럼 내 홈페이지를 검색엔진에 잘 노출되기 위해서는 검색을 허용해야 할까? 허용하지 말아야 할까?

당연히 많은 검색엔진이 내가 운영중인 홈페이지를 자주 검색해서 콘텐츠를 잘 노출시 켜주면 좋을 것이다. 하지만 이러한 일반적인 콘텐츠 의외에 관리자만 접속하는 웹 페이지의 경우는 검색엔진을 통해 노출되면 안 될 것이다.

그럼 검색엔진에서 내 홈페이지를 잘 크롤링하고 있는지 확인하려면 어떻게 하면 될까?

검색엔진의 검색어에서 "site:www.gamess.co.kr"을 입력해보면 된다.

▲ 구글에서의 검색결과

▲ 네이버에서의 검색결과 화면

위에서 보이는 화면처럼 각각의 검색엔진에서는 게임세상이 정상적으로 노출되고 있다. 하지만 처음 홈페이지를 제작했다면? 아래처럼 검색엔진에서 아무런 결과 화면을 볼 수가 없을 것이다.

앞서 설명한 검색엔진의 등록과 더불어 robots.txt를 적절하게 작성을 해주어야 검색엔진에서 내가 알리고 싶은 홈페이지를 검색엔진의 결과에 추가하게 되고 이러한 일련의 작업 중 하나가 바로 robots.txt를 설정해주는 작업이다.

robots.txt 파일을 아래와 같이 생성하고 본인의 홈페이지 서버에 업로드를 해 놓으면 검색엔진이 해당 홈페이지를 처음 방문했을 때 robots.txt를 읽고 사이트의 크롤링 유무를 판단하게 된다.

```
# robots.txt generated at http://www.mcanerin.com
User-agent: Googlebot
Disallow:
User-agent: googlebot-image
Disallow:
User-agent: googlebot-mobile
Disallow:
User-agent: MSNBot
Disallow:
User-agent: Slurp
Disallow:
User-agent: Teoma
Disallow:
User-agent: twiceler
Disallow:
User-agent: Gigabot
Disallow:
User-agent: Scrubby
```

www.gamess.co.kr/robots.txt 파일

```
Disallow:
User-agent: Robozilla
Disallow:
User-agent: Nutch
Disallow:
User-agent: ia_archiver
Disallow:
User-agent: baiduspider
Disallow:
User-agent: naverbot
Disallow:
User-agent: yeti
Disallow:
User-agent: yahoo-mmcrawler
Disallow:
User-agent: psbot
Disallow:
User-agent: asterias
Disallow:
User-agent: yahoo-blogs/v3.9
Disallow:
User-agent: *
Disallow:
Sitemap: http://www.gamess.co.kr/sitemap.txt
```

그럼 robots.txt의 문법에 대해 간단히 알아보자.

구분	설명
user-agent : * 　Disallow :	모든 검색로봇에 대해 모든 페이지 검색 허락
user-agent : * 　Disallow: /admin/	모든 검색 로봇에 대해 /admin/ 폴더를 제외하고 검색 허락
user-agent : Googlebot 　Disallow : /	구글 검색로봇에 대해 모든 검색 제외
폴더에 대한 조건	/admin은 디렉토리와 파일까지도 포함하고, /admin/는 디렉토리만을 의미
user-agent: Googlebot-Image 　Disallow: /*.gif$ 　Disallow: /*.jpg$	이미지 중 어떠한 종류의 이미지를 검색 결과에 포함할지를 의미함

구분	설명
user-agent: Slurp Crawl-delay: 20	야후 검색로봇의 검색을 허용하되 20초 동안은 다시 방문을 하지 않도록 설정
검색엔진별 로봇 이름	구글 : Googlebot 구글 이미지 : googlebot-image 네이버 : cowbot 야후 : Slurp 야후이미지 : Yahoo-MMCrawler MSN : MSNBot 첫눈 : 1Noonbot 1.0

로봇 파일명은 반드시 http://도메인명/robots.txt로 저장해야 한다. 위에서 언급된 대로 문법에 맞춰 robots.txt를 작성한 뒤 FTP를 이용해서 root 폴더에 업로드하면 된다.

위와 같은 문법이 복잡하다면 아래의 사이트를 통해 robots.txt를 생성하고 업로드를 해주면 된다.

URL	설명
http://www.mcanerin.com/EN/search-engine/robots-txt.asp	검색로봇 파일 제작 사이트
http://tool.motoricerca.info/robots-checker.phtml	검색로봇 파일이 잘 작성되었는지 검사하는 사이트

5-2-2 네이버에서 검색 잘되게 하기, 지식iN 활용

지금까지 검색엔진이 좋아하는 다양한 방법에 대해 알아보았다. 그러면 우리나라에서 제일 많은 사용자가 이용하는 네이버에서는 검색엔진에 최적화된 내 웹문서가 보일까?

위에서 보이는 것처럼 사이트를 제외하고는 제일 먼저 보이는 웹문서는 다름이 아닌 바로 지식iN의 결과이다. 그 다음은 네이버 카페의 정보이며, 실제로 우리가 제작해서 검색엔진의 최상위에 노출되어야 하는 웹 문서는 제일 하단에 위치하고 있다.

그리고 심지어는 검색도 제대로 되지 않고 있다. —.—; 다시 말하면 검색엔진이 좋아하는 웹 문서를 만들어 놓아봐야 네이버의 검색 결과에서는 무용지물이 된다는 것이다.

그럼 검색엔진에 최적화하는 작업이 무의미할까? 그렇지 않다. 검색엔진은 네이버만이 있는 것이 아니니까. 하지만 그래도 국내에서 가장 많은 사용자가 이용하는 네이버에서도 내가 만든 홈페이지의 콘텐츠를 노출해 줄 수 있는 방법을 찾아야 할 것이다.

그 방법은 다른 아닌 내 스스로 하는 네이버 지식iN 댓글 알바이다. 국정원 댓글 알바?
비슷하다. 하지만 국정원 댓글 알바와의 차이점은 답글 시 게임세상 운영자임을 밝힌다
는 점이다.

저기 위에 보이는 작성자 yjhwang93이 바로 게임세상의 운영자인 필자이다. 사실 이렇
게 지식iN에 글을 남길 때에만 해도 마케팅적으로 사이트를 알리기 위한 방법으로 댓
글을 달았다기보다는 다양한 경로에서의 사용자의 경험에 불편을 덜어주기 위해 카페,
지식iN 등에 게임세상 관련 문의가 보이면 필자는 지식iN 이용자가 아닌 게임세상 운
영자로서 사용자의 불편함을 해소해 주기 위한 댓글이었으나 결과적으로는 게임세상을
알리는 계기가 되었다.

사실 다중 계정을 만들어 스스로 물어보고 스스로 답하는 진정한 댓글 알바를 통해 사이트를 홍보할 수도 있을 것이다. 하지만 필자는 이러한 비도덕적인 방법을 권하지는 않는다. 필자가 이야기하고자 하는 것은 방문자의 불편함을 해소해주기 위한 노력이 결국은 홈페이지의 방문자를 만족시키고 결국은 사이트 발전에 기여할 수 있다는 점이다.

5-2-3 네이버에서 검색 잘되게 하기, 공식 Blog 만들기

타 검색엔진과는 달리 네이버의 경우, 검색 결과의 상위에 네이버에서 자체적으로 서비스를 하는 지식iN, 블로그, 또는 카페 등이 우선적으로 검색되기 때문에 네이버에서 보다 검색이 잘되게 하기 위해서는 네이버 블로그를 만들어 주는 것이 좋다.

네이버 블로그를 만드는 방법은 여러분이 알고 있는 일반적인 네이버 계정을 생성하고 블로그 만들기를 통해 만들면 된다.

네이버 블로그는 본인의 도메인에 네이버 블로그의 서브 도메인을 설정할 수 있는데 그 방법은 아래와 같다.

▲ 블로그 〉 관리

블로그 주소 선택한 후 개인 도메인을 선택하고 희망하는 도메인을 입력한다. 개인 도메인을 설정하기 위해서는 본인이 개인의 도메인을 가지고 있어야 하며 해당 도메인을 본인의 네임서버가 있는 곳의 서브 도메인으로 등록해주어야 한다.

▲ 게임세상의 DNS 서버에 Blog 서브 도메인을 등록한 화면

▲ blog.gamess.co.kr 도메인을 가진 게임세상 공식 블로그

그리고 해당 블로그에는 주로 본 사이트에서 제공되는 일일 업데이트 되는 콘텐츠를 복사/붙여넣기를 통해 포스트를 올려주면 된다.

앞서 이야기했지만, 네이버에 블로그를 만드는 이유는 네이버의 검색결과가 일반적인 웹문서보다는 네이버에서 제공하는 블로그를 우선하여 노출해주기 때문이다.

다만, 네이버 블로그와 같은 추가적인 서비스들을 만들 때에는 당연히 운영의 이슈가 존재하며, 네이버에서의 유입을 늘리기 위해서는 꾸준한 운영만이 네이버 블로그를 통해 본인의 홈페이지로의 트래픽을 유도할 수 있을 것이다.

2015년 2월 9일 업데이트 자료 | 업데이트 자료

2015/02/09 12:51 | 수정 | 삭제

http://blog.gamess.co.kr/220267501137 [복사]

🔍 전용뷰어 보기

자료실

- · [ON] 리그 오브 레전드 - 슬픈 미라의 저주 / gamess
- · [MO] 인피니티 블레이드 3 - 회귀 아이템 합성 / 무지개 보.. / gamess
- · [MO] 인피니티 블레이드 3 - 보물지도 공략 / gamess
- · [MO] 인피니티 블레이드 3 - 스토리 공략 / gamess
- · [PC] Mad Games Tycoon - Mad Games Tycoon 세계최초 세이.. / khy1574
- · [PC] 대항해시대4pk - 호드람 출항 직전 완벽 세이브 / ghdwisthf

▾ 덧글 쓰기 | 엮인글   🟦밴드 | ⭐북마크 | 📤보내기 ▾ | 수정 | 삭제 | 설정

▲ 게임세상의 블로그 콘텐츠

5-3 수익모델을 찾아서

물론 모든 사업이 그렇지만 홈페이지를 운영하면서 무엇으로든 수익을 발생시켜야 하는 것이 웹사이트를 유지하는 데 있어서 매우 중요하다.

규모가 작은 홈페이지, 즉 홈페이지의 방문자가 얼마 되지 않는 홈페이지라면 비용 부담이 적은 웹 호스팅을 통해서도 충분히 홈페이지를 유지할 수 있을 것이다. 웹 호스팅의 경우는 10만원 미만의 비용이 들기 때문에 직장을 다니며 취미 생활로 웹사이트를 운영하는 분이라면 큰 문제가 없겠지만 홈페이지의 규모가 어느 정도 커지게 되면 더 이상 개인 비용을 통한 홈페이지의 운영은 한계를 맞이하게 된다.

홈페이지의 규모가 커지게 되면 가장 큰 문제는 바로 비용의 문제이다. 과거 인터넷 쇼핑몰 붐이 한창일 때 온라인 쇼핑몰을 오픈하는 것은 오프라인 매장에 비해 저렴한 비용으로 쉽게 창업할 수 있다는 생각에 많은 분들이 온라인 쇼핑몰 사업에 뛰어들었지만 시간이 흐르고 인터넷 거품이 빠진 지금 웹에 대한 아무런 지식이 없던 많은 일부 온라인 쇼핑몰 운영자의 경우 몇천 만원의 손해를 입으며 온라인 쇼핑몰 사업을 접는 것을 많이 보아왔다.

온라인 쇼핑몰의 경우 단순하게 생각하면 웹 호스팅 비용에 들어갈 몇만원의 비용만 있으면 "유지될 수 있지 않나"라는 생각을 많이 하지만 실제로는 오프라인 매장만큼 많은 비용이 든다.

홈페이지는 한 번 만들면 모든 것이 고정되는 무기물이 아니다. **홈페이지는 살아 움직이는 생명체**이어야 한다. 살아있는 것만이 남들에게 역시 생명력을 불어넣어 줄 수 있고 이렇게 살아 움직이는 홈페이지가 되기 위해서는 끊임없이 바꿔주고 고쳐줘야 한다. 이러한 이유 때문에 홈페이지의 유지보수 비용은 생각 이상으로 많은 비용이 소요된다.

위와 같은 이유로 정보를 제공하는 홈페이지든지 쇼핑몰이든지 홈페이지를 유지보수하는 데 있어서는 어쩔 수 없이 비용이 따른다. 따라서 이러한 비용을 벌어들이지 않으면 홈페이지는 유지될 수가 없는 것이다.

홈페이지를 운영하면서 무엇보다도 가장 중요한 것이 수익모델을 찾아내어 이를 통해 수익을 벌어들이는 것이다. 하지만 필자의 경우 어떤 특정 사업을 위해 웹사이트를 오픈한 것도 많은 돈을 벌기 위해 웹사이트를 운영했던 것도 아니다.

게임세상의 운영 목적은 네티즌들이 무료로 좋은 정보를 손쉽게 얻을 수 있는 사이트를 만드는 것이었다. 이러한 자신만의 취미생활을 적은 비용을 들여 할 수 있다면 그것 이상 좋은 것이 어디 있겠는가? 지금부터 필자가 이야기하고자 하는 수익창출에 대한 부분은 순전히 **홈페이지 운영을 위한 경비의 확보**에 초점을 맞추고 있다는 점을 참고해 주기 바란다.

5-3-1 온라인 광고에 대한 이해

홈페이지를 운영하면서 돈을 버는 일은 사실 쉽지 않다. 콘텐츠 제휴를 하여 콘텐츠 판매를 통해 수익을 얻을 수도 있고, 쇼핑몰을 운영할 수도 있을 것이며, 또한 유료 서비스를 통한 수익모델을 만들어 낼 수도 있을 것이다.

하지만 게임세상은 안타깝게도 이러한 수익성이 확실한 유료 서비스 모델을 도입하지 못했고 어느 시점 이후에는 온전히 온라인 광고 수익만을 통해 지금까지 서비스를 유지하고 있다. 일단, 온라인 광고를 통해 지금까지 사이트가 흑자를 얻고 어느 정도 수익을 내고 있느냐? 라고 묻는다면, 안타깝게도 "그렇지 않다"라고 이야기할 수밖에 없다.

즉, 트래픽이 어느 정도 유지될 때에는 흑자였지만 현재는 적자다.

실제로 홈페이지 운영을 통해 집행할 수 있는 온라인 광고는 크게 두 가지로 나뉜다. CPC~Cost Per Click~와 CPM~Cost Per Mile~으로 나뉠 수 있다. CPC는 클릭당 벌어들이는 수익이며 CPM은 1000페이지 노출당 벌어들이는 수익으로 볼 수 있다.

온라인 광고의 경우 CPM도 존재하지만 대부분 CPC로 비용이 지불된다. CPM 광고의 대표적인 예가 포탈의 메인 배너 광고이며, 보통 1억 PV(페이지뷰)당 1천만원 내외의 비용이 지급되며, 타겟이나 도달률(모든 국민 중 얼마나 많은 사람이 보는지에 대한 비율)에 따라 금액이 달라지기도 한다. CPC의 경우 광고 상품에 따라 다르지만 본인의 홈페이지에 배너 게시를 하는 구글 애드센스의 경우 클릭당 0.1~$0.2 정도의 비용이 지불되며 클릭률은 0.2~0.3% 정도를 보여주게 된다.

이를 금액으로 환산해보면 하루 홈페이지의 페이지뷰가 1만 정도라는 가정을 하면

$$10,000pv \times 0.12\% \text{ 클릭률} \times \$0.22 \text{ (CPC)} \times 30 \text{ days} = \$79$$

월간 $79 정도의 수익을 얻을 수 있다고 보면 된다.

위의 금액은 노출되는 배너의 크기나 종류에 따라 차이가 있기는 하지만 필자가 운영해온 1년간(2014년 1월~12월) 평균 배너 클릭에 대한 통계 자료이니 그 값들은 크게 차이가 나지 않을 것으로 생각된다.

물론 CPC 광고 이외에도 제휴 광고를 통해 온라인 회원가입당 얼마, 판매 금액당 몇%의 수수료 지급 등 다양한 광고 상품들이 있지만 지난 10여년 넘게 배너 광고를 집행해본 경험을 이야기해보면, CPC 광고가 그나마 고정적으로 적절한 수익을 냈었다.

물론 본인의 웹사이트가 어느 정도 매체로서의 영향력이 존재한다면 온라인 광고 대행사를 통해 홈페이지 트래픽을 판매할 수도 있겠지만, 우리나라의 경우 대부분의 온라인 광고 시장이 대형 매체(다음, 네이버) 쪽에 쏠려 있으며 실제 국내 5대 포탈사이트가 전체 온라인 광고 시장의 80% 이상을 차지하고 있는 것이 현실이기 때문에 본인의 홈페이지를 매체로서 광고 수익만을 통해 홈페이지를 운영하기에는 현실적으로 녹록지 않다.

필자의 경우는 한창 게임세상이 잘나가던 시절은 2004~2006년도에는 콘텐츠 제휴, 게임쇼핑몰 제휴, 매체 대행사를 통한 온라인 광고 집행, 구글 애드센스를 통한 광고 수익, ILike Click을 통한 제휴 마케팅 등을 통해 운영비를 훨씬 상회하는 수익을 벌어들인 적도 있었지만 현재는 이러한 온라인 광고를 수주하거나 별도의 추가적인 서비스를 제공하기는 쉽지 않기 때문에 생각보다 적은 수익을 얻을 수밖에 없는 것이 현실이다.

과거 온라인 광고 대행사를 통한 광고의 경우 PV당 0.1원 정도의 비용을 지급 받았었으며 이를 월간 비용으로 환산하면

$$10000pv \times 0.1\text{원} \times 30days = 30,000\text{원}$$

일 1만 페이지뷰라고 가정하면 3만원 정도의 수익을 얻을 수 있었다.

물론 홈페이지에는 배너를 올릴 수 있는 공간이 한군데만 있는 것이 아니다. 우측 플로팅 배너도 있을 수 있고 메인 공간에 배너를 게시할 수도 있다. 이렇게 다양한 배너 광고를 사용자들이 이용할 만한 곳에 적절히 배치를 한다면 앞서 이야기한 수익보다 좀더 나은 온라인 광고 수익을 얻을 수도 있을 것이다.

그럼 지금부터 홈페이지로 온라인 광고를 통해 실질적인 수익을 올릴 수 있는 방법에 대해 알아보도록 하자.

5-3-2 구글 애드센스

구글 애드센스의 가장 큰 특징은 한번 배너를 등록해 놓으면 구글 애드센스에서 알아서 방문자의 이용행태에 따라 배너를 변경해 준다는 것이다.

구글 애드센스는 사용자에 따라 맞춤형 광고를 노출해준다.

예를 들어 내가 게임 홈페이지를 주로 방문했던 유저라면 게임과 연관된 배너가 주로 노출되고 특정 쇼핑몰을 자주 방문했던 사용자라면 해당되는 배너를 보여준다는 사실이다. 사실 이렇게 자동으로 배너가 교체되는 것들은 사이트 운영에 있어서 정말 큰 노력을 줄여주는 것으로, 구글 애드센스가 개인 홈페이지의 수익에 기여한 것이 구글이 크게 성공할 수 있었던 것은 아닌가 생각된다(실제로 구글의 전체 매출의 큰 비중이 구글 애드센스와 애드워즈를 통한 광고 수익으로 알고 있다).

그럼 지금부터 홈페이지에 구글 애드센스 광고를 적용해 보도록 하자.

Step_1 구글 애드센스 신청서 제출(http://www.google.com/adsense)

위 URL에 접속하고 구글 계정으로 로그인을 하면 아래와 같이 애드센스 신청서 제출
페이지를 입력할 수 있는 페이지가 보인다.

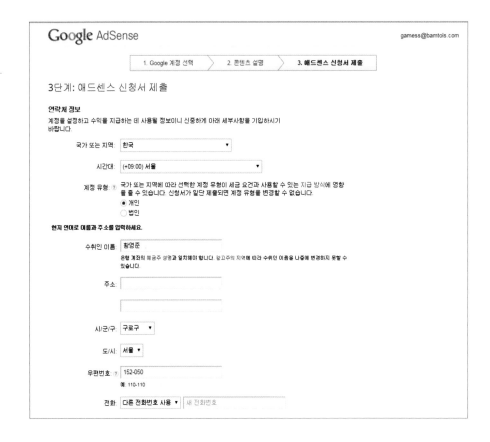

Google AdSense

gamess@bamtols.com

1. Google 계정 선택   2. 콘텐츠 설명   3. 애드센스 신청서 제출

2단계: 콘텐츠 설명

웹사이트 정보
웹사이트에서 애드센스 수익 창출 제품을 이용하려면 광고를 게재하려는 웹페이지의 소스 코드
를 수정할 수 있는 권한이 있어야 합니다.

다음 위치에 광고를 게재
하겠습니다.: ?   www.bamtols.com

보유하고 있는 웹사이트, 도메인 및 모바일 웹페이지가 여러 개인 경우에는 기본 웹사
이트나 URL만 입력하세요.(예: www.example.com).
아직 수익을 창출할 수 있는 콘텐츠가 없습니다.

콘텐츠 언어: 한국어 - 한국어   ▼

웹사이트의 기본 언어를 선택하세요.

Google 애드센스 이용약관 및 프로그램 정책
모든 애드센스 게시자는 애드센스 이용약관에 동의하고 애드센스 프로그램 정책을 준수해야 합
니다. 다음은 애드센스 프로그램 정책의 주요 원칙입니다.

① 게시자는 자신의 광고를 클릭하거나 다른 사용자에게 자신의 광고를 클릭하도록 권유할
수 없습니다.

② 광고를 클릭한 사용자에게 인센티브를 제공하는 사이트나 부적절한 방식으로 사용자의 광
고 클릭을 유도하도록 구성된 사이트에는 광고를 게재할 수 없습니다.

③ 포르노와 같은 성인용 콘텐츠가 포함된 사이트에는 광고를 게재할 수 없습니다.
광고를 게재할 수

신청서에는 실제로 비용을 지급 받기 위한 정보를 입력해야 하므로 올바른 정보를 모두
입력해주어야 한다.

Google AdSense

gamess@bamtols.com

1. Google 계정 선택   2. 콘텐츠 설명   **3. 애드센스 신청서 제출**

3단계: 애드센스 신청서 제출

연락처 정보
계정을 설정하고 수익을 지급하는 데 사용될 정보이니 신중하게 아래 세부사항을 기입하시기
바랍니다.

국가 또는 지역: 한국   ▼

시간대: (+09:00) 서울   ▼

계정 유형: ?   국가 또는 지역에 따라 선택한 계정 유형이 세금 요건과 사용할 수 있는 지급 방식에 영향
을 줄 수 있습니다. 신청서가 일단 제출되면 계정 유형을 변경할 수 없습니다.
◉ 개인
◯ 법인

현지 언어로 이름과 주소를 입력하세요.

수취인 이름: 황영준

은행 계좌의 예금주 성명과 일치해야 합니다. 광고주의 지역에 따라 수취인 이름을 나중에 변경하지 못할 수
있습니다.

주소:

시/군/구: 구로구   ▼

도/시: 서울   ▼

우편번호: ?   152-050
예: 110-110

전화: 다른 전화번호 사용   ▼   새 전화번호

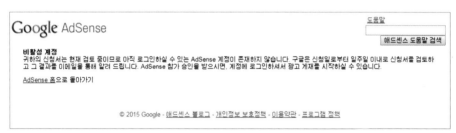

구글 애드센스의 경우 신청 즉시 구글 애드센스의 이용이 가능한 것이 아니라 완성된 홈페이지를 가지고 있어야 하며 구글의 정책에 어긋나지 않는 홈페이지를 등록해야 정상적으로 애드센스 신청이 받아 들여진다.

모든 신청이 완료되면 구글 애드센스에 로그인이 가능하며 로그인이 완료되면 아래와 같은 화면을 볼 수 있다.

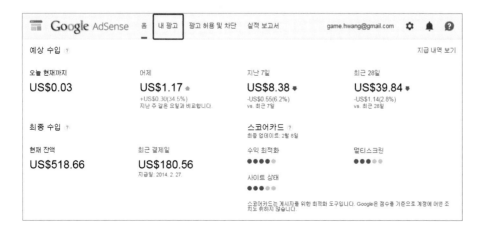

내 홈페이지에 광고 삽입을 위해서는 구글에서 발급되는 광고 코드를 발급 받아야 하는데 이 광고 코드는 상단 **내 광고**를 클릭하면 확인할 수 있다.

새로운 광고 코드를 얻기 위해서는 **새 광고 단위**를 클릭하자.

광고의 이름을 추가하고 광고의 크기를 선택하면 된다. 광고의 이름은 광고의 구분을 위해 728×90_게임세상메인우측과 같이 사이즈와 배너게시 위치를 명칭으로 작성해주면 추후 배너별 효과를 확인하기가 쉬워진다.

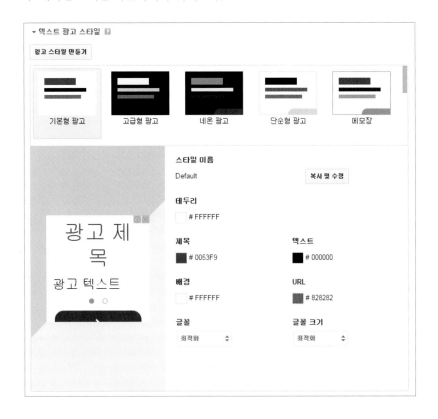

또한 이렇게 선택된 광고는 나름 변경이 가능하며, 필요에 따라 스타일을 정할 수도 있다. 모든 옵션 선택이 완료되고 저장 및 코드 삽입 버튼을 클릭하면 아래 화면처럼 광고 코드가 생성된다.

실제 생성된 구글 코드는 아래와 같다.

```
<script async src=
  "//pagead2.googlesyndication.com/pagead/js/adsbygoogle.js"></script>
<!-- 336x280 -->
<ins class="adsbygoogle"
  style="display:inline-block;width:336px;height:280px"
  data-ad-client="ca-pub-4052570101828940"
  data-ad-slot="6603070917"></ins>
<script>
(adsbygoogle = window.adsbygoogle || []).push({});
</script>
```

이렇게 생성된 광고 코드를 광고 삽입이 필요한 웹 페이지에 추가하면 된다.

또한 관리의 편리함을 위해 구글 애드센스 광고를 위해서 별도의 banner.php 파일로 저장을 해놓고 include 함수를 이용하여 이를 적용하면 된다.

게임세상에 실제 적용된 코드는 아래와 같다.

```
<?
  include("header.php");
  include("contents.php");
  include("search.php");
  include("banner.php");
  include("bottoms.php");
?>
```

▲ 게임세상에 실제로 적용된 구글 애드센스 배너

이렇게 한 개의 코드만 적용해 놓으면 구글 애드센스가 알아서 사용자에 맞춰 배너를 지속적으로 변경해주면서 클릭을 유도해 주게 된다.

▲ 리로딩 후 변경된 배너

배너 노출을 위한 또하나의 팁을 이야기하자면 한곳에 구글 배너, 제휴 마케팅 배너와 같이 다른 종류의 배너를 동일한 위치에 적용이 가능하며 이를 적용하는 실제 개발 코드는 아래와 같다.

```php
<?php

  $rand_ini = rand(1,2);

  if ($rand_ini == 1){
  ?>
     구글 광고 코드
  <?
}
else if ($rand_ini == 2){
  ?>
     일반 이미지 배너
<?}?>
```

위의 PHP 코드는 rand 함수를 이용하여 1~2까지의 숫자를 랜덤하게 생성을 하고 숫자 1이 되면 구글 광고코드를 노출하고 2가 나오면 일반 이미지 배너를 노출하라는 함수이다. 즉 하나의 광고 위치에 다양한 배너를 랜덤하게 노출함으로써 하나의 광고 위치에 여러 개의 다양한 광고를 적용할 수 있다. 보통 이러한 광고 위치 내에 게시되는 광고의 숫자를 구좌라고 하는데 게임세상의 경우는 하나의 배너에 보통 2개~3개 정도의 구좌를 운영하고 있다.

구글 애드센스의 또다른 특징을 설명하면 아래와 같다.

즉, 하나의 페이지에 아무리 다양한 구글 애드센스 광고 코드를 생성하고 코드를 삽입한다고 해도 실제로 노출되는 배너 광고는 딱 3개만 노출된다. 광고를 더 붙이고 싶다면? 아쉽게도 구글 애드센스를 제외한 다른 광고 상품을 찾아 이를 통해 광고를 게시해 주어야 한다.

이러한 광고는 다음에 설명할 **제휴 마케팅을 통한 광고 I Like Click** 편에서 설명하도록 하겠다.

최종적으로 모든 광고가 정상적으로 노출된다면 그때부터 방문자는 배너를 클릭하게 되고 이는 본인의 수익으로 쌓이게 되는 것이다.

구글 애드센스의 경우 클릭에 따라 수익이 결정된다. 그렇다면 클릭을 많이 하면 광고 수익이 늘어나지 않을까? 라는 호기심에 지인들을 동원하여 구글 애드센스의 광고를 클릭하지는 말자. 아쉽게도 우리보다 능력이 뛰어난 구글의 개발자들은 이러한 구글 애드센스의 정책에 어긋나는 배너 클릭(어뷰징)에 대해서는 자동으로 필터링되고, 지속적으로 이러한 어뷰징이 발생하면 구글 애드센스 광고를 집행할 수 있는 권리를 정지시켜 더 이상 배너 광고를 집행할 수 없게 된다. 따라서 이러한 어뷰징은 사실 수익에 거의 도움이 되지 않는다.

그럼 과연 게임세상에서는 어떠한 구글 애드센스에서 집행된 배너 중 어떠한 배너가 실제로 가장 많은 수익을 냈는지 알아보도록 하자.

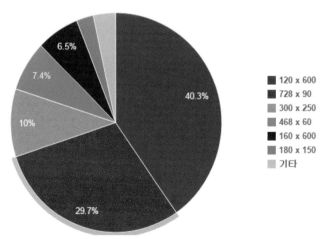

▲ 게임세상에 게시된 최근 1년간(2014년 1월~12월) 배너별 수익율

위의 그림을 보면 120×600 사이즈의 배너와 728×90 배너가 전체 수익의 약 80%를 차지하는 것을 볼 수 있다. 이 배너는 아래와 같다.

▲ 120×600 배너의 게시 위치

▲ 728×90 배너 위치

아래 정보는 최근 1년간 게임세상에서 노출된 구글 애드센스 광고에 대한 CPC 단가이다.

▼ 2014.1.1~2015.2.10까지 배너 크기별 CPC 및 CTR

배너 사이즈	CTR (클릭률)	CPC (클릭당 단가)
720×90	0.07%	$0.19
120×600	0.05%	$0.26
250×250	0.03%	$0.35
300×250	0.08%	$0.17
336×280	0.07%	$0.16
반응형 광고	0.01%	$0.29

(반응형 광고: 디바이스의 종류에 따라 자동으로 크기가 변경되는 광고)

물론 특정 사이트 별로 위의 CPC가 달라질 수 있겠지만, 게임세상의 1년간 통계 데이터이니 이 CPC와 CTR 정보는 일반적인 구글 애드센스 광고 상품의 결과값과는 크게 다르지 않을 것으로 생각된다.

구글 애드센스 실적 보고서에서는 위와 같은 정보 이외에도 각각의 광고에 대한 지역별 CPC나 디바이스별 클릭률 등 다양한 광고에 대한 분석 정보를 제공해준다.

그럼 이렇게 얻은 수익을 어떻게 내 계좌로 돌려받을 수가 있을까?

구글 애드센스에서는 크게 두 가지 방법으로 비용을 지급하고 있다. 한 가지는 지정된 은행계좌로 송금을 받거나 수표로 이 비용을 지급받을 수 있는데 현재 국내에서는 은행계좌로의 송금만을 통해 비용을 지급받을 수 있다.

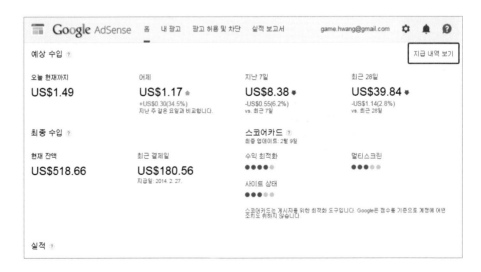

비용 지급은 홈 화면 우측 상단의 **지급 내역 보기**를 클릭한 후 좌측 하단의 **지급 설정**을 클릭하면 지급 방법을 설정할 수 있다.

은행 계좌로 송금을 선택하면 아래와 같은 설정 화면을 확인할 수 있으며 각 항목에 맞는 값을 입력하면 본인의 계좌로 입력한 조건에 따라 광고 수익금이 입금된다.

여기서 광고 수익에 따른 조건을 설정할 수가 있는데 최소 $100 이상 광고 비용이 쌓일 때 이를 은행계좌로 입금 항목을 선택하게 되면 수수료를 제외한 금액이 원화로 입금된다.

은행에 따라 수수료가 다르기는 하지만 보통 1만원~3만원 정도의 수수료가 발생되기 때문에 게임세상의 경우 $1000 이상의 광고 수익이 발생했을 때 수익을 지급하는 것으로 설정되어 있다.

지금까지 구글 애드센스를 통한 광고를 신청하는 방법 그리고 생성된 구글 코드를 홈페이지에 삽입하는 방법, 발생된 수익을 확인하는 방법과 이를 통해 비용을 지급받는 방법까지 자세히 알아보았다. 다음은 또 다른 온라인 광고인 제휴 마케팅에 대해 알아보도록 하자.

5-3-3 제휴 마케팅을 통한 광고, I Like Click

직접적인 광고주를 확보하기 어려운 웹사이트 운영자의 경우 아주 손쉽게 광고 수익을 얻을 수 있는 방법이 바로 광고대행사를 통한 광고 집행이다. 이러한 서비스를 일반적으로 제휴 마케팅이라고 부르고 있다. 이러한 제휴 마케팅 광고가 집행되는 방법을 알아보도록 하자.

국내에 제휴마케팅을 서비스하는 업체는 아래와 같은 업체가 있으며, 게임세상이 이용하고 있는 I Like Click을 통해 제휴 마케팅을 통한 실질적인 광고 집행에 대해 알아보도록 하자.

제휴마케팅 업체명	URL
아이라이크 클릭	http://www.ilikeclick.com
링크 프라이스	http://www.linkprice.com/

▲ IlikeClick 제휴 마케팅 사이트의 서비스 구성도

여기서 Publisher의 경우 게임세상과 같은 홈페이지 소유주가 되는 것이고 Advertiser의 경우는 광고를 의뢰하는 광고주를 뜻하게 된다. 여기서 광고물의 수익 종류로는 무료회원당/유료회원당/상품판매당/클릭당으로 수익방법이 나뉘게 된다. 사실 광고주들이 가장 선호하는 방법으로는 쇼핑몰의 경우 판매당 몇% 그리고 신규오픈 웹사이트의 경우 무료회원당 얼마 정도의 비용을 지불하는 경우이지만, 사실 위와 같은 경우 트래픽이 많지 않은 홈페이지에서는 구글 애드센스와 같은 CPC 지급 방법에 비해 현저하게 낮은 광고 수익을 얻게 된다.

제휴 마케팅 광고를 홈페이지에 적용하는 방법은 아래와 같다.

Step1. 제휴 마케팅 웹사이트의 Publisher로 가입
Step2. 제휴 가능한 광고 상품을 찾기
Step3. 발급된 광고 코드를 홈페이지에 적용

Step_1 ▶ Publisher로 가입하기

아이라이크 클릭 제휴 사이트에 가입을 하게 되면 아래와 같은 메인 화면을 확인할 수 있다.

Step_2 제휴 가능한 광고 상품 찾기

일반 관리 〉 광고물 가져가기 〉 전체 광고를 선택하게 되면 아래와 같이 노출 가능한 다양한 광고 상품이 존재한다.

제휴마케팅의 가장 큰 단점이자 장점이 바로 본인이 노출할 광고를 직접 선택해주어야 한다는 것이다. 광고주(회사)를 선택할 경우에는 최대한 자신의 사이트에 적당한 광고주를 선정해 주어야 한다. 게임세상과 같은 중학생, 고등학생, 대학생 남자가 주로 방문하는 웹사이트에 금융관련 광고를 노출한다면 효과가 있을까?

구글 애드센스와 달리 제휴 마케팅 배너의 가장 큰 단점 중에 하나가 본인이 게시하는 광고를 사용자에 맞춰 지속적으로 변경을 해주어야 그 효과가 지속된다는 것이다.

이는 자신의 홈페이지에 방문하는 회원을 좀더 면밀하게 분석을 해야 하며, 이러한 사용자 분석 방법은 앞서 이야기한 로그 분석을 통해 얻도록 해야 한다는 것이다.

그럼 게임세상에 가장 적합한 광고를 찾아보도록 하자. 게임과 연관되어 있으며 20~30세 정도의 사용자가 주로 찾을 만한 광고는 무엇이 있을까?

카테고리	광고주명	수수료	등록광고	상태
게임/모바일	SMS피아	상품판매/4%	이미지(10) 텍스트(7)	자동 · 제휴신청하기
게임/모바일	아이템매니아	무료회원/640원	이미지(61) 텍스트(1)	수동 · 광고물가져가기
게임/모바일	SKT M청구서	무료회원/400원	이미지(4)	자동 · 제휴신청하기

게임/모바일 카테고리에 있는 아이템 매니아에 대한 광고를 달아보자. 위의 **광고물 가져가기**를 클릭해보자.

게시하고자 하는 위치에 맞는 광고 사이즈를 찾아서 **소스만들기**를 선택하자.

위에서 보이는 코드에 대해 **소스복사**를 선택하고 앞서 만든 banner.php에 아래 코드를
추가하자.

```php
<?php
  $rand_ini = rand(1,2);

  if ($rand_ini == 1){
    ?>
    <script async src=
      "//pagead2.googlesyndication.com/pagead/js/adsbygoogle.js"></script>
    <!-- 336x280 -->
    <ins class="adsbygoogle"
    style="display:inline-block;width:336px;height:280px"
    data-ad-client="ca-pub-4052570101828940"
    data-ad-slot="6603070917"></ins>
    <script>
    (adsbygoogle = window.adsbygoogle || []).push({});
    </script><?
  }
  else if ($rand_ini == 2){
    ?>
    <script type="text/javascript">
    varilc_dtscode = "100304870020088240000077450300000000000";
    var ilc_cusVar1 = "";
    var ilc_cusVar2 = "";
    varilc_banText = "";
    </script>
    <script src="http://cl.ilikeclick.com/track/dispatcher.js"></script>
<?}?>
```

위의 코드를 설명하면 한번은 구글 광고가 노출되고 한번은 제휴 마케팅에서 선택한 배너가 노출된다는 것이다.

실제 페이지를 확인해보면 해당 페이지에 접속하여 F5를 통해 페이지를 지속적으로 리플레시 해보면 한번은 제휴 마케팅(아이템 매니아)의 광고가 한번은 구글 광고가 보이는 것을 확인할 수 있다.

제휴마케팅의 배너 삽입은 사실 구글 애드센스의 광고 삽입 방법과는 크게 다르지 않다. 차이점은 비용을 지급하는 방식이며 구글 애드센스는 클릭당 광고 수익이 발생되고 제휴 마케팅(아이라이크 클릭의 아이템 매니아 배너)의 경우는 배너를 통해 해당 사이트에 접속한 사용자가 광고 인정 기간 이내(보통 30일)에 회원가입을 하는 경우에만 비용을 지급한다는 점이 차이점이 있다.

하지만 필자의 경우 이와 같은 회원가입/상품판매 등을 통한 광고 수익은 똑같은 페이지뷰 수 만큼의 광고를 노출했을 때 구글 애드센스가 위와 같은 제휴 마케팅의 광고보다 더욱 안정적인 수입을 지급했다.

▼ 2007년 1~3월까지의 제휴마케팅 평균 광고 수익 데이터

상품종류	CTR	가입/상품판매율	단가
회원가입	0.018%	0.00004%	530원 (회원가입당)
상품판매	0.018%	0.00007%	760원 (상품판매당)

위의 결과 데이터가 3개월간의 평균 데이터이긴 하지만 앞서 이야기한 대로 제휴 마케팅 광고의 경우 구글 애드센스의 광고에 비해서는 CTR 자체도 떨어지지만 실제 수익으로의 연결은 훨씬 더 적은 수치를 보이는 것을 알 수 있다.

▼ 월간 30만 페이지 뷰를 보이는 홈페이지라는 가정하의 비교 자료

구분	구글 애드센스	제휴 마케팅
월간 수익	79200원	223원
CTR(클릭률)	0.12%	0.018%
클릭당 수익률	$0.22(220원)	4원

물론 보여주는 광고에 따라 클릭률이나 수익률이 조금씩 달라질 수도 있겠지만 위의 수치에서 최대 200% 이상의 효과가 있다고 가정해도 구글 애드센스의 광고 수익만은 못한 수치임을 확인할 수 있다.

이와 같은 이유로 게임세상에서는 좀더 나은 광고 수익을 위해 구글 애드센스의 광고를 노출할 수 없는 곳에 추가적으로 제휴 마케팅 광고의 노출을 통해 수익을 늘렸었다.

제휴 마케팅의 광고 수수료에 대한 비용을 지급 받는 방법은 구글 애드센스와 크게 다르지 않다. 제휴 마케팅 웹사이트의 회원가입시 광고 수익을 지급받을 은행 계좌를 작성하고 이렇게 작성된 은행계좌에 2만원 이상의 광고 수익이 발생되었을 때 월별로 지급 신청을 하게 되면 그 광고 수익이 회원가입시 작성한 은행계좌로 입금된다.

위와 같은 수수료 정산은 **성과 리포트 > 수수료 정산** 메뉴에서 확인이 가능하다.

제휴마케팅에서 제공되는 광고는 앞서 이야기한 배너광고 이외에 검색광고, 모음광고 등의 상품이 있으나 현실적으로 가장 효율적이고 운영이 편리한 광고는 배너 광고였었다.

지금까지 구글 애드센스를 이용한 광고와 제휴 마케팅을 통한 광고를 집행하고 이를 수익으로 얻는 방법에 대해서 알아보았다.

5-3-4 쇼핑몰 제휴를 통한 수익창출

위와 같은 광고 수익 이외에도 쇼핑몰 운영을 통한 수익창출이 있을 수 있다. 일반적으로 쇼핑몰을 직접 운영할 경우 쇼핑몰 솔루션 구축비, 상품관리, 배송관리 등 관련되는 업무를 하기 위해서는 많은 비용과 시간이 소요된다.

이러한 문제를 해결하는 방법으로는 직접 운영이 아닌 도메인만을 제공해주고 운영대행을 통한 쇼핑몰 운영으로 운영비용 절감 그리고 판매금액 중 일부 수수료를 받는 형태의 수익을 얻는 방법이 있을 수 있다.

필자의 경우 게임세상의 수익을 위해 2004년 당시 게임관련 쇼핑몰이면서 동시에 PC 게임 위주의 쇼핑몰 그리고 용산에 위치한 소규모 업체를 찾아 게임 쇼핑몰 담당자에게 직접 이메일을 보내 게임세상의 매체 설명서와 함께 제휴를 제안했고, 다행히 이러한 제휴를 맺을 수 있게 되어, 별도의 비용 없이 게임세상 쇼핑몰을 운영할 수 있었다.

비록 제휴를 통한 방법이 수익률에 있어서 그렇게 좋지는 않지만 인프라가 전혀 구축되어 있지 않은 상황에서는 이러한 제휴를 통한 수익 역시 좋은 수익모델이 되었다.

그 당시 수수료율은 5% 정도에 월매출은 300~400만원정도였던 걸로 기억한다.

이렇게 제휴된 쇼핑몰을 자신의 웹사이트의 서브 사이트인 것처럼 보이기 위해서는 몇 가지 코딩 작업과 디자인 작업은 당연히 필요하다.

일단 쇼핑몰과의 제휴가 되었다면 대형 쇼핑몰의 PM처럼 어떻게 하면 효과적으로 제품을 잘 판매하여 수익을 올릴지에 대해서 고민해 볼 수 있어야 할 것이다.

▲ 2004년도의 게임세상 제휴 쇼핑몰

게임세상에서 쇼핑몰을 홍보했던 방법은 일반적인 쇼핑몰에서 홍보하는 방법과 크게 다르지는 않았는데, 메인에 상품을 검색할 수 있는 기능 제공, 주간 인기 상품과 각 게임별 자료를 볼 때마다 이 게임을 직접 구매할 수 있도록 연결고리를 만들어주는 작업이었다.

▲ 2004년도의 웹사이트내 게임 쇼핑몰 광고 부분

현재 게임세상에서도 게임구매 버튼이 존재하는데 이 구매버튼은 2004년도 당시 게임세상의 쇼핑몰 운영할 때 게임 자료를 보면서 동시에 게임을 구매할 수 있도록 유도하는 기능을 아직까지 유지하고 있기 때문이다.

▲ 게임세상 자료 내 게임 구매 버튼

▲ 구매버튼 클릭 후 링크되는 네이버 지식쇼핑

쇼핑몰을 통한 수익은 수익률이 그렇게 높지는 않지만 게임유통에 대한 학습과 게임 마케팅에 대한 부문에 있어서 필자에게 많은 공부가 되었다. 하지만 아쉽게도 게임세상 쇼핑몰은 운영 1년만에 제휴를 종료하게 되었는데 제휴를 맺은 업체의 도산이 주된 이유이기도 했지만 직장생활을 하면서 동시에 쇼핑몰 관련 지원 작업을 하는 일은 쉽지 않았다.

언젠가 게임세상의 쇼핑몰을 다시 오픈한다면, 게임세상의 다양한 콘텐츠와 제품을 구매할 수 있는 연결고리를 만든다면 이 또한 좋은 수익모델이 될 수 있을 것으로 생각된다.

홈페이지의 보안

필자는 보안전문가가 아니다. 하지만 본인이 보안전문가이든 보안전문가가 아니든지 간에 홈페이지에 가입하는 회원의 정보를 보호하는 것은 홈페이지 운영자로서 반드시 가져가야 할 의무이며 책임이다. 보안전문가가 아니더라도 홈페이지 운영자라면 기본적으로 알아야 하는 보안 방법에 대해 간단히 살펴보자.

보안이라고 하는 것이 말로는 굉장히 쉽지만 실행하기는 쉽지가 않다. 가장 기본적인 보안 방법은 정기적인 OS에 대한 보안 패치를 실시해 주면 된다. 이러한 최신 OS별 보안 패치는 각 OS 홈페이지를 통해 제공되며, 또한 서버 호스팅을 받는 서버 호스팅 제공업체를 통해서도 제공되기도 한다.

게임세상이 운영되는 리눅스 계열의 CentOS의 경우는 아래와 같은 명령어를 입력하면 OS 버전을 업그레이드 하지 않고 보안 관련 패치만 진행할 수 있다.

```
# yum install yum-security
# yum update --security
# yum list-security --security
# yum updateinfo list security all
```

윈도우 서버의 업데이트는 **제어판 > windows update** 항목에서 확인할 수 있다.

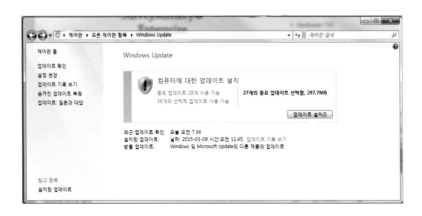

보안 강화를 위해 OS 자체의 버전 업그레이드가 필요하기도 한데, OS 업그레이드의 경우는 일부 서비스에 영향을 끼칠 수도 있기 때문에 OS 버전의 업그레이드보다는 정기적인 보안 패치를 통해 보안을 강화하는 것이 좋다.

5-4-1 보안의 기본, 보안서버 HTTPS

최근 개인정보 보호법에 따르면 개인정보를 제공하거나 보여주는 곳에서는 반드시 보안서버(SSL, https 프로토콜)를 이용하도록 규정하고 있어 게임세상에도 이러한 보안서버를 두고 있다.

보안서버라는 것이 특별히 어려운 것이 아니라 기존의 http 프로토콜에서 https 프로토콜로 보안서버의 프로토콜로 변경만 해주면 된다. 하지만 https와 같은 보안 프로토콜로 URL을 변경하는 것은 오픈 https를 이용하거나 외부 공인된 인증 기관을 통해 https 인증서를 발급 받아야만 이용할 수 있다.

http와 https 프로토콜의 차이를 이야기하자면 모든 웹페이지는 아래와 같은 프로세스로 사용자에게 서버의 정보가 전달된다.

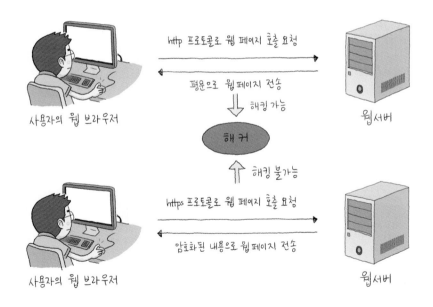

http 프로토콜의 경우는 서버와 사용자간에 전송되는 정보를 평문(일반 텍스트)으로 전송하기 때문에 해킹에 취약할 수밖에 없다. https 프로토콜은 http와는 달리 이렇게 사용자와 서버간에 전송되는 정보를 암호화하기 때문에 해커들이 이러한 정보를 중간에 가로채서 이용할 수가 없게 된다.

사실 개인정보 이외의 자료실에 대한 정보라든지, 자료의 제목 등은 평문으로 전송해도 전혀 문제가 되지 않지만, 비밀번호와 주민번호와 같은 개인정보로 분류되거나 사이트 이용에 매우 중요한 자료들은 해킹에 노출될 수가 있기 때문에 개인정보를 이용하는 모든 곳에는 https 프로토콜을 적용해 주는 것이 좋다.

그렇다면 이렇게 좋은 https 프로토콜을 모든 곳에 사용하면 좋지 않을까? 라는 의문이 들 수도 있을 것이다. 하지만 이러한 https 프로토콜은 모든 자료를 암호화해서 서버에서 사용자에게 보여주기 때문에 서버에 부담을 주게 되며 이러한 이유로 보안이 필요한 사이트가 아니면 일부 개인정보와 같이 보호가 필요한 곳에서만 https 프로토콜을 사용하면 된다.

▲ 회원가입시 이용하는 https 보안서버 적용 사례

보안서버를 위한 https(SSL) 인증서 가격은 5만원~60만원 정도로 인증기관 및 암호화의 정도에 따라 가격 차이가 있다.

5-4-2 회원정보 보안

사실 보안이라고 하는 것을 개인이 대응하기에는 한계가 있다. 기술적으로 어렵기도 하고 보안전문가에 비해서 운영자의 능력이 떨어지는 건 어쩔 수 없는 현실이기 때문이다.

그래서 필자는 생각하는 가장 쉽고 중요한 보안의 방법은 **해커가 가지고 갈 만한 정보를 가지고 있지 않는 것**이다.

게임세상 회원가입

고객지원 > 회원가입

회원가입시 200GM이 지급되며 게임업로드 및 자료평가시 GM이 추가됩니다.

▶ GM 운영정책 자세히 보기

필수입력 사항

아이디		중복확인 6~13자의 숫자, 영문, _으로 작성
비밀번호		6~13자의 숫자, 영문대소문자, 특수문자(!@#$)를 포함
비밀번호 확인		
닉네임		
이메일	@ 직접입력 ▼ 중복확인 이메일 수신동의 ☑	

+ 이메일 인증시 500GM 이 추가 지급됩니다

기념일	년 월 일 (이메일 확인불가시 비밀번호를 찾기 위한 정보)
성별	남자 ◉ 여자 ○
비밀번호 찾기 질문	직접입력 ▼
비밀번호 찾기 답	

✔ 회원가입　　가입을 취소합니다

그래서 게임세상에서는 회원 가입시 어떠한 개인정보도 받고 있지 않고 있으며, 비밀번호는 복호화가 불가능한 방법으로 암호화를 통해 데이터베이스에 그 정보를 저장하고 있다.

PHP를 통한 암호화 방법은 아래와 같다.

```
$mb_pw = sha1($key.md5($mb_pw));
```

여기서 sha1() 함수와 MD5()는 암호화를 위한 함수인데, 위의 코드에 대해 간단히 설명을 하자면 $mb_pw는 사용자가 입력한 평문의 비밀번호이고 이 평문을 md5()라는 암호화 알고리즘을 통해 암호화한 다음 $key에 저장된 값을 이용해서 이 암호화된 문자열을 다시 sha1() 함수를 이용하여 다시 한번 암호화해준다는 의미이다.

이를 텍스트와 암호화된 내용으로 보면 아래와 같다.

암호 평문	abcde123
Md5로 암호화된 암호	7bc6c31880aeda581aa34e218af25753
Sha1으로 암호화된 암호	3bf264855de091c7c87ff95bc1710d1fe6dd08c9
Md5 + Sha1을 통해 암호화된 암호	bb487dbc522e82a2979084b2d21c7ff983fd9d9f

암호화에 대한 기본적인 PHP 소스코드는 아래와 같다.

```php
<?php
  $key = "gamess.co.kr";
  $mb_pw = "abcde123";
  $md5_mb_pw = md5($mb_pw);
  $sha1_pw = sha1($mb_pw);
  $md5_sha1_pw = sha1($key.$md5_mb_pw);
  echo("평문 : $mb_pw<br>");
  echo("MD5 암호화 : $md5_mb_pw <br>");
  echo("Sha1 암호화 : $sha1_pw <br>");
  echo("MD5+sha1 암호화 : $md5_sha1_pw <br>");
?>
```

이를 브라우저를 통해 실행하면 아래와 같이 보이게 된다.

이처럼 최종 암호화된 md5_sha1_pw를 데이터베이스에 저장하게 되면 비밀번호가 암호화된다. 이는 꼭 암호에만 국한된 것이 아니라 기타 중요 정보에 대해서는 암호화를 통해 저장할 수가 있다.

5-4-3 데이터 베이스 보안

홈페이지 보안에 있어서 제일 중요한 것이 바로 DB 보안이다. DB 해킹의 주요 원인은 사용자 입력이 일어나는 곳에 특별한 값들을 지속적으로 입력하여 DB에 대한 정보를 확보하고 이를 통해 데이터베이스에 접근하여 사용자 정보를 빼가게 된다.

그래서 사용자의 입력이 일어나는 곳 특히 검색이 이루어지는 부분에는 반드시 기본적인 SQL 명령어가 입력되지 않도록 구현을 해주는 것이 좋다.

상세한 방법으로는 사용자가 입력되는 입력란에 select/insert/update와 같은 쿼리문을 입력하지 못하는 방법으로 이를 해결할 수 있다.

게임세상에서 사용자의 입력이 가장 빈번한 곳은 바로 검색창이다.

해커들은 주로 이곳을 통해 다양한 쿼리문들을 입력해보고 쿼리문의 결과를 통해 데이터베이스의 이름, 테이블의 이름 등을 유추하며 또한 데이터베이스를 다운시키는 일들을 진행하기도 한다.

상세한 해킹이나 공격 방법에 대해서는 정확히 설명해주기는 어렵지만 초보 운영자로서 이러한 공격을 막는 간단한 방법에 대해 이야기해 보고자 한다.

검색창에서 입력되는 변수가 $keyword라고 가정을 하면 아래와 같은 코드의 작성이 가능하다.

```
$keyword = str_replace(array("select", "where", "from", "delete",
"update", "drop"), "s elect", strtolower($_GET['keyword']));
```

위의 코드를 간단히 설명하면 해커가 검색 창에서 select/where/delete와 같은 데이터베이스 쿼리 명령어를 입력하게 되면 이를 모두 "s elect"와 같이 사용이 불가능한 단어로 치환을 해주는 방법이다.

데이터베이스에 대한 공격을 SQL Injection이라는 용어로 설명을 하는데 위의 간단한 코딩만으로 아주 기초적인 SQL Injection에 대해서는 방어가 가능하다. 앞서 이야기한 것처럼 필자는 보안전문가가 아니기 때문에 고급 SQL Injection에 대해서는 별도의 보안 전문가를 통해 컨설팅을 받을 것을 추천한다.

5-4-4 XSS에 대한 보안

XSS라고 하는 것은 Cross Site Scripting을 줄여서 부르는 용어이다. XSS의 공격 방법에 대해 설명을 하자면, 애플리케이션에서 브라우저로 전송되는 페이지에서 사용자가 정상적으로 전달하고자 하는 값을 위변조하거나 특정 스크립트를 실행시켜 해당 웹 페이지를 해커가 원하는 대로 조종하는 해킹 방법이다.

예를 들어 특정 웹 페이지에 XSS 코드를 심어 놓으면 사용자가 특정 글을 읽을 때 사용자가 원하지 않는 엉뚱한 사이트로 사용자를 이동시키고 이를 통해 사용자의 PC를 감염시켜 사용자의 PC를 좀비 PC로 만들어 이용할 수가 있게 된다.

또한 XSS는 사용자가 XSS가 포함된 웹 페이지를 읽을 때 기존에 생성된 쿠키 내 정보를 중간에 가로 채 사용자의 정보를 획득하기도 한다.

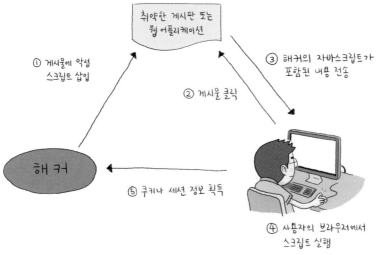

▲ XSS를 통해 사용자의 정보를 획득하는 방법

XSS에 대한 방어의 경우 고맙게도 구글님들께서는 이와 같은 XSS 공격을 방어할 수 있는 오픈소스를 제공해주고 있다.

적용 방법은 구글에서 제공되는 antixss 라이브러리를 다운받고 이를 적용하면 된다.

Step_1 anitxss.php 라이브러리 다운로드 받자.(https://code.google.com/p/php-antixss/downloads/list)

Step_2 라이브러리 내의 함수를 사용하여 사용자의 정보가 입력되는 곳에 삽입하면 된다.

위에서 제공되는 라이브러리 파일을 다운로드 받아 웹 서버에 업로드를 하고 아래와 같은 PHP 코드를 사용자의 입력 값이 들어오는 모든 것에 해당 코드를 삽입해주면 된다.

```
include("antixss.php");
$contents = AntiXSS::setEncoding($contents, "UTF-8");
```

5-4-5 중요한 접속 정보에 대한 보안 강화

홈페이지를 개발하는 데 있어서 무엇보다 중요한 정보가 데이터베이스에 대한 정보와 개발 소스에 대한 정보이겠지만, 더욱더 중요한 정보는 이러한 중요한 정보에 접속이 가능한 정보가 될 것이다. 예를 들어 데이터베이스에 접근하는 암호라든지, 암호화를 위한 키값이라든지, FTP를 위한 정보 같은 것이다.

이렇게 중요한 정보의 경우는 웹에서는 접근이 불가능한 폴더로 이동을 시켜놓아 웹을 통해서는 해당 정보를 가져갈 수 없도록 해주어야 한다.

예를 들어 웹 서버가 있는 리눅스 상의 폴더가 /home/user/public_home/ 폴더라면 DB 접근을 위한 정보를 config.php와 같은 별도의 파일로 저장하고 이를 /home/config.php 폴더에 저장해 놓는다면 웹 영역으로는 해커가 침입해도 개발 소스코드에 대한 정보는 가져갈 수 있지만 DB의 접근이나 암호화에 대한 정보를 해커들이 가져갈 수는 없을 것이다.

> **DB 정보와 암호화를 위한 키 정보를 웹 상에서는 접근이 불가능한 경로로 이동해 놓아야 한다.**

이러한 파일을 실제적으로 적용하는 방법에 대해 알아보자

아래와 같이 중요한 정보가 있는 파일을 config.php로 저장을 하고 이를 /home/ 폴더에 업로드를 하자.

config.php

```
<?
  $pwd_key = "I like korea";
  $db_ip = "123.11.111.11";
  $.db_name= bamtols_db
  $db_id = "gs_bamtols";
  $db_pwd = "superman";
?>
```

실제로 사용한 connect.php 파일에서는 아래와 같이 include를 이용하여 해당 파일을 호출하고 config.php에서 사용된 변수를 이용하여 이 정보를 적용해주면 된다.

/home/user/
public_html/
connect.php

```php
<?
  include ("/home/config.php");
  $connect = mysql_connect("$db_ip","$db_id","$db_pwd");
  mysql_query("set names utf8");
  mysql_select_db("$db_name");

  $pwd = sha1($pwd_key.md5($pwd));
?>
```

사실 위에 설명한 몇몇 보안 방법 이외에도 다양한 보안을 위한 작업들을 통해 보안전문가가 아니더라도 홈페이지 운영자는 할 수 있는 최선을 다해 홈페이지 회원에 대한 정보를 지키도록 노력해야 할 것이다.

게임세상의 서버 호스팅의 시대를 마무리하며

2002년부터 2011년까지 게임세상은 서버 호스팅 시대에서 운영되었다. 이 10여년 간의 기간 동안 여러 번의 서버 이전과 어떻게 하면 운영 비용을 줄이기 위한 다양한 고민과 노력이 서버 호스팅에 대한 정보를 공부하게 해주었고, 네트워크에 대한 공부, 그리고 사용자 분석을 위한 로그 분석 방법, 수익을 내기 위한 온라인 광고와 다양한 제휴 방법에 대한 공부는 필자에게 정말 많은 것들을 가르쳐 주었다.

지금도 마찬가지지만 그 당시에도 필자는 회사에서 웹 관련 업무를 진행하고 있었고 게임세상 운영을 통해 얻은 다양한 지식과 경험들은 회사업무를 하는 데 큰 도움을 주었으며, 또한 회사에서 배운 많은 지식과 경험 역시 게임세상을 운영하고 개발하는 데 도움이 되었다.

필자가 서버 호스팅의 시대를 살며, 참 잘나가던 시절, 그리고 올바르지 못한 운영으로 인해 방문자가 감소하여 이를 만회하기 위해 노력했던 것 역시 지금 다시 되새겨 보면 참 힘들기도 했지만 그러한 게임세상을 운영했던 열정이 지금의 나를 만들지 않았나 하는 생각이 든다.

또한, 서버 호스팅의 시대를 살며 필자가 지금도 느끼고 있는 점은 사람은 누구나 평생 자신의 부족함을 채우기 위해 공부해야 한다는 것을 깨닫게 되었다.

서버 호스팅의 시대에서 작성된 로그 분석에 대한 방법이나 홈페이지를 알리는 방법, 온라인 광고 그리고 홈페이지의 보안에 대한 정보는 서버 호스팅의 시대에서만 사용되는 정보가 아니다. 이와 같은 정보는 홈페이지를 만드는 순간부터 알고 있으면 유용한 정보이다.

다음은 게임세상의 비용을 조금 더 줄이기 위한 노력의 일환인 **클라우드 호스팅의 시대**에 대해 이야기 해보도록 하자.

06

클라우드 호스팅의 시대
_KT 클라우드 서비스

"게임세상의 역사는 트래픽과 비용과의 싸움이었다."

클라우드 서비스의 가장 큰 장점은 바로 서버의 리소스를 별도의 하드웨어를 구매할 필요 없이 원클릭만으로 확장 혹은 축소를 할 수 있다는 점이다. 이를 쉽게 풀어서 이야기해보면 초기에는 1CPU 1G RAM으로 서버를 운영하다가 사용자가 증가하여 2CPU 2G RAM으로 확장할 필요가 있다면 물리적인 서버를 구매할 필요 없이 원클릭만으로 별도의 서버 설정 변경 없이 바로 확장할 수 있다는 의미이다.

6-1 클라우드 호스팅의 개념

어느덧 시대는 흘러 흘러 클라우드 호스팅의 시대로까지 오게 되었다. 게임세상이 무료 홈페이지의 시대에 이어 클라우드 호스팅의 시대까지 온 시간을 돌이켜보면 13년이라는 시간이 흘렀다. 게임세상의 역사는 **트래픽과 비용과의 싸움**이었다.

게임세상이 클라우드 호스팅으로 이전을 하게 된 계기는 다름이 아닌 바로 비용 문제 때문이다. 이용자의 감소로 서버 호스팅의 자원은 남게 되었고 이렇게 남는 서버 자원은 사용할 곳을 찾지 못한 채 낭비되는 서버를 유지하게 되었다.

이렇게 낭비되는 서버를 줄이는 방법은 저사양의 서버를 재구매해야 하지만 이 역시 쉽지 않은 결정이다. 저사양의 서버를 구매하기 위해서는 고스란히 비용이 추가되고 기존에 사용되던 서버는 판매를 해야 하지만 개인이 운영하는 서버를 재구매하고 재판매하기는 현실적으로 쉽지 않은 일이다.

그래서 찾게 된 것이 바로 클라우드 호스팅 서비스이다. 앞서 이야기한 대로 클라우드 서비스의 가장 큰 장점은 바로 서버의 리소스를 별도의 하드웨어 구매 없이 원클릭만으로 확장 혹은 축소를 할 수 있다는 점이다. 이를 쉽게 풀어서 이야기해보면 초기에는 1CPU 1G RAM으로 서버를 운영하다가 사용자가 증가하여 2CPU 2G RAM 으로 확장을 할 필요가 있다면 물리적인 서버를 구매할 필요없이 원클릭만으로 별도의 서버 설정 변경 없이 바로 확장이 가능하다는 것이다. 당연한 이야기지만 확장을 할 때는 비용이 늘어나고 축소를 할 때는 비용이 줄어들게 된다.

또 하나의 큰 장점은 바로 글로벌 서비스를 손쉽게 할 수 있다는 점이다. 만일 북미 사용자를 대상으로 웹서비스를 하나 오픈한다고 가정해보자. 서버 호스팅의 시대라면 북미의 IDC 센터 중 하나에 접촉하여 별도의 서버 호스팅을 받아야 하지만 클라우드 호스팅의 경우는 서버가 존재하는 위치를 북미로 설정하는 옵션을 변경하는 것만으로 내가 제공하는 웹서비스가 구동되는 웹서버가 북미의 IDC 센터에 존재할 수 있게 해줄 수 있다.

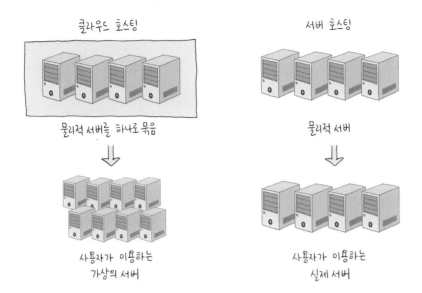

위의 그림에서 보이는 것처럼 클라우드 호스팅 서비스와 서버 호스팅 서비스의 개략적인 개념도를 보면 이해하기가 쉬울 것 같다. 클라우드 호스팅 서비스의 경우는 여러 대의 물리적 서버를 하나로 묶어 사용자의 필요에 따라 가상의 서버를 여러 대로 나누고 이를 각각의 사용자에게 할당을 해주는 것이다. 이러한 가상의 서버는 실제 물리적 서버의 수 이상으로 나눌 수가 있으며 사용자의 입장에서는 실제 물리적 서버를 하나 이용하는 것과 다르지 않게 서비스를 이용할 수 있다. 서버 호스팅의 경우는 물리적 서버의 숫자만큼만 사용자에게 서버를 나누어 줄 수 있다는 점이 클라우드 호스팅과 서버호스팅의 가장 큰 차이점이라고 할 수 있다.

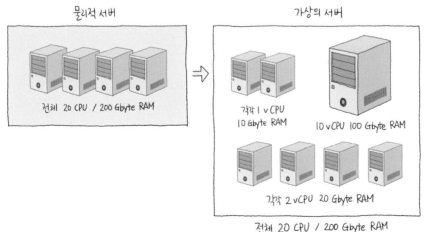

▲ 사용자의 설정에 따라 변경이 가능한 클라우드 호스팅

클라우드 서비스의 경우 위 그림에서 보이는 것처럼 사용자의 설정에 따라 서버의 리소스를 자유롭게 변경할 수 있어 사용자 입장에서는 자신의 서비스에 맞춘 서버의 리소스를 손쉽게 선택함으로써 사용자에 최적화된 물리적 환경을 유지할 수 있고 결국 이는 비용 절감으로 연결되는 것이다.

> **클라우드 호스팅의 가장 큰 장점은 서버의 리소스를 쉽게 변경할 수 있다는 점이다.**

클라우드 호스팅의 경우 글로벌하게 가장 인기 있는 서비스는 아마존에서 운영하는 AWS_{Amazon Cloud Service}가 있으며 국내의 경우는 KT에서 운영하는 KT Cloud 서비스가 있다.

각각의 서비스 특징을 보면 아래와 같다.

	AWS	KT Cloud
특징	시간 단위로 과금. 지역별 요금이 다름 기본 네트워크 트래픽 월 15G	시간과 월정액으로 과금 기본 네트워크 트래픽 월 100G
장점	글로벌 서비스에 유리함 다양한 클라우드 서비스 지원	국내 특화된 서비스 설정이 쉬움
단점	일부 한글 서비스만 지원함 설정이 복잡함	글로벌 서비스가 어려움 다양한 클라우드 서비스 부족
URL	http://aws.amazon.com/ko/	https://ucloudbiz.olleh.com/

게임세상의 경우도 초기에는 AWS를 이용하여 잠시 운영을 하다 KT Cloud 서비스로 서비스를 이전했다. KT Cloud 서비스 도입 당시에는 가장 저비용의 클라우드 서비스를 도입한 후 사용자의 트래픽과 신규 서비스의 도입을 통해 클라우드 호스팅 서버의 사양을 좀더 높은 서비스로 변경해서 이용하고 있다.

AWS에서 KT Cloud 서비스로 변경을 한 가장 큰 이유는 동일한 서버 사양을 놓고 보면 저사양에서는 AWS가 KT Cloud 보다 약간 저렴하지만 고사양으로 올라갈수록 AWS 보다는 KT Cloud 서비스가 저렴하고 또한 한국어 지원 및 제공되는 기본적인 네트워크 트래픽이 KT Cloud가 조금더 유리하기 때문이었다.

구분	1vCPU/1Gbyte RAM	2vCPU/4Gbyte RAM	8vCPU/16Gbyte RAM
AWS(도쿄)	$0.02×24hr×30days = 15,840원 (t2.micro)	$0.147×24hr×30days = 116,424원(C4.large)	$0.588×24hr×30days = 465,000원 (C4.2xlarge)
KT Cloud	26,000원 (월정액)	83,000원 (월정액)	333,000원 (월정액)

2015년 2월 기준 (환율 $1 = 1,100원)
t2.micro/C4.large/C3.2xlarge는 AWS의 상품명

클라우드 서버의 경우 우리가 일반적으로 알고 있는 CPU 대신 가상virtual CPU의 약자인 vCPU 또는 vCore로 CPU를 표시한다.

AWS 클라우드 서비스의 경우 상품의 종류가 워낙 다양하여 KT Cloud와 정확하게 비교하기에는 어려움이 있지만 vCPU와 RAM 용량만을 통해 상대적으로 비교해보면 어느 정도는 비교가 가능하다고 생각된다. 위 정보가 100% 일치하지 않는 이유로는 KT Cloud의 경우 CPU를 vCore로만 구분하지만 AWS의 경우 vCPU 및 ECU(CPU의 Hz 정보와 유사한 단위 보통 1.0~1.2GHz)를 동시에 적용하기 때문이다.

AWS의 또다른 특징 중에 하나가 Auto Scaling이라는 기술이 있는데, CPU와 RAM의 사용량이 일정 비율 이상 증가하게 되면 자동으로 새로운 서버(instance)를 추가할 수가 있다. 이러한 Auto Scaling 기술은 아직까지 KT Cloud 서비스에서는 제공되지 못하는 기능이다.

지금까지 클라우드 호스팅이란 무엇인지에 대해 알아보았고, 국내 및 해외의 클라우드 호스팅서비스의 특징에 대해 알아보았다.

그럼 지금부터는 KT Cloud 서비스와 AWS를 직접 설치하고 운영하는 방법에 대해 알아보자.

6-2 KT 클라우드 서비스 실습

필자가 알기로는 국내에서 최초로 일반 사용자에게 클라우드 호스팅 서비스를 하는 회사는 KT인 것으로 알고 있다. 필자도 2011년 게임세상 리뉴얼 즈음하여 KT Cloud에서 무료 테스터를 모집했었고, 이때 무료 테스트로 클라우드 호스팅 서비스를 이용하다 정식 서비스 이후에 유료로 전환하였다.

앞서 이야기한 대로 KT Coud의 경우 AWS에 비해서는 제공되는 클라우드 호스팅의 종류가 다양하지 않지만, 게임세상처럼 단순히 웹 서버와 DB 서버만을 이용하여 홈페이지를 운영하는 경우에는 AWS처럼 다양한 클라우드 서비스가 필요치 않았기 때문에 KT Cloud를 이용한 측면도 있다. 그럼 지금부터 본격적으로 KT Cloud를 이용한 클라우드 호스팅 서비스에 가입해 보도록 하자.

6-2-1 KT 클라우드 서비스 가입하기

클라우드 서비스를 이용한 단계는 아래와 같다.

Step1. 클라우드 호스팅 회원가입

Step2. 결제 정보 입력

Step3. 웹 서버 할당 받기

Step4. Port Forward 세팅

Step5. 서버 접속하기

Step6. FTP를 이용하여 파일 업로드하기

Step_1 클라우드 호스팅 회원가입

회원가입이 완료된 후 아래와 같이 회원가입을 위한 최종 인증 메일을 확인하고 "회원가입 완료하러 가기" 버튼을 클릭하면,

아래와 같은 메시지와 함께 최종 회원가입이 완료된다.

Step_2 결제정보 입력

회원가입이 완료되면 이제 클라우드 호스팅을 신청해야 한다. 클라우드 호스팅의 경우 다양한 상품이 존재하는데, 이곳에서는 웹 서버를 위한 클라우드 서버와 데이터베이스를 위한 클라우드 데이터베이스를 신청하는 방법에 대해 알아볼 예정이다.

만일 무료 서비스 체험을 원하면 상단의 무료 체험 신청하기 버튼을 통해 신청을 하면 2개월동안 클라우드 서비스를 무료로 이용할 수가 있다. 하지만 클라우드 서비스의 경우 시간제 요금과 월정액 요금이 존재하고, 이러한 요금제 역시 사용 중에 변경이 가능하기 때문에 시간제 요금을 선택하여 이용하다가 서버를 삭제하게 되면 몇 천원 비용만(최소 요금이 시간당 32원)으로 클라우드 서비스에 대한 테스트가 가능하다.

클라우드 서버의 상품은 상품소개 메뉴에서 확인이 가능하다.

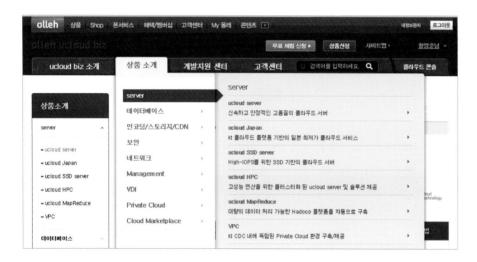

우리가 운영할 서버는 국내에서 운영할 홈페이지이기 때문에 나름 저렴한 ucloud server를 선택해주면 된다.

ucloud server 선택 후 상품 신청을 선택해보자.

상품 신청을 처음으로 선택하게 되면 결제 정보가 입력되어 있지 않기 때문에 먼저 결제 정보를 입력해 주어야 한다.

약관에 동의하고,

정보를 입력하고,

결제정보를 선택하고 입력하면 모든 선택이 완료된다.

Step_3 클라우드 서버 신청

이렇게 모든 결제 정보가 입력되면 비로소 클라우드 호스팅 서비스 신청이 가능하게 된다.

위 화면의 우측 상단의 상품을 신청해보자.

아래 보이는 상품에 대한 정보는 ucloud server의 경우 우리가 알고 있는 일반적인 서버 이고 SSD server의 경우는 스토리지를 HDD가 아닌 SSD를 이용한 서버이다. SSD가 HDD보다는 데이터 전송 속도 등이 탁월하기 때문에 많은 데이터 전송이 필요한 사용 자에게 적합한 서버이다. 추가적으로 HPC의 경우 High-Performance Computing의 약자로 CPU의 Hz가 높은 서버로 생각하면 이해하기 쉽다.

상품중 ucloud server를 선택해주면 아래와 같이 구매 가능한 OS의 리스트가 보인다.

사용할 OS의 종류를 선택해보자. 필자는 Centos 5.8 64bit를 선택하였다.

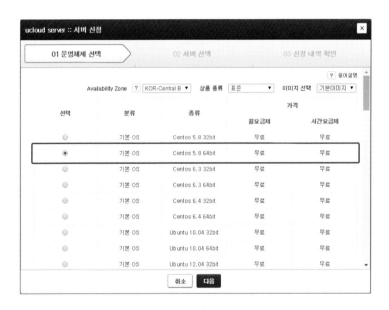

OS를 선택한 후 사용할 서버의 요금제와 CPU/RAM을 선택해주면 된다. 클라우드 호스팅 서비스의 가장 큰 장점이 손쉽게 서버를 확장할 수 있기 때문에 최초 선택 시 가장 낮은 사양의 1 vCore/1GB RAM 그리고 데이터 디스크도 가장 낮은 사양인 20Gbyte를 선택하자.

요금제의 경우는 시간당 과금되는 시간 요금제와 월정액 요금제로 구분되며 장기적으로 서비스를 이용할 경우에는 월정액 요금제를 이용해야 비용을 조금 줄일 수 있다.

필자의 경우 테스트 서버 운영을 위한 신청이므로 시간제 요금제를 선택하였다. 해당 요금제는 추후 월별 요금제로도 변경이 가능하다.

이제 신청 내역 정보의 확인이 완료되었으면 **신청** 버튼을 클릭해보자

모든 클라우드 호스팅 서비스 신청이 완료되면 아래와 같은 화면을 확인할 수 있다.

클라우드 서버 생성이 완료되면 아래와 같은 임시 비밀번호가 발급되며, 최초 로그인을 위한 ID는 "root"가 되게 된다.

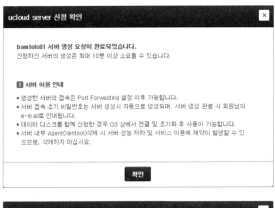

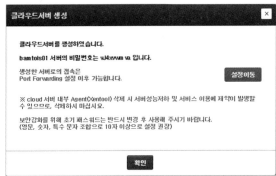

이렇게 모든 상품 신청이 완료 후 10분 정도의 시간이 지나게 되면 **클라우드 콘솔 〉 ucloud server** 메뉴에서 아래와 같이 본인이 선택한 상품을 확인할 수 있다.

선택된 상품을 클릭하면 해당 서버에 대한 상세 정보를 확인할 수 있다.

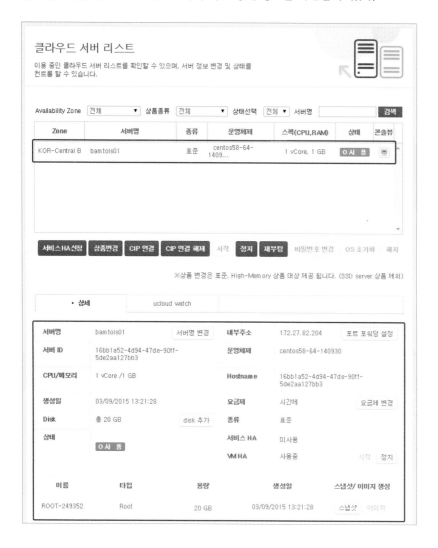

추가적으로 서버를 생성하고 싶다면 설명한 서버 신청을 통한 생성을 반복하게 되면 자신만의 추가 서버를 원클릭만으로 손쉽게 추가할 수가 있다.

6-2-2 포트 포워딩

클라우드 호스팅 서비스의 경우 서버 호스팅과 마찬가지로 아파치나 PHP 그리고 MySQL을 개별적으로 설치해주어야 하는데, 설치하기에 앞서 포트 포워딩이라는 작업을 선행해주어야 한다.

포트 포워딩이라고 하는 것은 포트port(서버의 통신 구멍)와 포워딩forwarding(전달하다)의 의미로 외부에서 보내지는 포트를 내부에서 필요한 포트로 전달한다는 뜻이다.

아래의 그림을 보면 어느 정도 이해가 가능할 것 같다.

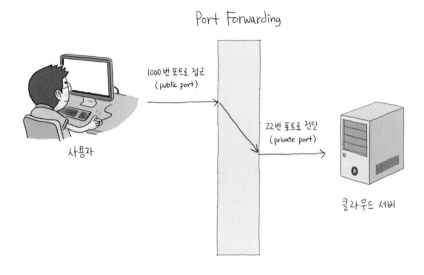

서버에는 00001~99999까지의 포트를 설정해줄 수가 있는데 클라우드 호스팅 서비스의 경우는 사용하기 위한 포트를 일일이 설정을 해주어야 정상적인 서비스 이용이 가능하다.

public port	외부에서 접속되는 포트이다.
private port	클라우드 서버간 내부에서 사용되는 포트이다.
protocol	접근을 위한 프로토콜이다. 윈도우 서버 콘솔 접속을 제외하고는 TCP를 선택해주면 된다.

그럼 포트 포워딩을 어떻게 설정하는 게 좋을까?

포트 포워딩은 **클라우드 콘솔** 〉 ucloud server 〉 **네트워크**에서 설정이 가능하며 아래처럼 접근할 public port와 private port를 입력한 후 **추가**를 선택하면 아래와 같이 포트 포워딩 설정이 완료된다. 우리는 서버가 1대이므로 기본적으로 선택된 서버를 설정해주면 된다.

웹 서비스 운영을 위해서는 4가지의 포트만 설정되면 된다. 일반적으로 웹서비스에 접근하는 사용자가 이용하는 80포트, DB 접근을 위한 3306포트, 그리고 Linux 콘솔 접근 및 sftp_{secure file transfer protocol}(암호화된 정보로 파일을 전달, 보안이 강화된 ftp) 접근을 위한 22번 포트와 FTP 접속을 위한 20번 포트이다.

public port	private port	protocol	설명
443	443	TCP	https 접속을 위한 포트
80	80	TCP	http 접속을 위한 포트
3306	3306	TCP	DB 접속을 위한 포트
22	22	TCP	SSH를 통한 Linux 콘솔 접근을 위한 포트
20	20	TCP	ftp 접근을 위한 포트

이와 같은 포트 포워딩의 경우 한편으로는 사용이 불편할 수도 있지만, 하나의 공용 IP에 여러 개의 서버를 구동시켜야 할 경우 상당히 유용하게 사용이 가능하며, 또한 일반적으로 공개된 포트를 이용하지 않음으로써 보안을 강화시키는 데 이용될 수도 있다.

그럼 어떻게 보안을 강화할 수 있을까?

기존 SSH 접근을 위한 일반적인 포트는 22번 포트가 된다. 하지만 나만의 임의의 포트인 1000번 포트를 22번 포트로 포워딩을 하면 일반적으로 사용되는 22번 포트를 사용하지 않음으로써 어느 정도 보안이 강화되게 할 수 있는 것이다.

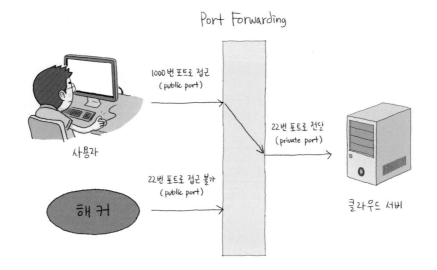

Port Forwarding

설정 내용을 변경하면 아래와 같다.

public port	private port	protocol	설명
기존 : 22 변경 : 1000	22	TCP	SSH을 통한 Linux 콘솔 접근을 위한 포트

Step_5 SSH를 이용한 서버 접속하기

SSH란 Secure Shell의 약자로 다른 컴퓨터에 로그인을 하거나 시스템에서 명령을 실행하는 응용프로그램 또는 프로토콜(통신 규약)을 뜻한다. 일반적인 텔넷Telnet과 달리 전송되는 모든 정보가 암호화되기 때문에 서버에 접속하기 위해서는 SSH를 사용하는 것이 보안상 안전하다.

클라우드 서버 설정을 위한 포트 포워딩까지 모든 작업이 완료되었으면 클라우드 서버에 접속해보자. SSH 접속을 위해서 PuTTY 프로그램을 다운로드 받아서 이용해야 한다(http://www.putty.org/).

Ucloud server 〉 네트워크 리스트에서 해당 서버의 IP 정보 확인이 가능하며, KT 클라우드의 경우는 이 IP가 고정적으로 유지된다(AWS의 경우 IP 를 고정하기 위해서는 별도의 비용을 지불해야 한다).

PuTTY 실행 후 host name에는 클라우드 콘솔에서 확인한 public IP인 "14.49.38.223"을 입력하고 port는 포트 포워딩에서 입력한 "1000" 그리고 Connection Type은 SSH를 선택 후 Open을 클릭하자.

아래와 같은 "login as :" 화면이 보인다면 포트 포워딩이 완료되어 서버에 접속하기 위한 모든 준비가 완료된 것이다.

서버가 생성되면 기본 접속 ID는 root가 되며 비밀번호는 클라우드 서버 신청시 발급된 임시 비밀번호를 입력해주면 된다.

아이디와 비밀번호가 정상적으로 입력된다면 아래와 같은 최종 화면을 확인할 수 있다.

이렇게 생성된 임시 비밀번호를 변경하기 위한 Linux 명령어는 아래와 같다.

```
# passwd root
```

위와 같은 명령어를 입력하고 신규 비밀번호를 입력하게 되면 root 계정에 대한 비밀번호가 변경된다.

6-2-3 APM 설치하기

기본적인 서버 설정이 완료되었으니 홈페이지 운영을 위한 Apache와 MySQL 그리고 PHP를 설치해보자.

root로 로그인한 후 콘솔에 아래와 같은 명령어를 입력해보자

```
#> yum install httpd
#> yum install mysql mysql-server
#> yum install php php-mysql
```

위와 같은 명령어를 치면 각각의 프로그램을 정상적으로 설치할 수 있다. 설치가 제대로 되었는지 확인하기 위해서는 아래의 명령어를 입력해보면 된다.

```
#>rpm -qa httpd mysql php
```

그럼 아래와 같이 설치된 버전에 대한 정보를 확인할 수 있다.

이와 같이 설치가 완료되었으면 아파치의 기본 정보들을 설정해주어야 한다.

아래와 같이 vi 에디터(리눅스에서 제공하는 에디터 툴)를 이용해서 httpd.conf 파일 내의 기본정보를 변경해주어야 한다. 아래와 같은 명령어를 콘솔에 입력하자.

```
#>vi /etc/httpd/conf/httpd.conf
```

위의 명령어는 vi 에디터를 이용하여 /etc/httpd/conf/httpd.conf라는 파일을 편집하라는 의미이다.

vi 에디터의 사용 방법은 키보드의 "I"를 누르게 되면 편집이 시작되며, 편집은 일반적인 에디터와 동일하게 비슷하게 사용할 수 있다. 여기서 "ESC" 키를 누르게 되면 명령어 모드로 변경되게 되는데 ":wq"를 입력하면 기존에 편집된 내용을 저장후 vi 에디터를 빠져나오라는 명령어가 된다. vi 에디터의 자세한 사용법은 위키피디아(http://ko.wikipedia.org/wiki/Vi)를 참고하기 바란다.

httpd.conf 파일 내의 정보 중 기존 user apache와 group apachc를 user nobody와 group nobody로 변경해 주어야 한다.

위의 변경 내용은 root로 실행된 아파치의 하위 프로세스를 지정한 사용자로 실행한다는 의미이다.

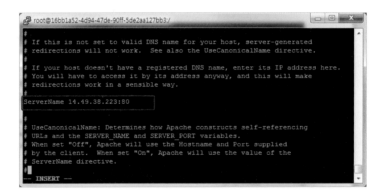

또한 서버의 접속을 위해서는 ServerName www.example.com:80을 ServerName 14.49.38.223:80으로 변경해주어야 한다. 위의 내용은 아파치에서 사용하는 서버의 이름을 정해주는 작업이다. 도메인이 없다면 해당 서버의 IP 정보를 입력해주면 된다.

필자의 경우는 KT Ucloud 서비스에서 확인된 IP 정보를 입력해주었다. KT Cloud 서비스의 IP 정보는 ucloud server 〉네트워크에서 확인이 가능하다.

모든 입력이 완료된 후 ESC 키 > :wq를 입력하면 vi 에디터에서 수정된 내용이 저장되고
vi 에디터 콘솔창을 빠져나오게 된다.

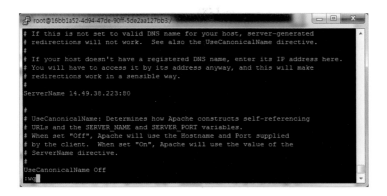

이제 아파치 서버를 실행하기 위해 아래 명령어를 입력하면 된다.

```
#> /etc/init.d/httpd start
```

이제 모든 설정이 완료되었다면 브라우저에 앞서 httpd.conf의 ServerName에 입력했
던 IP "14.49.38.223"를 입력해보면 된다.

아래와 같은 화면 나온다면 모든 설치가 정상적으로 완료된 것이다.

6-2-4 FTP 업로드 하기

이렇게 모든 설정이 완료되었다면 FTP 접속 프로그램인 Filezilla에 접속하여 호스트,
포트, 프로토콜, 사용자와 비밀번호를 입력하고 연결을 선택하면 정상적으로 FTP 서버
에 접속되는 것을 확인할 수 있다.

아파치 웹 서버가 설치되었다면 기본적인 html의 경로는 "/var/www/html"이 된다.

FTP에 접속 후 아래와 같은 "/var/www/html" 경로를 찾아가자.

홈페이지 접속을 위한 Linux에서의 접속 경로를 변경하려면 vi 에디터를 활용하여 httpd.conf 파일 내의 DocumentRoot 내의 파일 경로를 변경해주면 된다.

```
#>vi /etc/httpd/conf/httpd.conf
```

```
# DocumentRoot: The directory out of which you will serve your
# documents. By default, all requests are taken from this directory, but
# symbolic links and aliases may be used to point to other locations.
#
DocumentRoot "/var/www/html"

#
# Each directory to which Apache has access can be configured with respect
# to which services and features are allowed and/or disabled in that
# directory (and its subdirectories).
```

이제 모든 준비가 되었으니 아래와 같이 phpinfo.php 파일을 생성하고 이 파일을 /var/
www/html 폴더에 FTP를 이용하여 업로드 해보자.

phpinfo.php

```php
<?php
  phpinfo()
?>
```

정상적으로 업로드 되었다면 아래와 같은 화면을 확인할 수 있다. 업로드를 위한 방법
은 웹 호스팅의 시대의 "FTP 이용 방법"을 참고하기 바란다.

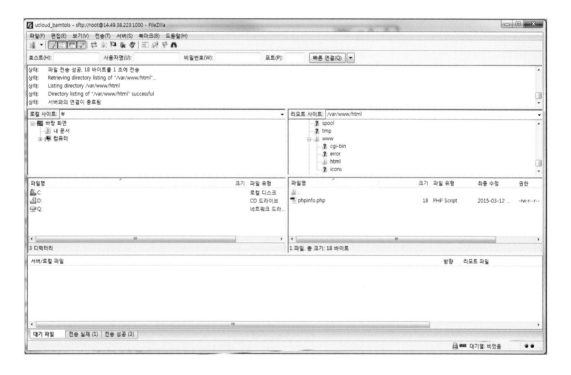

그럼 브라우저에 "14.49.38.223/phpinfo.php"를 입력해보면 아래와 같은 페이지를 확
인할 수 있다.

이제 홈페이지를 제작하기 위한 모든 준비가 완료되었다. 이렇게 접속된 FTP를 통해 그 동안 작성된 모든 소스 파일을 업로드하면 서버의 기본적인 설정이 완료된다.

6-2-5 보조 계정 생성하기

root 계정의 경우 시스템의 모든 권한 실행이 가능하기 때문에 웹 서비스 이용을 위해서는 반드시 보조 계정을 생성하여 이용하는 것이 좋다.

보조 계정의 생성 방법은 Linux 콘솔에 아래와 같은 명령어를 입력해주면 된다.

```
#>adduser username
#>passwd username
```

adduser는 사용자를 추가해주는 명령어이고, passwd는 해당 사용자의 비밀번호를 설정해주는 명령어이다.

보조 계정을 생성하는 이유는 보안상의 이유인데, 콘솔에서 직접 root 계정을 통해 접속이 가능하도록 설정하는 것보다 보조 계정을 생성하여 보조 계정으로 로그인을 하고 추후 "sudo su" 명령어를 통해 최고 관리자(root) 계정의 권한을 얻는 것이 보안상 더욱 안전하기 때문이다.

6-2-6 클라우드 호스팅 서버의 상품 변경하기

클라우드 호스팅의 경우 앞서 설명한 것처럼 손쉽게 서버의 스펙 변경이 가능하다. 그럼 지금부터 클라우드 호스팅 서비스에서의 서버 스펙을 변경하는 방법에 대해 알아보도록 하자.

서버의 스펙을 변경하기 위해서는 먼저 **클라우드 콘솔 〉** ucloud server에 접속 후 서버를 먼저 정지시켜 주어야 한다.

서비스 정지가 완료되면 상품 변경이 가능하며 서버 리스트 하단의 상품 변경을 클릭해
보자.

상품 변경을 클릭하면 선택 가능한 상품 리스트가 보이며 필요한 상품을 선택해주면
된다.

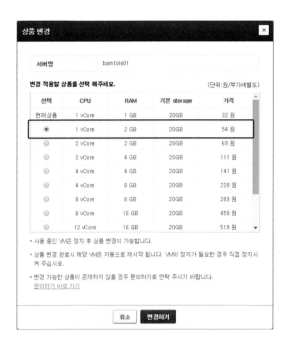

우리는 현재 상품보다 RAM 용량이 1GB 늘어난 1vCore/2GB RAM 상품을 선택하고 변경하기를 선택해보자. 상품 변경은 보통 1~2분 정도면 변경이 완료된다.

상품 변경이 완료되면 아래와 같이 1vCore/2GB RAM로 변경된 서버의 스펙을 확인할 수 있다.

클라우드 호스팅 서비스의 경우 이와 같이 몇 번의 클릭만으로 서버의 물리적인 스펙을 손쉽게 변경할 수 있으며 이와 같은 점이 바로 클라우드 호스팅 서비스의 가장 큰 장점이다.

6-2-7 Ucloud DB 가입하기

홈페이지를 통한 웹 서비스 제공 시 서비스의 안정화를 위해서는 웹 서버와 DB 서버를 분리해서 운영해 주는 것이 좋은데, ucloud 서비스 역시 별도의 클라우드 DB 서비스를 제공해주고 있다.

ucloud 서비스에서의 클라우드 DB의 설정 방법은 아래와 같다.

Step1. Cloud DB 상품 선택하기

Step2. Cloud DB 설정하기

Step_1 Cloud DB 상품 선택하기

메인화면 우측의 상품 신청 버튼을 클릭하고,

ucloud DB의 상품 신청을 클릭하자.

다음을 선택하자.

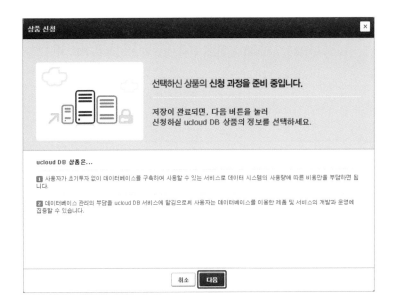

신청 준비가 완료되면 클라우드 콘솔 상단에 ucloud DB라는 메뉴가 추가로 생성되게 되며,

우측에 있는 **데이터베이스 서버 신청**을 클릭하면 상품 선택 메뉴가 보인다.

본인이 제공할 웹서비스에 맞는 사양을 선택하고 (필자의 경우는 가장 저렴한 1vCore 에 1GB RAM의 사양을 선택했다.)

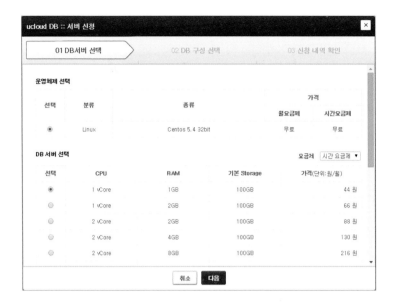

서버명을 입력해 주고 **다음**을 선택하자.

DB명과 DB 접속을 위한 정보를 입력하자. 여기에서 사용된 DB명과 마스터 계정명, 비밀번호는 추후 DB 접속을 위해 반드시 알아야 할 정보이기 때문에 잊어버리지 않도록 주의하자.

모든 설정이 완료되면 신청 내역을 확인하게 된다.

모든 신청이 완료되면 아래와 같이 DB 서버 세팅이 완료된다.

클라우드 DB의 경우 클라우드 서버와 마찬가지로 아주 손쉽게 몇 번의 클릭만으로 서버의 설정이 가능하다. DB 서버의 사양 변경 역시 **클라우드 콘솔 〉ucloud DB** 내 상품 변경을 통해 사용자가 원하는 스펙의 서버로 손쉽게 스펙 변경을 할 수 있다.

그럼 이렇게 접속된 DB에 클라우드 웹서버에서는 어떻게 접근하게 될까?

```php
<?php
  $connect = mysql_connect("172.27.103.113:3306", "db_id","db_pwd");
  mysql_select_db("db_name");
?>
```

동일한 클라우드 서버에서 클라우드 DB로 접근할 때는 DB의 public IP가 아닌 private IP로 접근을 해야 정상적인 접근이 가능하다는 점에 유의해야 한다.

Public IP	14.49.38.223	Public Port	11000
Private IP	172.27.103.113	Private Port	3306

Cloud DB 서버의 경우 클라우드 서버와는 별도로 클라우드 DB 서버만 이용이 가능한데, 클라우드 서버 이외의 외부 서버에서 클라우드 DB에 접근하려면 public IP와 public port로 접근을 해야 정상적인 접근이 가능해진다.

지금까지 KT에서 제공되는 클라우드 Server와 클라우드 DB를 생성하고 접근하는 방법에 대해 알아보았다.

6-3 설치형 DB 관리툴, HeidiSQL 사용법 익히기

서버 호스팅의 시대에서도 이용할 수 있지만 클라우드 호스팅 시대로 넘어오게 되면 일반적으로 웹서버와 DB 서버를 분리해서 운영하게 된다. 이렇게 분리된 DB 서버는 앞서 설명한 phpMyAdmin과 같이 웹에 기반한 DB 관리툴로도 이용이 가능하지만, 웹 기반의 DB 관리툴의 경우 웹에 종속되어 있기 때문에 긴 실행시간이 필요한 쿼리의 경우 웹 응답시간의 제한으로 정상적인 이용이 어렵다.

다시 말하면 규모가 작은 DB를 관리하기에는 웹 기반의 DB 관리툴로도 어느 정도 관리가 가능하지만 규모가 커진 DB를 관리하기 위해서는 PC에 설치를 해서 이용하는 설치형 DB 관리툴을 이용해주는 것이 DB를 관리하는 데 있어서 편리함을 제공해준다.

그럼 지금부터 설치형 DB 관리툴인 HeidiSQL에 대해 알아보자.

Step_1 HeidiSQL 다운로드 받고 설치하기 (http://www.heidisql.com/)

아래 보이는 곳에서 Installer를 선택하고 다운로드를 받자.

아래와 같이 설치를 완료하자.

Step_2 클라우드 DB 서버 접속하기

설치 완료 후 HeidiSQL을 실행하면 아래와 같은 화면이 보이며, 앞서 확인한 클라우드 DB의 호스트명/사용자정보/암호를 입력해보자.

호스트명과 사용자 ID 암호와 포트는 cloude DB 〉서버명에서 확인이 가능하다.

이렇게 확인된 정보를 세션 관리자에 입력하고 **열기**를 클릭하자.

정상적으로 접근되었다면 아래와 같은 화면을 확인할 수 있다.

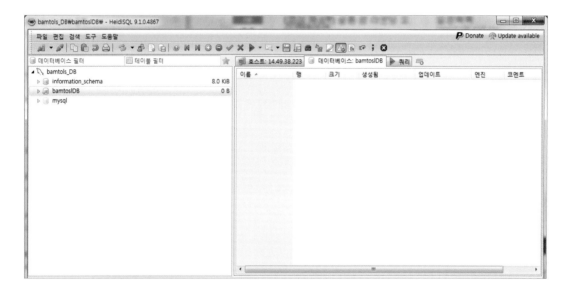

Step_3 기존 DB를 신규 DB 서버로 백업하기

이렇게 접속된 DB에는 앞서 웹 호스팅 시대에서 생성하거나 서버 호스팅의 시대에서 생성한 DB를 그대로 옮겨 올 수가 있는데, 먼저 웹 호스팅 시대에 생성했던 DB를 PhpMyAdmin을 통해 접속하여 기존에 생성된 모든 DB를 SQL 형태로 Export한 후, 이 SQL문을 HeidSQL에 import하면 된다.

먼저, 예전에 생성한 hostinger.kr 호스팅 서비스의 phpmyadmin에 접속하자. 해당 메뉴는 **호스팅 〉Database 〉phpMyAdmin** 메뉴에서 확인할 수 있다.

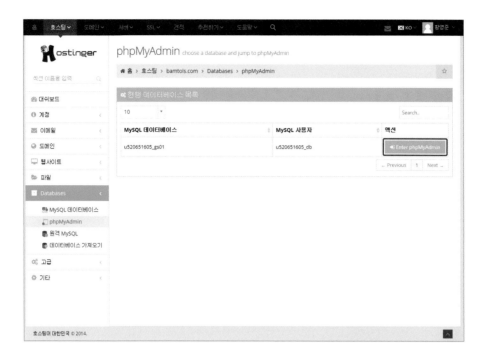

PhpMyAdmin 〉 Export에 접속하고 Quick을 선택한 후 Go를 선택하자.

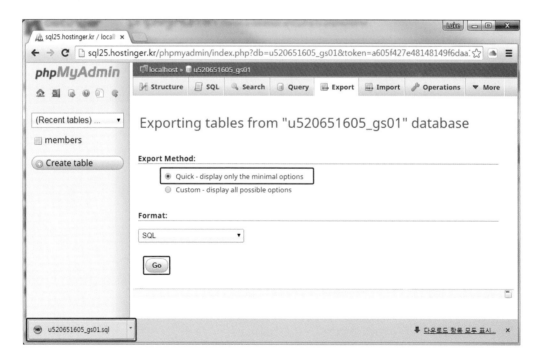

모든 SQL문이 정상적으로 다운로드 되면 sql로 확장자가 붙은 파일이 다운로드 되게
되는데 이 파일을 열어 보면 아래와 같은 쿼리문을 확인할 수 있다.

```
CREATE TABLE IF NOT EXISTS 'members' (
  'id' varchar(40) COLLATE utf8_unicode_ci NOT NULL,
  'password' varchar(40) COLLATE utf8_unicode_ci NOT NULL,
  'nickname' varchar(20) COLLATE utf8_unicode_ci NOT NULL,
  'email' varchar(60) COLLATE utf8_unicode_ci NOT NULL
) ENGINE=MyISAM DEFAULT CHARSET=utf8 COLLATE=utf8_unicode_ci;


INSERT INTO 'members' ('id', 'password', 'nickname', 'email') VALUES
('lukeman', '1234', '루크맨', 'gamess@gamess.kr'),
('gamess', '123456', '게임세상', 'yjhwang93@naver.com'),
('bamtols', '12345', '밤톨게임즈', 'bamtols@bamtols.com');
```

위의 쿼리는 Create Table은 members라는 DB table을 생성하라는 쿼리이고 insert into의 쿼리는 해당 값을 members라는 table에 insert 하라는 쿼리이다.

이와 같은 sql 파일은 별도로 저장을 해놓고, HeidSQL의 import 기능(SQL 파일 불러오기)을 이용하면 손쉽게 기존에 사용하면 모든 DB를 새로운 DB로 옮길 수가 있다.

HeidSQL 〉파일 〉SQL 파일 불러오기를 선택하고 기존에 저장해 놓은 sql 파일을 선택하자.

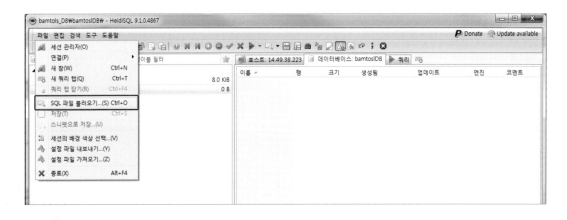

정상적으로 SQL 파일을 불러오면 아래와 같이 우측에 SQL 쿼리를 확인할 수 있으며 상단 메뉴의 "▶" 버튼을 클릭하면 쿼리가 실행된다.

쿼리 실행이 정상적으로 실행되고 완료되었다면 bamtolsDB에 members 테이블이 생성되고,

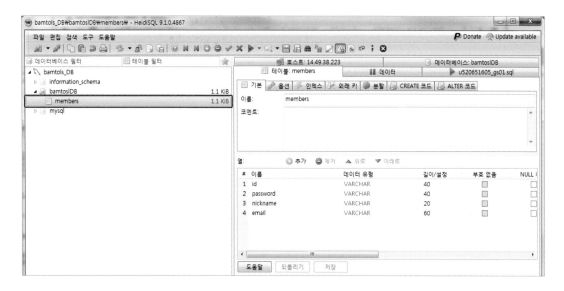

아래와 같이 데이터가 정상적으로 insert 된 것을 확인할 수 있다. 만일 정상적으로 실행된 table이 보이지 않는다면 F5 클릭 후 화면을 다시보기를 통해 변경된 내용을 확인할 수 있다.

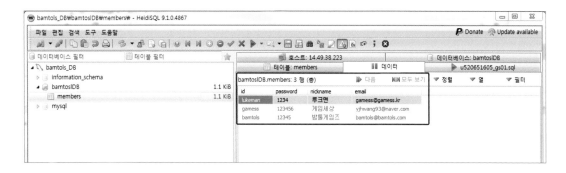

위의 방법은 phpMyAdmin에서 HeidiSQL로의 DB 이전에서만 사용되는 방법이 아니라 위와 같은 방법을 이용하면 모든 DB의 내용을 원하는 DB로 모두 백업 또는 이관을 할 수가 있다.

6-3-1 HeidiSQL 간단한 사용법

HeidiSQL 역시 사용방법은 phpMyAdmin과 크게 다르지 않다.

테이블을 생성하기 위해서는 DB명에서 마우스 우측 버튼을 클릭하면 다양한 메뉴가 보이고 여기서 **새로 생성 > 테이블**을 선택하면 테이블을 생성할 수 있다.

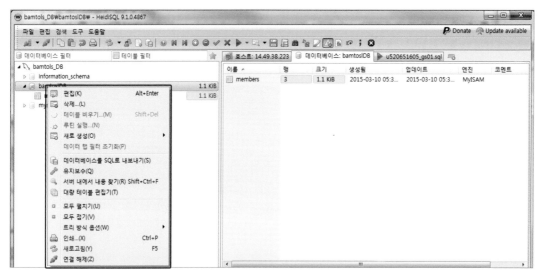

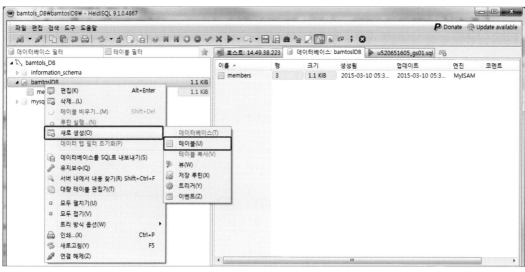

테이블 생성을 위해서는 예전의 PhpMyAdmin에서 생성했던 것처럼 테이블 명을 입력하고 **추가** 버튼을 클릭하여 컬럼을 추가하거나 **제거** 버튼을 통해 컬럼을 삭제할 수도 있다.

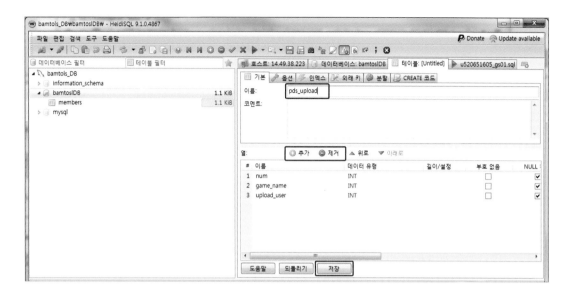

모든 컬럼의 설정이 완료되었다면 하단의 **저장** 버튼을 클릭하게 되면 테이블이 생성된다.

이렇게 생성된 테이블에서 별도의 insert문 없이 **데이터 > 화면에서 마우스 우측 버튼을** 클릭한 후,

행 삽입 메뉴를 선택하면 엑셀을 이용하듯이 손쉽게 데이터의 입력이 가능하다.

PhpMyAdmin과 같이 웹 기반의 SQL 관리툴을 이용하는 것이 쉽다면 웹 기반의 DB 관리툴을 이용하는 것이 좋겠지만, 미래를 생각하면 HeidiSQL과 같은 설치형 DB 관리툴을 사용하는 것이 좋다.

여기까지 클라우드 호스팅 시대의 **KT 클라우드 서비스** 편을 살펴보았다. 다음 장에서는 해외 서비스인 **아마존 웹 서비스**를 자세히 알아보고 네트워크 트래픽을 어떻게 줄일 수 있는지 살펴볼 것이다.

07

클라우드 호스팅의 시대
_아마존 웹 서비스

"어렵다면 주위의 지인들을 적극적으로 활용하자."

나름 글로벌한 기업에서 가장 많이 이용하고 있는 AWSAmazon Web Services)에 대해 알아본다. AWS는 국내 클라우드 서비스보다 역사도 오래되었고, 국내 서비스에 비해 좀더 다양한 클라우드 서비스들이 제공되고 있다.

7-1   아마존 웹 서비스 호스팅 실습

지금까지는 국내 클라우드 호스팅 서비스인 KT Cloud의 이용 방법에 대해 알아보았다면, 이제는 나름 글로벌한 기업에서 가장 많이 이용하고 있는 AWS_{Amazon Web Services}에 대해 알아보도록 하자. 앞서 설명한 것처럼 AWS의 경우 국내 클라우드 서비스보다 역사도 오래되었고, 국내 서비스에 비해 좀더 다양한 클라우드 서비스들이 제공되고 있다.

하지만 우리에게 필요한 것은 홈페이지가 구동될 웹서버와 DB 서버만 있으면 되기 때문에 이와 같은 서비스인 Amazon EC2와 DB 서비스에 대해 알아보도록 하자.

Step_1   AWS 회원가입하기

아마존 웹서비스의 홈페이지(http://aws.amazon.com/ko)에 접속한 후 우측의 가입 버튼을 클릭해보자.

신규 가입이므로 새 사용자 입니다를 선택하고 회원가입을 위한 이메일 주소를 입력하자. 이메일 주소를 입력한 후 보안 서버를 사용하여 로그인을 클릭하자.

입력된 이메일 주소와 AWS 접속을 위한 비밀번호를 입력하자.

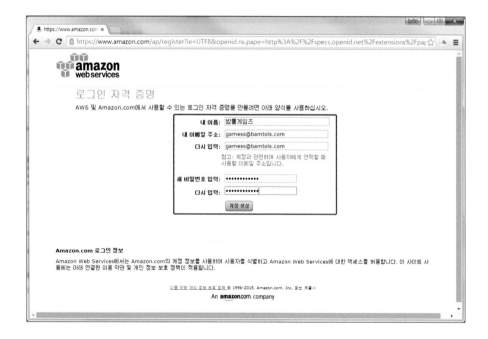

추가적인 연락처 정보를 입력하자. 모든 정보가 입력되었다면 **계정을 만들고 계속 진행**을 선택하자.

연락처 정보를 입력하면 신용카드 정보를 입력해야 한다. 아쉽게도 AWS의 경우 신용카드 이외에 별도의 결제 수단을 따로 제공하고 있지 않아 AWS 이용을 위해서는 반드시 신용카드 정보가 있어야만 한다.

결제 정보를 정상적으로 입력한 후 **계속**을 선택하자.

이제 본인이 입력한 핸드폰 번호가 정상적인 번호인지를 확인하는 ID 확인 절차가 있다.

본인의 입력된 핸드폰 번호를 입력하고, **지금 전화하기 버튼**을 선택하면 AWS에서 ARS로 전화가 오게 된다. 이 전화를 받은 후 화면에 보이는 PIN 번호를 입력하면 된다.

핀 번호가 정상적으로 입력되었다면 **ID 확인 완료**로 넘어가게 된다. 다음으로의 진행을 위해 **지원계획 선택 계속** 버튼을 클릭하자.

계획 지원에서는 본인이 희망하는 종류의 서비스를 선택하면 된다. 필자의 경우는 테스트를 위한 서비스를 선택해야 하므로 **기본(무료)** 서비스를 선택했다.

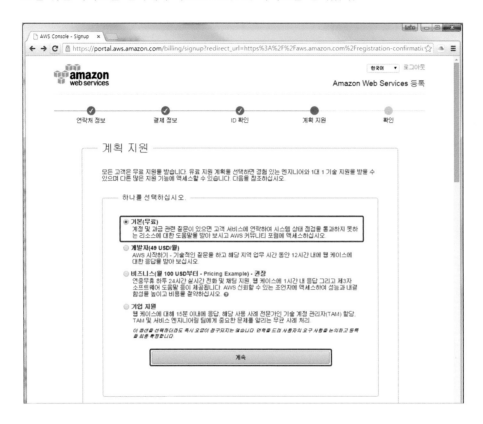

모든 서비스 신청이 완료되면 아래와 같은 AWS 서비스 화면을 확인할 수 있다.

앞서 설명했던 대로 AWS의 경우는 정말 많은 클라우드 서비스가 제공되고 있으며, 우리에게 필요한 서비스는 바로 Compute의 EC2 서비스와 Database의 RDS 서비스이다.

EC2 서비스의 경우 일반적인 웹서버를 위한 서비스이고 RDS는 MySQL이나 MS-SQL과 같은 데이터베이스를 위한 클라우드 서비스이다. 이외의 서비스는 Route 53과 같은 라우팅을 위한 네트워크 서비스, Storage Gateway와 같은 스토리지 전용 서비스 등 정말 다양하고 많은 서비스가 제공되고 있다.

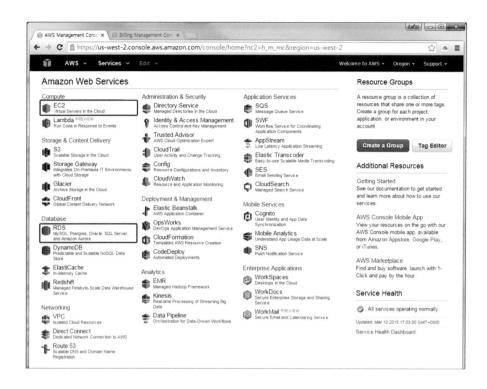

회원가입도 완료되었으니 본격적으로 클라우드 호스팅 서버를 만들어 보도록 하자.

아쉽게도 AWS의 경우 기본적인 회원가입이나 몇몇 기능에 대해서는 한글을 지원하지만 클라우드 콘솔 내의 모든 용어는 아직까지 한글을 지원하지 않는다. 사실 영어 울렁증이 있어서기도 하지만 이러한 이유로 AWS를 이용하지 않고 KT Cloud 서비스를 이용한 측면도 있다.

Step_2 ＞ EC2 서비스 설정하기

AWS 메인 화면에서 EC2를 선택하면 아래와 같은 화면이 보인다. 무언가 엄청나게 복잡한 화면이 보인다. AWS의 경우 KT 클라우드 서비스와는 달리 모든 서버를 Instance라고 불린다. 그럼 이제부터 EC2 서비스의 신규 서버(Instance)를 만들어 보도록 하자.

아래 화면의 Launch Instance를 클릭해보자.

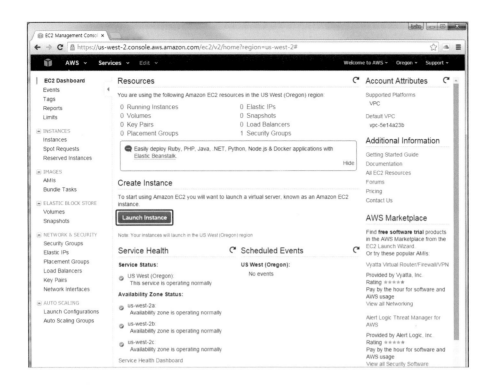

역시 무언가 매우 복잡한 화면이다. 이 화면은 앞서 KT 클라우드 서비스에서의 OS를 선택하는 메뉴로 생각하면 되며 OS 중 본인에게 맞는 OS를 선택하면 된다, 필자는 기본 값인 Amazon Linux를 선택했다.

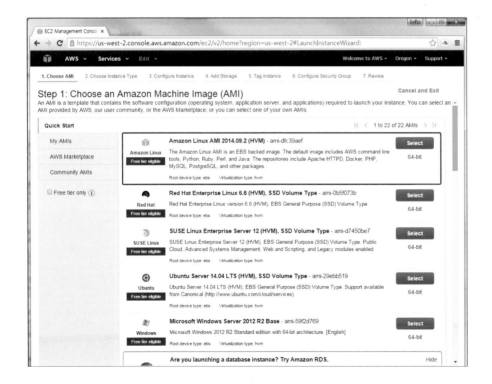

또 복잡한 화면이 나왔다. 여기서의 화면은 KT 클라우드 서비스에서 서버의 종류를 선택하는 화면과 동일한 화면이다. 클라우드 서비스의 경우 추후 손쉽게 서버의 스펙 변경이 가능하니 제일 낮은 사용인 t2_micro 서비스를 선택하자. 이 서비스는 1vCPUs와 1 GiB RAM을 제공하는 서비스이다.

해당 서비스를 선택한후 Review and Launch를 선택하자.

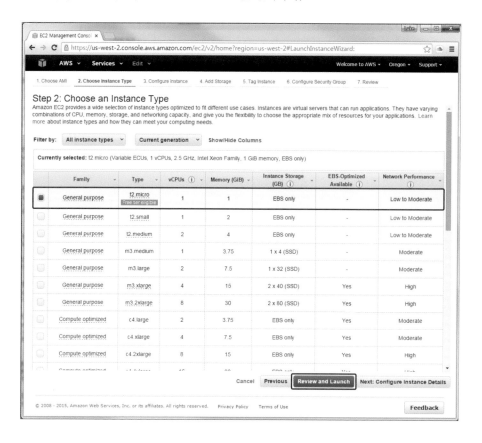

OS가 설치되는 스토리지를 HDD가 아닌 SSD를 사용할지를 묻는 화면이다. 30GB까지는 무료로 SSD 서비스가 제공된다고 하니 AWS에서 추천하는 Make General Purpose 메뉴를 선택하자.

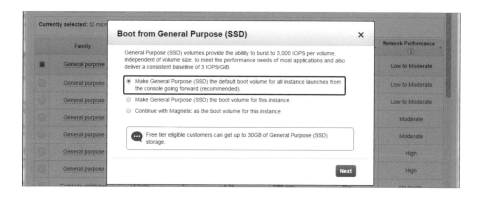

모든 설정이 완료되면 현재까지 등록 신청한 메뉴들이 보이게 된다. 이제 Launch를 선택하자.

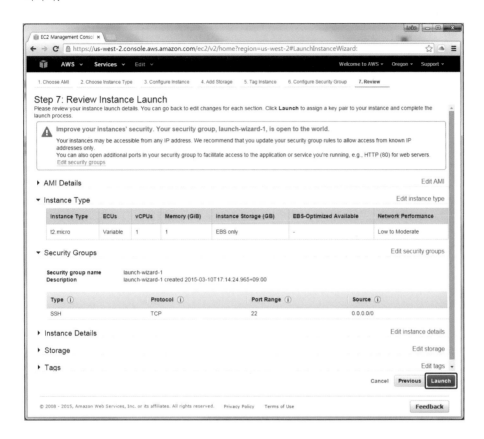

무언가를 또 묻는다. 아 복잡하다. KT 클라우드 서비스와는 달리 접속을 위해서 특별한 방법을 이용하는데 그것은 바로 한국의 공인인증서와 같은 특별한 인증서를 이용하여 접속을 하게 된다.

이러한 인증서 기능을 하는 것이 Key Pair 작업이고, AWS Instance에 접속을 위해서는 꼭 Key Pair를 만들어 주어야 한다. Key Pair는 PuTTY를 이용하여 AWS의 Instance를 접속하기 위해서는 반드시 생성을 해야 하는 것이므로, create a new Key Pair를 선택하고 Key Pair name을 입력한 후 Download Key Pair를 선택하자.

그러면 확장자가 .pem으로 된 key pair 파일이 하나 생성되는데 추후 SSH에서 AWS Instance에 접속하기 위해서는 꼭 필요한 파일이니 잘 보관해 놓자.

이제 Launch Instance를 선택하자.

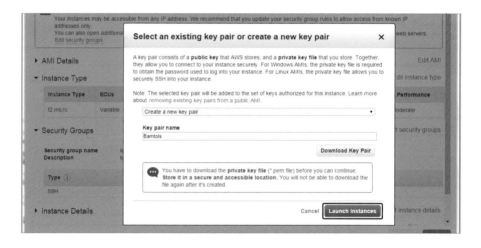

Launch Instances를 선택하면 아래와 같이 Instance가 정상적으로 생성되었다는 화면을 확인할 수 있다.

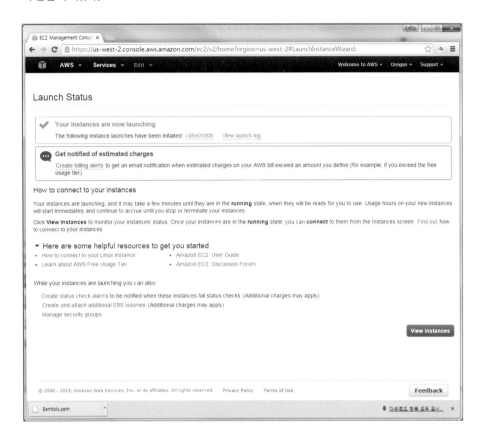

자 그럼 어떻게 해당 Instance에 접속을 하는 걸까?

View Instance를 선택하면 아래와 같이 현재 내가 생성한 Instance에 대한 정보를 확인할 수 있다. 여기에서 제일 중요한 정보는 바로 "public DNS" 정보이다.

AWS는 KT Cloud와는 달리 public IP 정보를 고정적으로 제공하지 않기 때문에 모든 접속은 public DNS 정보를 통해 접속해 주어야 한다. 물론 해당 IP가 변동되지 않는 동안에는 public IP로 접속은 가능하다. IP를 고정하려면 별도의 비용을 지불해야 한다.

AWS의 Instance에 접속하기 위해서는 PuTTY와 같은 프로그램을 이용해야 한다.

그럼 AWS Instance 접속을 위해 PuTTY를 실행시켜보자. Host Name은 앞서 확인한 Public DNS 정보를 입력하자(ec2-52-11-210-127.us-west-2.compute.amazonaws.com). port는 22로 입력하면 된다.

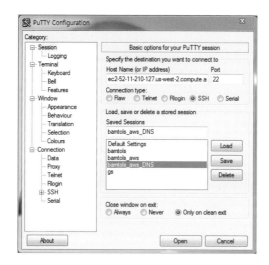

안타깝게도 정상적으로 접속되지 않는다. 이와 같이 정상적으로 접속되지 않는 이유는 생성한 Key Pair 파일을 이미 생성된 Instance에 접근이 가능하도록 설정을 해주어야 하기 때문이다.

이와 같이 PuTTY로 접속을 위해서는 기존 .pem 확장자로 된 Key Pair를 SSH에서 사용할 수 있는 형태로 변경해 주어야 하는데 이러한 프로그램이 바로 PuTTYgen이라는 프로그램이다.

이 프로그램은 아래 경로에서 다운로드가 가능하다.

```
http://www.chiark.greenend.org.uk/~sgtatham/putty/download.html
```

사이트에 접속하여 PuTTYgen 파일을 다운로드 받아야 한다.

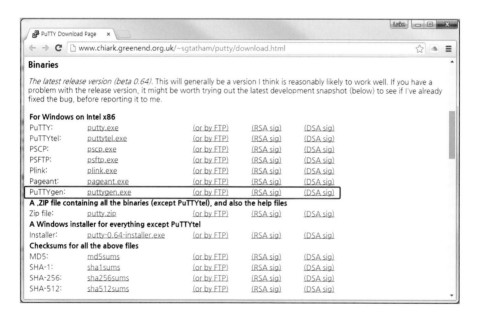

puttygen.exe 파일을 다운로드 받은 후 실행시켜 보면 아래와 같은 화면을 확인할 수 있다.

여기서 Load를 선택한 후 파일 타입을 All Files를 선택하고 앞서 저장한 Bamtols.pem 파일을 선택하자.

파일의 확장자를 All Files로 선택하고 기존에 다운받은 Key Pair 파일 bamtols.pem을 열자.

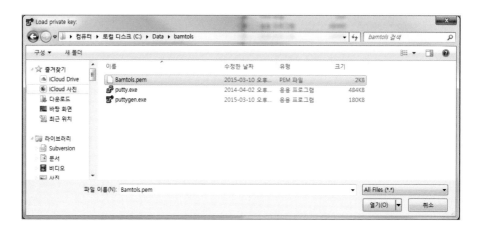

정상적으로 로딩되면 아래와 같은 화면을 확인할 수 있다. 이후 Save Private Key를 선택한 후

사용하고자 하는 파일명으로 저장을 해주면 된다. 필자의 경우는 bamtools.ppk로 저장을 하였다.

이 파일은 ssh를 이용하여 AWS Instance 접속을 위해 꼭 필요한 파일이기 때문에 잘 저장해 놓도록 하자.

bamtools.ppk

그럼 이제 다시 PuTTY에 접속하자. PuTTY에 접속 후 해당 Instance에서 확인된 public IP 정보를 hostname에 입력하고 port는 22로 저장하자.

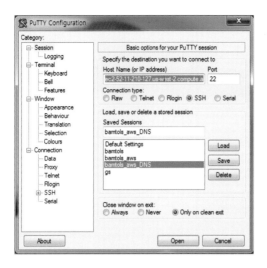

위와 같은 설정 후 connection 〉 SSH 〉 Auth를 클릭해보자. Private key file for authentication에서 Browse를 선택한 후 앞서 PuTTYgen을 통해 생성한 bamtols.ppk 파일을 선택하자.

선택한 후 Open을 클릭하면 PuTTY를 통해 Linux 콘솔에 접속하는 것을 확인할 수 있다.

정상적으로 접근되었다면, login as:에 "ec2-user"를 입력하자. Aws Instance의 default user는 모두 ec2-user이다.

정상적으로 접속되었다면 아래와 같은 화면을 확인할 수 있다.

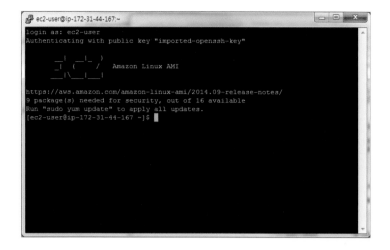

모든 root 권한을 얻기 위해서는 콘솔창에 아래와 같은 명령어를 입력하면 모든 root 권한을 얻을 수 있다.

```
#sudo su
```

sudo su 명령어는 현재 계정에 최고 관리자 권한을 주는 명령어이다.

이제 root 권한을 얻었으니 해당 Instance에 필요한 서비스인 Apache, PHP 등을 설치하여 이용하면 된다. Apache와 PHP 그리고 MySQL에 대한 설치 방법은 기존 KT 클라우드 서비스에서의 설치 방법을 참고하기 바란다.

그럼 이제 생성된 서브 계정으로 제작된 홈페이지 파일을 올려보도록 하자. 일반적인 ftp의 접속과는 달리 AWS Instance의 ftp 접속 방법은 조금 다르다.

편집 〉설정 메뉴에 접속하여

sFtp를 선택하고 PuTTYgen을 통해 생성한 bamtols.ppk 파일을 추가하자. 추가 후 확인을 클릭하자.

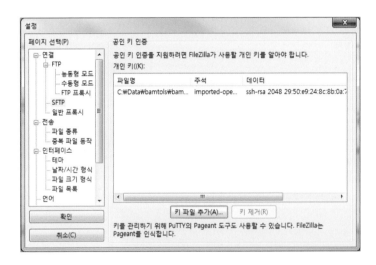

키 파일을 추가한 후 **파일 〉사이트 관리자**를 통해 Amazon EC2에서 확인된 DNS ec2-52-11-210-127.us-west-2.compute.amazonaws.com 정보를 입력하고 프로토콜은 sftp를 선택, 사용자는 ec2-user를 입력한 후 **연결**을 선택하자.

제대로 접속되었다면 아래와 같이 정상적으로 sftp에 접속된 것을 확인할 수 있다.

이렇게 정상적으로 FTP로 접속되었다면, 아파치 설치를 통해 확인된 폴더에 접근하여 모든 개발 소스를 업데이트 해주면 된다.

지금까지 클라우드 호스팅 서비스인 KT Cloud 서버와 AWS를 이용한 클라우드 서비스 신청 및 기본적인 설치에 대해서 알아보았다.

개발 언어도 배워야 하고, 서버의 기본적인 명령어도 익혀야 하고, 하나의 홈페이지를 온전히 혼자서 운영하거나 관리하는 일은 정말 쉽지 않은 일이다. 필자의 경우도 이러한 모든 작업을 할 줄은 알지만 전문가만큼 잘하지는 못한다.

이러한 기본적인 서버의 설정과 설치만으로는 보안 위협이나 홈페이지의 효율적인 운영이 어려운 것은 사실이다. 그래서 필자의 경우는 친한 지인을 게임세상 개발 담당자로 영입하여 함께 운영하고 있으며, 이 지인이 기본적인 홈페이지의 버그나 서버의 설정 네트워크 관리 등을 담당하여 업무를 나눠서 운영을 하고 있다.

사이트의 규모가 어느 정도 커진다면 혼자서는 도저히 감당이 안 되는 것이 바로 홈페이지의 운영인 것 같다. 어렵다면 주위의 지인들을 적극적으로 활용하기 바란다.

7-2 네트워크 트래픽 줄이기

홈페이지를 운영하는 데 있어서 네트워크 트래픽은 결국 비용과 직결되고 이러한 홈페이지의 네트워크 트래픽을 줄이는 것이 비용을 줄이는 데 큰 기여를 하게 된다.

네트워크 트래픽을 줄이기 위해 프레임을 활용한 홈페이지 제작과 적절한 이미지를 활용한 홈페이지 그리고 텍스트 사용을 위주로 한 홈페이지 제작 방법은 이 책의 앞부분에서 설명을 했고 이외에 트래픽을 줄이는 방법이 바로 캐시 서버를 활용하는 방법이다.

그럼 캐시 서버란 무엇일까? 캐시 서버가 무엇인지에 대한 개념도는 아래 그림을 보면 이해가 쉬울 것 같다.

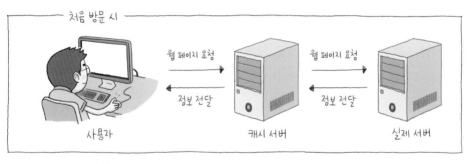

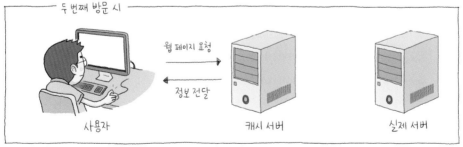

즉 사용자가 캐시 서버에 접속하면 이 캐시 서버는 실제 서버와의 통신을 통해 사용자가 첫 번째 방문 시에는 실제 서버의 데이터를 사용자에게 정보를 보여주지만, 이와 같은 정보를 캐시 서버가 한번 가지고 있으면, 두 번째 방문부터는 실제 서버 내의 정보를 보여주는 것이 아니라 캐시 서버에 있는 정보를 보여줌으로써 실제 서버의 네트워크 트래픽의 부하를 줄일 수 있도록 돕는 것이 바로 캐시 서버이다.

이를 수치로 보면 아래와 같다. 웹 페이지 하나의 네트워크 트래픽이 10M byte라고 가정을 해보자.

	캐시 서버의 네트워크 트래픽	실세 서버의 네트워크 트래픽
첫번째 방문시	10M byte	10M byte
두번째 방문시	10M byte	0M byte
세번째 방문시	10M byte	0M byte
전체	30M byte	10M byte

만일 캐시 서버가 존재하지 않는다면? 이러한 사용자의 네트워크 트래픽인 30M byte는 모두 실제 서버에 부담이 지어질 것이고 이는 결국 비용으로 직결된다. 만일 이러한 캐시 서버를 무료로 이용할 수 있다면? 당연히 전반적인 네트워크 트래픽에 대한 비용은 줄어들 수 있을 것이다.

또한 이러한 트래픽은 네트워크 트래픽뿐만이 아니라 서버의 전반적인 리소스 CPU/RAM의 이용을 줄여 기존에 감당 가능한 사용자보다 더 많은 사용자를 수용할 수 있게 될 것이다.

지금 소개할 내용은 바로 이러한 캐시 서버를 무료로 제공해주는 Cloudflare(http://www.cloudfare.com)라는 서비스이다.

자, 그럼 지금부터 Cloudfare를 어떻게 이용하는지 실제로 얼마나 트래픽을 줄일 수 있는지에 대해 알아보자.

Cloudflare 서비스 이용 방법은 아래와 같다.

Step1. Cloudflare 서비스 가입하기
Step2. DNS Server를 Cloudfare로 변경하기
Step3. Cloudflare 설정하기

7-2-1 Cloudfare 서비스 가입하기

먼저 www.cloudflare.com에 접속하여 Sign up을 클릭하자.

사용자의 정보를 입력하자.

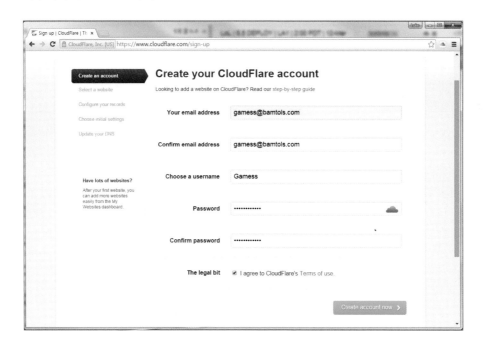

캐시 서버를 적용할 도메인을 입력해준다. 필자는 www.bamtols.com을 입력하였다.

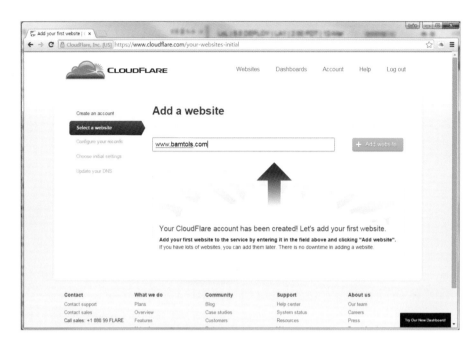

중간에 광고 화면이 나오면서 시간이 보인다. 그냥 기다리면 된다.

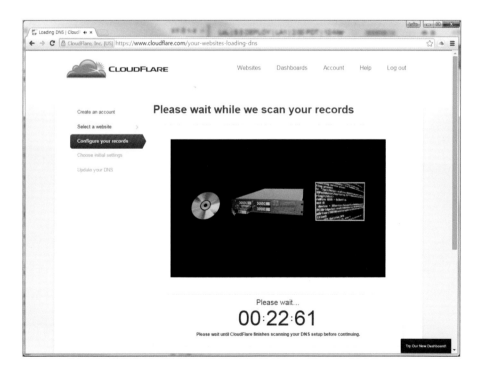

스캔이 완료되면 하단에 Continue라는 버튼이 생성된다. 클릭하자.

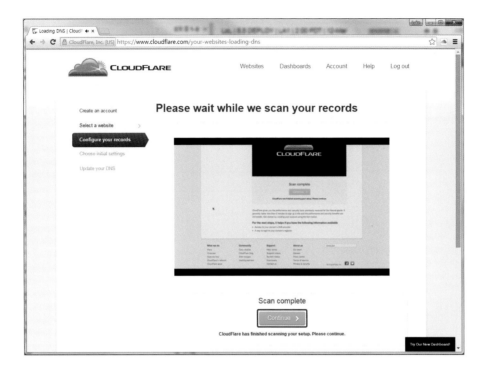

이제 기본적인 Cloudflare의 세팅이 모두 완료되었다. 정말 쉽다. ^^;

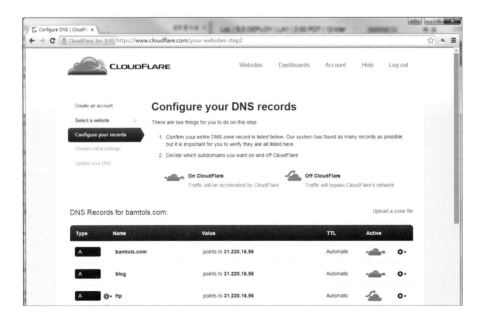

추가적으로 Cloudfare의 세팅을 진행해주어야 한다. 제일 중요한 것은 바로 "Choose a plan"에서 무료 버전을 선택해주는 것이다. 그 다음에 Continue를 클릭해주자.

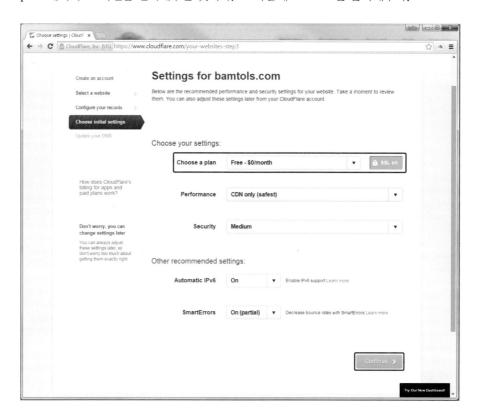

마지막으로는 기존 Name Server를 Cloudfare의 Name Server로 변경을 해주어야 한다. Cloudfare의 네임 서버는 "charles.ns.cloudflare.com"와 "tess.ns.cloudflare.com"이 된다. 그 다음 Continue를 선택하자.

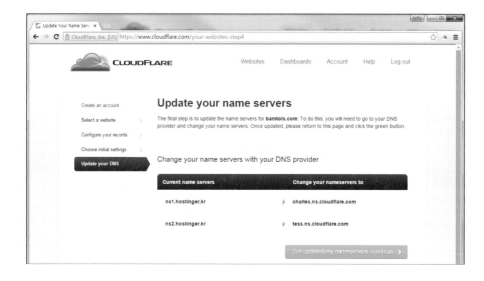

모든 설정이 완료되면 아래와 같은 화면이 보이게 되는데 아직까지는 Name Server를 변경해주지 않았기 때문에 캐시 서버가 정상적으로 적용되어 있지 않다.

7-2-2 DNS Server를 Cloudflare로 변경하기

그럼 내가 가지고 있는 도메인의 Name Sever를 변경해 보도록 하자. Domain Name Server(DNS) 서버의 설정값은 도메인을 최초 구매했던 웹사이트에서 변경이 가능하다. 상세한 도메인에 대한 내용은 **2부. 웹 호스팅의 시대에서 도메인**을 참고하기 바란다.

그럼 DNS 정보를 변경해 보도록 하자. DNS 정보를 변경하기 위해서는 도메인을 구매했던 웹사이트를 통해 그 값을 변경해주어야 하며, bamtols.com 도메인의 경우는 구매를 진행했던 inames.co.kr을 통해 변경해주어야 한다.

inames.co.kr 접속 후 도메인 〉 나의 서비스 〉 보유 도메인 관리에 접속하자. 접속 후 DNS를 변경하기 위한 도메인을 선택하고 네임 서버 변경을 클릭하자.

아래 네임서버 1차와 2차에 앞서 Cloudfare에서 제공한 "charles.ns.cloudflare.com"과 "tess.ns.cloudflare.com" DNS 명을 입력하자.

charles.ns.cloudflare.com의 IP가 173.245.59.83인 것을 확인할 수 있다.

tess.ns.cloudflare.com의 IP가 173.245.58.227인 것을 확인할 수 있다.

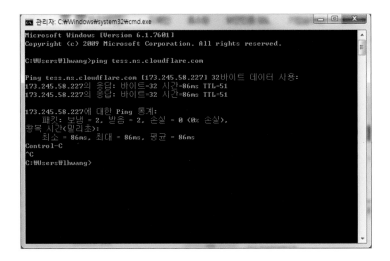

추가적으로 IP 주소를 입력해주어야 하는데, 해당 IP 정보는 DOS 커맨트 창에서 "ping tess.ns.cloudflare.com"과 "ping charles.ns.cloudflare.com" 명령어를 통해 확인할 수 있다.

이렇게 확인된 DNS 명과 IP 정보를 네임서버 정보 변경 페이지에 입력한 후 **정보변경**을 클릭해주면 된다.

DNS 정보가 정상적으로 변경된 것을 확인할 수 있다.

모든 DNS 변경 작업이 완료되었다면 24시간이 지나면 변경된 Clouldfare를 통한 캐시 서버를 활용할 수 있으며 이로써 Cloudfare를 활용한 캐시 서버 설정이 모두 완료되었다.

7-2-3 Cloudflare 설정하기

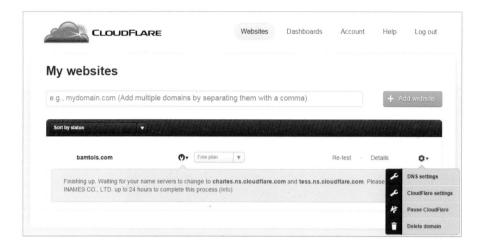

Cloudfare의 설정 방법은 크게 어렵지 않다. 먼저 로그인 후 우측의 톱니바퀴 모양을 클릭한 후 DNS Settings를 선택하자.

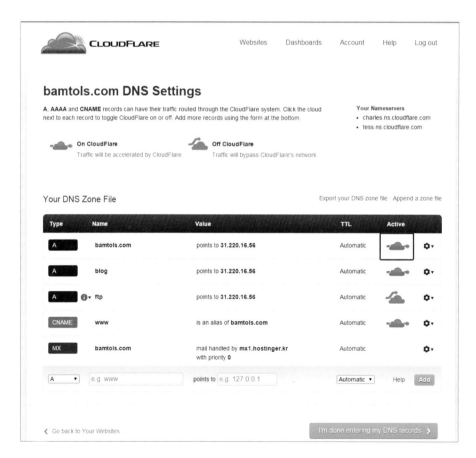

현재 설정되어 있는 도메인에 대한 설정들을 확인할 수 있는데, Active 화면에 구름이 표시되어 있으면 Cloudfare 캐시 서버가 On이 된 상태이고 회색 표시가 된 것은 Off 상태인 것이다.

이 값을 변경하기 위해서는 구름 위에서 마우스 클릭을 한 번만 해주면 된다.

한 번 클릭 후 Cloudfare 캐시 서버가 Off된 설정 값으로 변경된 것을 확인할 수 있다.

7-2-4 Cloudfare의 효과 확인하기

그럼 Cloudflare가 정말 효과가 있는지 어떻게 알 수 있을까? 제일 비교가 쉬운 방법은 Cloudfare 적용 전 홈페이지의 네트워크 트래픽과 적용 후의 네트워크 트래픽을 비교해보면 쉽겠지만 다행스럽게도 Cloudflare에서는 실제로 트래픽을 얼마나 줄였는지에 대한 정보를 별도로 제공해주고 있다.

Bamtols.com의 경우 아직 제대로 제작된 홈페이지가 아니기 때문에 현재 운영중인 게임세상의 트래픽을 비교하여 Cloudfare의 효과를 확인해 보도록 하자.

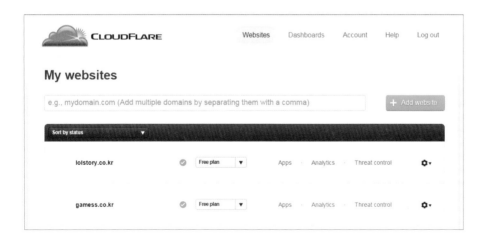

먼저 Cloudfare에 로그인을 하자. 로그인 후 Dashboard를 선택하면 아래와 같은 분석 화면을 확인할 수 있다. 아래의 정보는 어떠한 트래픽이 해당 홈페이지의 트래픽을 발생시켰는지를 확인할 수 있다.

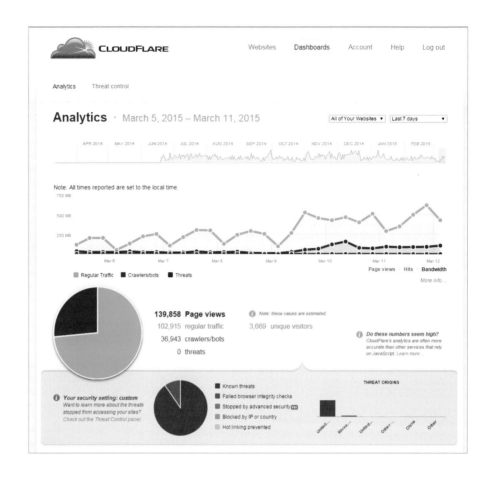

추가적인 Dashboard 정보를 확인해보면 전체 웹 트래픽 8.3GByte의 트래픽 중 약 3.0GB의 트래픽을 줄여주었다는 정보를 확인할 수 있다.

Cloudfare는 이와 같은 캐시 서버로써의 기능 이외에도 CSS, CSS, HTML Optimization 등의 다양한 기능을 제공하고 있는데 이와 같은 정보는 Cloudflare Settings 메뉴에서 확인할 수 있다.

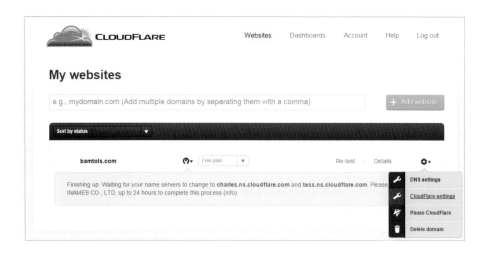

보안에 관한 설정이나 사이트의 효율을 높이는 추가적인 기능들을 제공하고 있다.

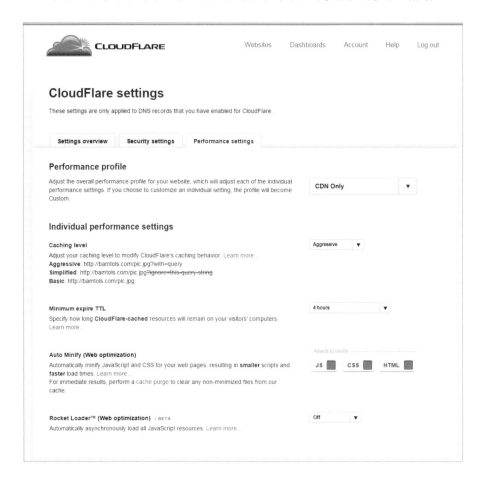

지금까지 Cloudflare 캐시 서버를 활용한 트래픽 줄이기 방법과 실제 적용 방법에 대해
알아보았다.

게임세상의 클라우드 호스팅 시대

지금까지 클라우 호스팅 시대를 2개의 장에 걸쳐 알아보았다. 클라우드 호스팅의 시대에서는 KT Cloud 서버의 신청과 실제 클라우드 서버의 설정 및 접속 방법 그리고 AWS의 Instance 설치를 통한 이용 방법 그리고 Cloudfare와 같은 캐시 서버를 활용한 트래픽 줄이기 방법에 대해 알아보았다.

앞서도 이야기했지만 필자는 전문 개발자도 아니며 더욱이 서버 엔지니어도 아니고 보안 전문가도 아니다. 개발이나 서버에 관해 비록 부족한 지식을 가지고 있지만 그래도 이 글을 쓰는 이유는 정말 아무것도 모르는 사람이 홈페이지를 만들어 보고 싶다면, 이 책의 도움만으로 간단히 홈페이지를 만들어 볼 수 있도록 도움을 주기 위함이다.

필자의 경우 서버를 직접 관리해야 하는 서버 호스팅의 시대와 클라우드 호스팅 서비스의 운영시 가장 많이 걱정했던 부분은 다름이 아닌 바로 보안에 대한 문제였다. 보안은 한 번 뚫리면 그 피해가 홈페이지를 운영하는 본인에만 미치지 않고 실제로 서비스를 이용하는 서비스 이용자에게 그 영향이 미치기 때문이다.

그래서 서버 호스팅의 시대와 클라우드 호스팅의 시대에는 주변의 지인으로부터 정말 많은 도움을 받았다. 리눅스에 대한 간단한 명령어도 모르던 필자에게 따라만 하면 할 수 있는 웹 문서를 찾아주고, 초보자의 부족한 물음에 성실히 답해준 우리팀의 서호님과 종오님에게 이 자리를 빌어 감사의 말씀을 드린다.

앞서도 이야기했지만 서버 호스팅의 시대에서 클라우드 호스팅의 시대로 넘어오게 된 가장 큰 이유가 바로 비용적인 문제였다. 줄어드는 사용자, 남아도는 서버, 어떻게 하면 비용을 줄일 수 있을까에 대한 고민이 바로 클라우드 호스팅의 시대로 게임세상을 이끌었다.

무료 캐시 서버를 제공하는 서비스 인 Cloudfare 서비스 역시 네트워크 트래픽을 줄여 비용을 절감해보자는 취지로 서비스를 찾게 되었고, 우연히 지인을 통해 이 서비스를 알게 되어 지금까지도 사용하고 있다.

물론 Cloudflare에서 제공하는 무료 버전의 경우 캐시가 가능한 트래픽에 제한이 있기 때문에 대용량의 트래픽을 감당해야 하는 서비스라면 당연히 유료 서비스를 받아야 할 것이다. 또한 이런 외부의 캐시 서버를 활용해야 하는 이유는 다름 아닌 DDOS와 같은 외부의 공격에 대한 방어를 위한 이유도 있다.

자체 캐시 서버를 구축한다면 이를 통해서는 통상적인 트래픽을 줄일 수는 있겠지만 DDOS와 같은 대규모 네트워크 공격에 대해서는 방어가 쉽시 않기 때문이다.

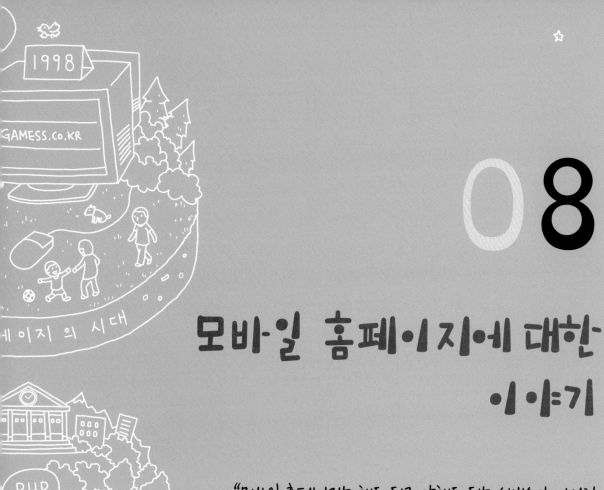

08

모바일 홈페이지에 대한 이야기

"모바일 홈페이지는 해도 되고 안해도 되는 서비스가 아니라
반드시 만들어야만 하는 것이다."

제일 중요한 점은 한번 방문한 사용자를 다시 오게 만드는 것이다. 물론 아직까지도 필자가 생각하는 홈페이지의 운영에 있어서 제일 중요한 점은 콘텐츠이지만, 아무리 잘 만들어진 콘텐츠도 보기가 불편하다면 사용자는 결코 해당 홈페이지를 다시 방문하지는 않을 것이다.

모바일 시대에 관한 이야기

게임세상을 지금까지 만들고 운영해 왔지만 운영하면서 몇 가지 아쉬운 점이 있는데 이점이 바로 게임세상의 체질을 모바일에 기반하여 변경하지 못한 것이다.

모바일에 기반하여 변경하지 못했다는 것이 단순히 홈페이지를 모바일로 만들지 못했다는 것뿐만이 아니라 PC 게임 위주의 홈페이지에서 모바일 게임에 대한 정보 제공으로의 변화를 꾀하지 못했다는 것도 포함된다. 단순히 홈페이지의 겉모습을 변화시키는 것뿐 만이 아니라 속 알맹이까지도 모바일에 맞춰 변화를 시키지 못했다는 뜻이 된다.

콘텐츠와는 별개로 모바일에 맞춰 홈페이지를 추가로 제작해야 할까?

모바일 홈페이지의 경우는 해도 되고 안 해도 되는 서비스가 아니라 반드시 만들어야만하는 것이라고 생각한다.

앞서 설명한 구글 로그 분석기를 통해 방문자의 성향을 분석해보면 최소 10% 이상은 모바일 브라우저를 이용하여 홈페이지에 접근을 하고 있다는 것을 알게 될 것이다.

게임세상 역시 10%에 미치지는 못하지만 전체 방문자의 약 9.9% 정도가 모바일 및 태블릿을 이용하여 이용하여 게임세상에 접속하고 있다.

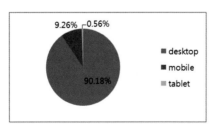

2015년 1~3월 디바이스 별 게임세상 방문자

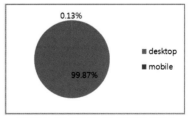

2010년 1~3월 디바이스 별 게임세상 방문자

게임세상 자체는 전혀 모바일에 기반하여 홈페이지를 개편하지 못했음에도 불구하고 2010년에 비해 2015년에는 꾸준히 모바일 디바이스를 통한 접속이 꾸준히 늘어나고 있다는 것을 알 수 있다.

앞서도 이야기했지만 운영에 있어서 제일 중요한 점은 한번 방문한 사용자를 다시 오게 만드는 것이다. 물론 아직까지도 필자가 생각하는 홈페이지의 운영에 있어서 제일 중요한 점은 콘텐츠 이지만, 아무리 잘 만들어진 콘텐츠도 보기가 불편하다면 사용자는 결코 해당 홈페이지를 다시 방문하지는 않을 것이다.

여기에서는 어떻게 하면 현재의 플랫폼을 건드리지 않고 방문자의 접근성을 높일 모바일 홈페이지를 만들 수 있는지에 대한 방법에 대해 이야기 해보고자 한다.

필자의 게임세상 역시 완전하지는 못하지만, 지금도 조금씩 모바일 디바이스를 이용하여 볼 수 있는 모바일 홈페이지를 만들고 있다.

모바일 홈페이지를 손쉽게 만드는 방법 중 첫 번째 방법은 공개된 오픈소스 콘텐츠 플랫폼을 활용하는 방법이 있다.

국내 혹은 해외에는 다양한 웹 콘텐츠 플랫폼들이 나와 있다. 국내의 경우는 대표적인 서비스가 바로 제로보드로 불리는 XE eXpress Engine(https://www.xpressengine.com/) 라는 네이버에서 오픈소스로 제공되고 있는 플랫폼이다.

또한 해외의 플랫폼들로 보면 WordPress라든지 Drupal과 같이 회원가입부터 콘텐츠 배포까지 하나의 홈페이지를 손쉽게 관리하고 운영할 수 있는 다양한 콘텐츠 플랫폼들이 있으며 이러한 툴들을 이용하면 웹 기반의 홈페이지를 만들 때 큰 수고를 들이지 않고 홈페이지를 제작할 수도 있으며, 이와 같은 콘텐츠 플랫폼의 경우 별도 모바일 홈페이지를 제작하지 않더라도 기본적으로 모바일 홈페이지를 만들 수 있는 기능을 제공하고 있다.

하지만 게임세상처럼 이미 만들어진 홈페이지의 경우 이와 같은 오픈소스 콘텐츠 플랫폼을 이용하기가 쉽지가 않다.

쉽지 않은 이유로는 제공되는 데이터의 구조 자체가 많이 다르기 때문이다. 게임세상의 경우 제일 중요한 핵심 키가 되는 정보가 바로 게임 이름이며 이 게임명을 기초로 콘텐츠를 제공하고 있다.

하지만 오픈소스로 제공되고 있는 플랫폼의 경우 이와 같이 특화된 홈페이지를 위한 기능들을 제공해주지 않는다. 또한 이러한 플랫폼에서 제공되는 DB의 구조와 현재 운영 중인 게임세상의 DB 구조가 매우 달라 기존 게임세상의 데이터를 신규 플랫폼으로 이전하기가 쉽지 않은 것도 이러한 플랫폼을 이용하기 쉽지 않은 이유이다.

그래서 필자가 찾은 방법은 모바일 홈페이지 제작을 위해 UI 소스만을 제공해주는 프레임워크 서비스였다. 이러한 서비스가 바로 부트스트랩(https://wrapbootstrap.com/)이라는 웹사이트에 제공되는 유료 UI 프레임워크 서비스이다.

물론 게임세상에 완전히 적합한 UI를 찾기는 어렵지만 UI를 별도로 개발하고 디자인해야 하는 번거로움을 부트스트랩과 같은 UI 프레임워크를 이용하면 저렴한 비용에 해결을 할 수가 있었다.

부트스트랩 사이트에서 제공되는 유료 소스의 경우 저렴한 것은 $10에서 $100까지 가격이 책정되는데 이 정도의 가격은 별도의 디자인과 코딩을 하기 위한 외주 업체에 들어가는 가격보다는 분명히 저렴한 가격이다.

그럼 어떻게 이러한 유료 UI 프레임워크를 통해 모바일 홈페이지를 제작할 수 있는지에 대한 간단히 알아보도록 하자.

사실 게임세상도 아직 완성된 모바일 홈페이지를 제작하지 못해 깊이 있는 정보를 제공해주기는 어렵지만, 이 글을 읽은 독자라면 분명히 손쉽게 모바일 홈페이지를 제작할 수 있을 것이다.

8-2 모바일 홈페이지 제작 실습

Step_1 아래와 같은 부트스트랩 웹사이트를 방문해보자(https://wrapbootstrap.com/)

위 사이트에서 Themes를 선택하고 본인이 제작하고 싶은 웹사이트의 테마를 선택하여 구매를 하자. 안타깝게도 해외 사이트의 경우는 모두 신용카드 결제를 통해서만 구매가 가능하니 구매 전 VISA나 MASTER를 통해 해외 구매가 가능한 신용카드를 준비하자.

필자의 경우 웹은 현재의 게임세상을 그대로 사용하고 모바일만 부트스트랩에서 제공되는 UI 프레임워크를 이용하여 모바일 사이트를 제작할 예정이다.

필자가 구매한 Themes는 Smart Admin이였다. 해당 Themes를 결정한 이유는 자료실 형태의 홈페이지에 그나마 제일 비슷한 템플릿 등을 제공해서였고, 게임세상의 모바일 서비스의 UI에 제일 적합할 것 같아서였다.

Themes를 구매하기에 앞서 각 Themes에서 제공되는 기본적인 템플릿 등이 어떠한 것이 있는지 반드시 살펴보도록 하자. 해당 템플릿은 해당 Themes를 클릭한 후 Live Preview를 선택하면 확인할 수 있다.

해당 테마가 모바일에서 어떻게 작동되는지를 확인하는 방법은 해당 홈페이지의 주소를 모바일 브라우저에서 입력해서 확인할 수도 있지만, 더 손쉬운 방법으로는 PC 웹의 브라우저의 크기를 줄이면 손쉽게 확인이 가능하다.

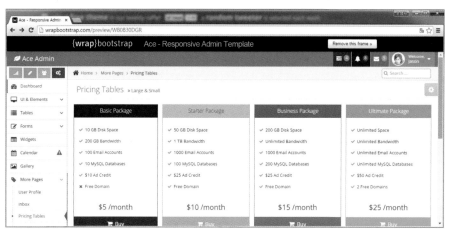

▲ 웹 크기(1024pixel 이상)에서 보여지는 화면

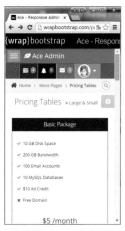

▲ 모바일(800pixel 이하)의 크기로 줄였을 때의 화면

UI 프레임워크의 경우 구매를 완료하면 한 개의 압축 파일을 제공해준다. 이 압축 파일을 해제하면 아래와 같은 파일들이 존재하게 된다. 모든 파일들을 일일이 외우거나 알 필요도 없다.

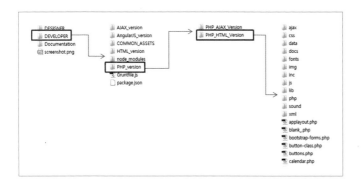

우리에게 필요한 파일은 앞서 보여진 대로 PHP_HTML_Version 내에 들어가 있는 파일들이다.

그럼 지금부터 이 부트스크랩에서 구매한 SmartAdmin UI 프레임워크를 이용하여 자료실 화면을 개발해보도록 하자.

Step_2 ▶ 아래에 보여지는 파일 중 붉은색 영역으로 표시되어 있는 폴더와 모든 하위 파일들을 서버에 업로드 하자.

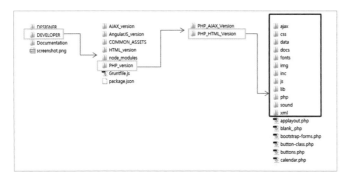

Step_3 ▶ 필요한 포맷이 있는 파일을 찾아 그 UI를 별도로 저장하자.

필자에게 필요한 자료실의 형태의 UI 템플릿의 경우는 자료실 리스트를 볼 수 있는 테이블 형태의 파일이며 이와 같은 파일은 developer 〉php_version 〉php_html_version 〉table.php 파일에 존재한다. 이 파일 중 필요로 하는 부분만 잘라 놓자.

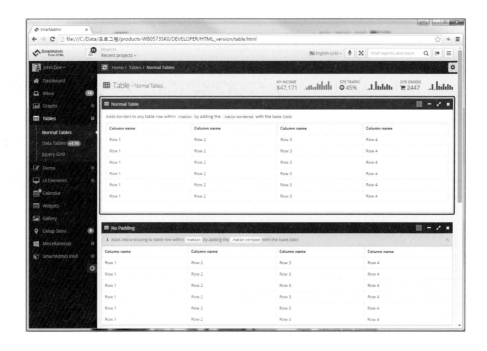

이렇게 잘라진 소스 부분을 pds_board.list.php 파일로 저장을 해놓자.

Step_4 개발에 필요한 코드를 추가하자.

그럼 이렇게 만들어진 파일에 어떻게 개발을 추가해야 할까? 아래 설명한 것처럼 데이터가 들어갈 영역을 개발자가 필요한 부분에 맞춰 별도로 개발 코드를 추가해주면 된다.

```php
<?php
  // 반복되어질 영역에 while 함수를 이용하여 처리
  include("connect.php");
  if ($data_type) {
    $sub_query = "and data_type = '".$data_type."'" ;}
    $query = mysql_query("select * from pds_game where allow =
      1 ".$sub_query." order by upload_timedesc limit 0, 100",$connect);
    while($row = @mysql_fetch_assoc($query)) {
?>
--중간 생략--
<tr>
  <td class="hidden-md hidden-sm hidden-xs"><?=$row['num']?></td>
  <td class="hidden-md hidden-sm hidden-xs">
  <a href="game_board_list.php?game_code=<?=$row['game_code']?>">
  <?=$row['game_name']?></a></td>
  <td><a href="pds_board_view.php?num=
    <?=$row['num']?>"><?=$row['subject']?></a></td>
```

```
<td class="hidden-md hidden-sm hidden-xs"><?=$row['mb_id']?></td>
<td class="hidden-md hidden-sm hidden-xs"><?=$row['count_total']?></td>
<td class="hidden-md hidden-sm hidden-xs">
  <?=substr($row['upload_time'],2,8);?></td>
<td>
  <?if($row['file_name']){?><a href="#"><i class=
    "fa fa-download"></i></a><?}?>
</td>
</tr>
--하단 생략--
```

이 방법은 실제로 디자인된 시안을 코더(퍼블리셔)가 이미지를 HTML로 변환한 후 이를 개발자가 HTML 파일에 PHP 개발 코드를 추가하는 방법과 동일한 방법으로 진행된다.

이와 같이 기존에 작성된 UI 프레임워크를 가지고 제작된 게임세상의 모바일 사이트이다.

▲ PC 사이즈에서의 게임세상

▲ 모바일 사이즈의 게임세상

이처럼 UI 프레임워크의 경우는 아래와 같이 몇 가지 값들을 변경해주는 것만으로 UI 를 변경할 수 있다는 점이 일반적인 코딩에 개발을 추가하는 것과는 조금 다른 점이다.

| 기존 아이콘 | 변경된 아이콘 |

기존 소스코드

```
<th class="hidden-md hidden-sm hidden-xs"><i class="fa fa-fwfa-user
text-muted hidden-md hidden-sm hidden-xs"></i>작성자</th>
```

변경된 소스코드

```
<th class="hidden-md hidden-sm hidden-xs"><i class="fa fa-fwfa-calendar
text-muted hidden-md hidden-sm hidden-xs"></i>작성자</th>
```

사실 위에서 설명한 것 이외에도 UI 프레임워크의 사용법이 많기 때문에 제공되는 소스 코드를 보면서 이 프레임워크의 어떠한 코드가 어떠한 용도로 사용되는지에 대한 부분 은 별도의 개발 언어를 학습하는 것처럼 학습을 해줘야 한다. 이와 같은 점이 UI 프레임 워크를 사용하기 위한 단점이 되기도 한다.

지금까지 간단하지만 UI 프레임워크를 이용하여 모바일 홈페이지를 개발하는 방법에 대해 간단히 알아보았다. 다음 글에서는 게임세상을 운영해 오면서 느꼈던 홈페이지 운 영의 성공과 실패에 대한 몇 가지 생각들을 적어보려고 한다.

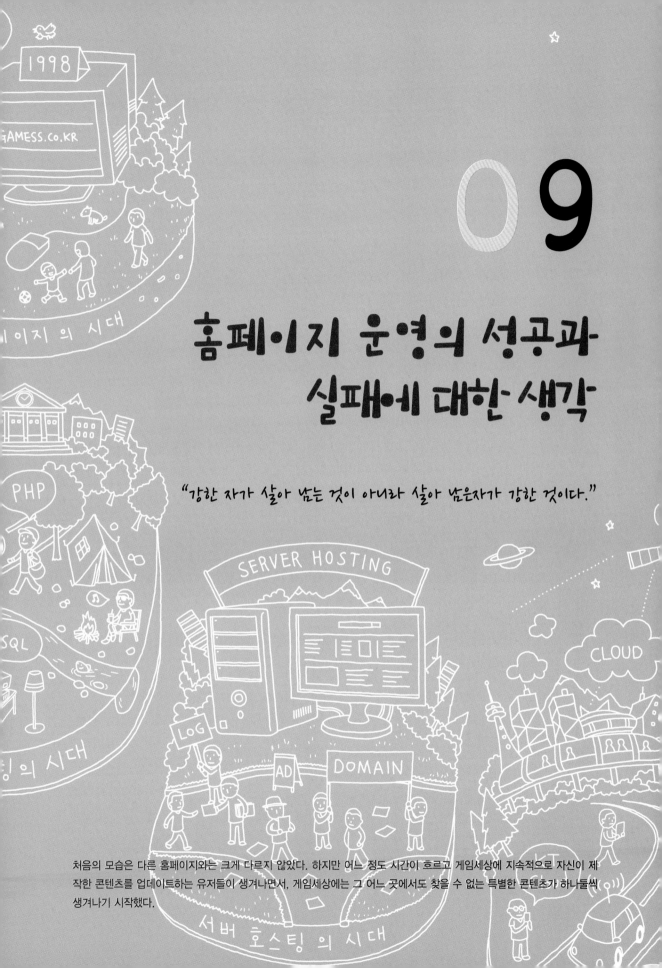

09

홈페이지 운영의 성공과
실패에 대한 생각

"강한 자가 살아 남는 것이 아니라 살아 남은자가 강한 것이다."

처음의 모습은 다른 홈페이지와는 크게 다르지 않았다. 하지만 어느 정도 시간이 흐르고 게임세상에 지속적으로 자신이 제작한 콘텐츠를 업데이트하는 유저들이 생겨나면서, 게임세상에는 그 어느 곳에서도 찾을 수 없는 특별한 콘텐츠가 하나둘씩 생겨나기 시작했다.

9-1 성공을 위한 홈페이지 운영의 핵심

사실 게임세상이 그렇게 성공적으로 홈페이지를 운영해 왔다고는 생각하지는 않지만 나름 인기있었을 때의 게임세상의 기억을 회상하며 어떻게 게임세상을 운영했는지에 대한 방법을 몇자 적어보도록 하겠다.

다른 곳에는 없는 콘텐츠를 생산하라.

게임세상이 처음 만들어졌을 때에만 해도 그리 특화된 콘텐츠를 제공하지는 못했다. 남들이 모두 제공하는 매뉴얼, 남들이 다 제공하는 에디터, 남들이 다 제공하는 패치 등의 콘텐츠를 운영하면서 처음의 모습은 다른 홈페이지와는 크게 다르지 않았다. 하지만 어느 정도 시간이 흐르고 게임세상에 지속적으로 자신이 제작한 콘텐츠를 업데이트하는 유저들이 생겨나면서, 게임세상에는 그 어느 곳에서도 찾을 수 없는 특별한 콘텐츠들이 하나둘씩 생겨나기 시작했다.

모방은 창조의 어머니라고 했던가? 게임세상의 유저들은 콘텐츠를 일방적으로 퍼오는 유저에서 이렇게 퍼와서 업로드 된 콘텐츠를 다시 재조합하는 유저로 그리고 유저들이 스스로 콘텐츠를 생산하는 모습으로 변화되어 갔다.

게임 매뉴얼 자료 역시, 단순히 퍼오던 수준에서 콘텐츠를 재조합하고 이를 다른 유저들과 공유하는 사용자들이 늘어나기 시작했다.

이렇게 스스로 생산된 콘텐츠는 그 어떤 곳에서도 찾을 수 없는 콘텐츠가 되었고 오랜 시간이 지나 이러한 콘텐츠는 게임세상에 유저들이 다시 찾아오게 만드는 아주 큰 힘이 되고 있다.

매뉴얼 : 매뉴얼 [미행2]		
작성자 gamess	2001.08.30 03:44	조회 89,900 👍 48
🔲 다운로드 1,676KB		다운로드 수 9,733
미행2 매뉴얼		

▲ 1만 가까운 다운로드 수를 보이는 미행2 매뉴얼

퍼온 10개의 자료보다 직접 작성된 1개의 자료가 더욱 더 가치가 있다.

홈페이지나 블로그를 운영하다 보면 자신의 블로그나 홈페이지에 맞춰 많은 콘텐츠를 퍼오는 유저들을 많이 보았다. 물론 이렇게 퍼온 자료를 잘 정리해서 보여주는 것도 중요하지만 이렇게 퍼온 콘텐츠의 경우는 직접 생산한 콘텐츠보다는 힘이 떨어지는 것은 사실이다.

콘텐츠를 직접 제작해보면 알겠지만, 한 개의 콘텐츠(포스트)를 작성하기 위해서는 글 자체를 작성하는 시간과 콘텐츠에 들어갈 사진을 찍는 시간 그리고 이러한 사진을 편집하는 시간 등을 따져보면 유저들이 1분 동안에 읽을 글을 작성기하기 위해서는 짧게는 몇 시간에서 길게는 며칠의 시간이 걸리고는 한다.

즉, 콘텐츠를 퍼오기 위해서는 10초라는 시간이 걸린다면, 콘텐츠를 직접 생산하기 위해서는 이러한 수고의 몇 십배에서 몇 천배의 시간과 노력이 들게 되고, 이러한 노력이 포함된 콘텐츠를 가지고 있는 홈페이지나 블로그는 퍼온 자료로 모아진 홈페이지보다 더 길고 오랜 동안 유저들에게 사랑을 받을 수 있게 된다.

만일 이러한 자료를 유저들이 올리지 않는다면 운영자인 여러분이 직접 그러한 콘텐츠를 생산해 주어야 한다. 그래서 홈페이지의 운영이 쉽지 않다는 것이다.

비용이 허락된다면 여러 필자를 모집하고 이를 통해 유저들에게 필요한 콘텐츠를 생산하는 것이 좋지만, 이 역시 많은 비용이 수반되기 때문에 쉽지 않은 선택이 될 것이다.

(게임세상의 운영자인 필자는 지금도 즐기는 게임에 대한 매뉴얼을 직접 작성해서 업로드 한다.)

많은 사람들이 콘텐츠를 생산하는 것을 어려워하는 것 중에 하나가 무엇을 쓸지를 몰라 한다는 것이다. 인터넷에 이런 정보도 있고 저런 정보도 다 있는데 내가 군이 써야 할까? 하지만 인터넷을 통해 찾아보면 실상 나에게 딱 맞는 콘텐츠는 생각보다 많지 않다.

글을 쓰는 일은 쉽지 않다. 더군다나 잘 쓰기는 더욱 더 어렵다. 하지만 글을 쓰거나 콘텐츠를 생산하는 일이라고 하는 것은 힘들지만 힘들기 때문에 가치가 있는 것이다.

콘텐츠를 생산하기 위한 첫 번째는 내가 알고 싶은 것이 무엇인지를 알아보라는 것이다. 필자의 블로그에서의 첫 번째 콘텐츠는 "웹 마스터의 정의"라는 글이었다 필자가 직장 생활을 하던 2000년도 초반만 해도 인터넷 붐이 일면서 웹마스터 관련 되는 글과 학원들이 쏟아져 나오던 시기였다. 필자 역시 직장에서 웹을 담당하고 있었으며 과연 웹마스터란 무슨 일을 하는 사람일까?라는 질문을 시작으로 콘텐츠를 작성하게 되었다.

이렇게 작성된 글을 시작으로 웹기획이란 무엇인가? 온라인 광고란 무엇인가? 등등 내가 알고 싶은 정보와 내가 알고 있던 정보들을 정리하면서 콘텐츠를 생산하게 되었다.

또한 필자의 경우 홈페이지를 개편하는 프로젝트를 진행한 적이 있었다. 홈페이지의 개편을 위해 웹 에이전시(홈페이지 제작을 대행해주는 업체)를 찾던 중 나름 국내에서 이름이 알려져 있다는 회사들을 찾아 제작 의뢰를 준비하고 있었다.

웹 에이전시를 통한 홈페이지 개편에 대한 준비중 왜 이 업체가 국내 TOP 에이전시인지에 대한 질문을 받게 되었다. 이 질문을 받은 후 곰곰히 고민해보니 이러한 웹 에이전시가 왜 TOP 에이전시인지에 대한 객관적인 지표를 찾을 수가 없었다.

그래? 그럼 내가 한번 왜 이 에이전시가 TOP 에이전시인지를 위한 객관적인 자료를 만들어보자라는 생각으로 콘텐츠를 제작하게 되었다. 이러한 자료는 연매출, 인력규모, 국내 웹 관련 수상 이력, 그리고 퇴직률 등의 객관적인 자료들을 조합하여 **국내 TOP 30 웹 에이전시 리스트**를 만들었고 이 자료는 추후 또다른 홈페이지 개편과 제작을 위한 웹 에이전시 선정을 위해 좋은 자료로 사용했던 것으로 기억한다. (이 글을 작성하는 데 이틀 정도의 시간이 소요되었던 것으로 기억한다.)

십수 년이 지난 지금 이렇게 작성된 글들은 이 책을 쓰는 데 정말 좋은 기초 자료가 되었다. 비단 이러한 블로그뿐만이 아니라 홈페이지에서 제공되는 콘텐츠 역시 마찬가지였다. 그 당시 필자는 **KOEI 사의 게임인 삼국지 시리즈**를 주로 즐겼고 게임을 쉽게 하기 위한 매뉴얼의 작성과 에디터 제작 후 게임세상을 통해 유저들에게 제공했었다.

이처럼 직접 생산된 콘텐츠는 장기적인 관점에서 홈페이지를 운영하는 데 큰 힘이 되며, 직접 콘텐츠를 생산하여 다른 유저들과 공유할 수 있는 공간을 만들어주는 것이 홈페이지를 발전시키는 데 있어서 정말 중요하다.

용의 꼬리가 되기보다는 뱀의 머리가 돼라.

마케팅을 배워본 사람이라면 레드오션이라는 말과 블루오션이라는 말의 뜻을 알 것이다. 레드오션이라는 말은 누구나 참여하고 있고 시장이 어느 정도 성장하여 더 이상 발전이 쉽지 않지만 해당 시장을 통해 안정적인 수익을 얻을 수 있는 시장의 영역을 레드오션이라고 하며, 블루오션이라는 것은 남들이 하지 않는 시장이지만 해당 시장에 진입하여 성공만 하면 크게 성공할 수 있는 시장을 뜻한다. 물론 수익은 레드오션에 비해 블루오션이 크지 않을 수도 있다.

레드오션과 블루오션을 비교하면 레드오션은 대기업, 블루오션은 벤처기업 정도가 되며 이를 동물과 비교하면 레드오션은 용, 그리고 블루오션은 뱀이 되는 것 같다.

소규모 홈페이지 운영 인력을 통해 레드오션(용)에 진입을 하는 일은 쉬운 일이 아니다. 게임세상의 입장에서 현 시점의 레드오션은 "인벤"이나 "루리웹"과 같은 게임 정보 커뮤니케이션이 될 것이다.

하지만 게임세상이 만들어지던 1998년도의 경우는 루리웹과 인벤과 같은 게임 커뮤니티 서비스가 존재하지 않았다. 대부분의 게임에 대한 정보는 하이텔, 나우누리, 천리안(1990년대 후반의 레드오션)과 같은 PC 통신 기반의 서비스가 대세였다.

만일 그때 당시의 레드오션에 진입을 하게 되었다면, 하이텔의 게임 동호회와 같은 하이텔 서비스 내 게임 정보 제공을 위한 동호회를 운영하는 것이었을 것이다. 하지만 게임세상의 경우는 PC 통신에 기반한 서비스가 아닌 **인터넷에 기반한 게임 관련 정보**를 제공했었다.

물론 지금은 이 영역이 레드오션이지만 그 당시의 시점에서는 인터넷 기반의 게임 정보 분야는 분명 블루오션 영역이었다. 이처럼 시장은 시대의 흐름에 따라 레드오션 영역이 되기도 하고 블루오션 영역이 되기도 한다.

필자가 이야기하고 싶은 것은 바로 작지만 나만의 영역을 스스로 만들어야 한다는 것이다. 남들이 모두 다 하고 있는 콘텐츠, 서비스를 제공하기보다는 나만이 만들 수 있는 콘텐츠와 서비스를 유저들에게 제공한다면, 분명 작지만 그 분야에서 만큼은 1등이 될 수 있다는 점이다.

즉, 용(레드오션)의 머리(1등)가 되기 위한 노력보다는 뱀(블루오션)의 머리(1등)가 되기 위한 노력이 게임세상과 같은 소수의 인원이 운영하는 홈페이지의 최선의 모습이 아닌가 생각한다.

게임세상 [상세정보] 인기 - **컴퓨터 게임** 매뉴얼, 에디터, 치트, 팁, 패치 자료실 제공.
인기도 ●●●●●○ http://www.gamess.co.kr ⓣ 협문서검색
게임 > 게임정보

▲ 2004년도 네이버 검색 내 "인기 아이콘"이 붙어 있는 게임세상

> **강한 자가 살아 남는 것이 아니라 살아 남은 자가 강한 것이다.**

회사의 운명도 직장인의 운명도 결국은 현재 그 존재 자체가 중요한 것이 아닌가 생각이 든다. 한창 잘나가던 시절의 다양한 서비스도 시간이 흐름에 따라 사용자의 감소와 수익률의 감소로 결국은 운영중지의 운명을 맞게 된다.

게임세상 역시 운영해 오는 16년간 많은 어려움이 존재했다. 웹 트래픽의 과다로 인한 웹 호스팅에서의 퇴출, 서버 호스팅으로의 이전으로 인해 과도한 비용의 발생으로 어려움에 처했던 일, 온라인 광고를 통해 비용 문제를 극복하고 자만에 빠져 사이트의 운영을 등한시한 후 다시 발생되는 비용 부담의 문제 그리고 여기저기 생겨나는 게임정보 제공 사이트들….

비용을 해결하기 위한 클라우드 서비스로의 이전, 그리고 투자금을 받기로 약속을 하고 받지 못했던 투자금, 16년간 홈페이지를 운영한다는 것은 참으로 고단한 일이었다. 하지만 게임세상은 이러한 고단한 일들을 이겨내고 지금까지 살아있다.

한 분야에서 1등이 되기 위해서는 정말 많은 노력이 필요하다. 하지만 이러한 노력 중 살아남기 위한 노력이 그 사람을 강하게 만드는 것이 아닌가 하는 생각이 든다. 우리는 직장을 다니면서도 정말 수많은 어려움에 처해지게 된다. 사람과의 관계에서 오는 어려움, 하고 있는 일에 대한 회의 등이 있듯이 게임세상 역시 내가 이 사이트 운영을 왜 하는걸까? 과연 이렇게 운영되고 있는게 맞는 걸까? 사용자들은 정말 내 홈페이지를 필요로 하는 걸까? 등과 매달 보는 서버의 운영비 청구서, 매월 수십만원의 적자, 바쁘게 돌아가는 회사 업무로 게임세상을 제대로 관리하지 못하는 문제점들과 부족한 나의 기술력 등 정말 수많은 고비가 많았다.

혹자는 강한 자가 살아남는다고 이야기한다. 하지만 필자는 강한 자가 살아남는 것이 아니고 이러한 수많은 역경을 이겨내고 현재까지 살아남는 자가 강한 자라고 생각한다.

또한 이렇게 살아남기 위해 중요한 것이 꾸준함이다. 하루에 한 시간씩 그 일을 몇일 동안 하는 것은 쉬울지 모르지만 이러한 기간이 한달이 되고 일년이 되고 십년이 된다면 이는 꾸준함이 있지 않고서는 불가능한 일이다.

홈페이지를 운영하는 데 유저가 조금 줄어들었다고, 비용이 조금 들어간다고 내가 하고 싶은 일을 포기하지 않았으면 한다. 내가 좋아하는 일, 내가 하고 싶은 일은 꾸준히 한다면, 언젠가는 이 꾸준함을 알아주는 사람이 독자 여러분의 홈페이지를 방문해 줄 것이고 이러한 꾸준함이 결국은 여러분의 홈페이지를 튼튼하게 만들어 줄 것이라고 믿는다.

내가 방문하지 않으면 사용자도 방문하지 않는다.

국내에서도 인기있는 L 게임을 서비스하고 있는 R사의 경우 기업의 슬로건이 바로 "Player Focus(플레이어 중심)"이다. 즉, 플레이어의 입장에서 게임을 만들고 서비스하 겠다는 의지를 가지고 기업을 운영한다는 의미라고 볼 수 있다.

홈페이지의 운영도 이와 다르지 않다. 만일 운영자인 자신이 유저보다 홈페이지를 적게 방문한다면? 그리고 홈페이지를 방문하는 유저보다 홈페이지에 대한 애정이 없으면서 많은 방문자가 홈페이지를 방문해주기를 바라는 건 너무나 큰 욕심이 아닐까?

홈페이지의 운영자는 홈페이지를 방문하는 방문자보다 자신의 홈페이지를 더욱더 사랑 해야 하며 이러한 애정과 사랑은 결국 홈페이지를 발전시키게 되는 계기가 된다.

필자는 매일 아침 게임세상 홈페이지를 방문하여 로그인을 하는 것을 하나의 일과처럼 생활하고 있다. 개인이 운영하는 홈페이지의 경우 홈페이지의 운영과 관리를 위해 자동 화된 툴을 준비하기가 어렵고 실시간 모니터링도 쉽지가 않다. 이러한 툴을 설치하는 데는 많은 비용도 들지만 그만큼의 기술력이 있지 않으면 불가능하기 때문이다. (필자 는 이러한 기술력이 없다 ㅜㅜ)

이가 없으면 잇몸으로라도 씹으라고 하지 않는가? 모니터링 툴이 없다면 운영자가 직 접 홈페이지에 문제가 없는지를 확인하면 될 것이다. 최소 하루에 한 번은 본인이 운영 하는 홈페이지를 방문하고 유저들이 어떠한 자료를 업데이트 하나 살펴보고, 홈페이지 가 느리지는 않은지, 혹시 잘못된 오류가 있지는 않은지, 이 모든 것은 바로 홈페이지 운영자의 애정에 달린 것이다.

사랑을 받으려면 먼저 사랑하라는 말도 있지 않은가?

매일 한 번의 로그인과 최소 일주일에 한 번 이상은 자신의 홈페이지에 자신이 직접 생산한 콘텐츠를 업데이트하라. 그래야 사용자의 관점에서 불편한 점과 오류 등을 쉽게 찾을 수 있을 것이다.

내 홈페이지의 최대 충성 유저는 바로 나여야만 내가 운영하는 홈페이지가 성공할 수가 있다고 생각한다.

내 홈페이지의 현재 모습을 항상 관찰하고 분석하라.

홈페이지를 운영하는 데 또 하나의 중요한 점은 바로 현재 내 모습과 나의 위치를 정확히 알고 있어야 한다는 점이다. 방문자가 전 월에 비해서 줄어들지는 않았는지, 이탈이 가장 많은 페이지는 어떠한 페이지인지, 어떠한 경로를 통해 홈페이지 유저들이 방문하고 있는지, 이처럼 내 홈페이지의 모습을 꾸준히 관찰하는 일은 무엇보다도 중요한 일이다. 이러한 관찰은 앞서 설명한 로그 분석을 통해 대부분 해결이 가능하다.

이러한 내 홈페이지의 현재 모습의 관찰은 현재의 내 모습에 대한 것보다 미래의 내 홈페이지의 모습도 알 수 있는 중요한 척도가 되기 때문이다.

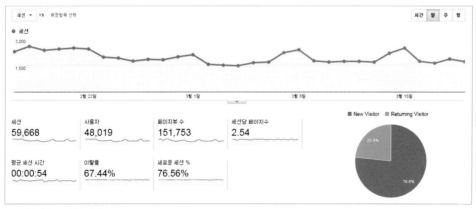

▲ 게임세상의 로그 분석 화면

한 번의 큰 변화보다는 여러 번의 작은 변화가 중요하다.

필자가 생각하는 홈페이지 운영에서의 중요한 점은 바로 항상 변화하도록 노력하라는 점이다. 앞서도 항상 이야기했지만 홈페이지 운영에 있어서 제일 중요한 점은 끊임없이 변화해야 한다는 것이다. 이러한 변화가 홈페이지의 대대적인 개편을 뜻하는 것이 아니다.

아이콘 이미지 하나, 사용자들이 클릭하는 버튼 하나의 위치, 버튼의 색깔, 작지만 하나씩 하나씩 홈페이지를 꾸준히 관리해주고 변화를 해주어야만 살아있는 홈페이지가 된다는 이야기이다.

수천 만원의 비용을 들여 홈페이지를 멋지게 개편하고 나서 전혀 변화되지 않는 홈페이지의 경우 단기간에 유저들을 끌어들일 수는 있겠지만, 시간이 흐르다 보면 이러한 홈페이지를 한 번 방문하고 다시는 방문하지 않는 홈페이지가 되는 반면, 항상 유저들의 목소리를 듣고 유저들이 필요한 콘텐츠와 서비스를 조금씩 바꿔가는 홈페이지를 유저들은 더욱 더 자주 방문하게 될 것이다.

쌍방향 커뮤니케이션을 할 수 있는 공간을 만들어라.

게임세상의 기본 구조는 사용자들이 자료를 업로드하고 이를 관리자가 승인해주는 시스템이다. 이는 관리자의 꾸준한 노력이 매우 중요하다. 하지만 사용자들이 늘어날수록 관리자가 모든 콘텐츠를 상세하게 관리하기에는 한계가 존재한다.

이러한 관리에 대한 기능을 유저들과 함께 하는 기능이 바로 **신고 기능**과 **댓글 기능**이다.

지금이야 대부분의 서비스들이 댓글뿐만이 아니라 "좋아요" 등 상호간의 커뮤니케이션을 하는 많은 기능들을 도입하고 있지만 일부 서비스들의 경우 이러한 콘텐츠에 대한 상호 커뮤니케이션을 할 수 있는 기능들을 제공하지 않는 경우도 많이 있다.

운영을 위해서도 필요하지만, 이러한 유저들간의 쌍방향 커뮤니케이션을 위한 기능은 기존의 콘텐츠를 더욱더 가치있게 하고 또한 새로운 콘텐츠를 생산하기 위한 초석이 되기 때문에 반드시 이러한 기능이 추가되어야 한다.

이러한 유저들간의 쌍방향 커뮤니케이션을 측정하는 기본 수치로는 **글 작성수**이지만 더욱 중요한 수치는 바로 글당 게시되는 **댓글의 수**이다.

이러한 수치의 분석을 통해 내 홈페이지가 얼마나 상호간에 커뮤니케이션을 하고 있는지에 대해 알 수 있을 것이다. (사실 게임세상에서 제일 못한 것 중에 하나이기도 하다. ㅜㅜ)

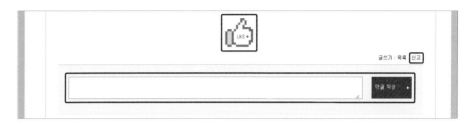

My 공간을 만들어라.

게임세상의 경우 "My"라는 각각의 유저들에게 맞춘 나만의 메뉴를 제공하고 있는데 이 My라는 메뉴에서는 내가 지금까지 획득한 GM이 얼마나 되는지, 일주일 동안 얼마를 획득했는지, 내가 업로드 한 자료를 얼마나 많은 유저들이 봤는지, 다운로드 받았는지 등 나만의 공간에서 나의 활동 수치를 나타내 줄 수 있는 공간을 제공해주고 있다.

이와 같은 나만의 공간을 통해 사용자는 내가 이 홈페이지에 얼마나 기여를 하고 있는지에 대한 정보를 알 수 있고 궁극적으로는 사용자의 홈페이지에 대한 로열티를 강화할 수 있는 수단이 되기도 한다.

사용자들에게 특화된 "나만의 공간"은 결국 충성도 높은 홈페이지 회원을 만들 수 있는 중요한 기능이 될 것이다.

9-2 홈페이지를 망하게 하는 잘못된 운영

필자가 이야기하고 있는 게임세상 역시 한동안 잘 운영을 하다. 필자의 오만과 무관심으로 사이트는 어느덧 쇠락의 길을 걷고 있다. ㅜㅜ

겸손하지 않으면 망한다.

필자의 게임세상이 방문자가 줄어든 가장 큰 이유는 바로 겸손하지 않아서이다. 이 정도 방문자면 뭐 사용자들이 알아서 자료도 잘 업데이트 해 줄꺼야, 사용자들이 알아서 잘 운영해 주겠지, 돈도 어느정도 벌리는데….

직장 생활도 마찬가지지만 겸손하지 않은 사람은 다른 사람에게 인정을 받기가 쉽지 않다. 누가! 잘난척 하는 사람을 좋아하겠는가? 하지만 일도 잘하고 겸손한 사람은 다른 사람을 끄는 힘이 있다.

홈페이지 운영 역시 겸손한 마음을 가지고 내 홈페이지 방문자에게 감사해야 한다. 홈페이지라고 하는 것은 몇 글자로 작성된 글들이 모여 발전되는 것이고 유저들에게 감사하는 마음을 가질 때 비로소 홈페이지를 방문하는 방문자 역시 해당 홈페이지에 감사하는 마음을 가지게 될 것이다.

필자가 예전에 어느 선술집에 갔을 때의 이야기이다. 어느 날 옆 테이블의 손님이 그 식당에서 조금 특이한 메뉴인 도미 머리찜을 시켰다. 어느덧 시간이 지나 도미 머리찜이 나오게 되었고 이 메뉴에 대해 손님은 도미의 머리에 살이 너무 적은 것 같다는 불만을 표시했다.

주인은 원래 도미 머리찜은 그런 것이다, 그런 것도 모르고 시켰느냐? 주방장을 불러와 원래 도미찜은 이러한 것이라며 손님을 설득하는 모습을 보았다. 필자는 도미 머리찜을 먹어본 적이 없기에 옆 테이블에서 그냥 손님과 주인이 다투는 모습을 지켜보고만 있었다.

주인과 다투던 손님은 자리를 박차고 나가버렸다. 늘 있던 손님과 주인과의 다툼이라는 생각을 하며 이러한 모습을 지켜봤다.

손님이 자리를 떠나고,

　　"3만원짜리 안주를 먹으면서 무슨 불만이 많냐?"

라는 주인의 혼잣말을 들었을 때의 생각은 이 선술집은 비싼 안주를 먹는 손님만을 찾는구나, 작은 손님은 무시하는구나, 라는 생각과 함께 이 가게는 길게 가지 못할 것 같다는 생각이 들었다. 6개월이 지났을 즈음 그 가게 근처를 지나다 보니 그 술집은 어느덧 다른 선술집으로 바뀌어 있었다.

이 가게의 경우 필자가 알기로는 초기에는 어느 정도의 입맛으로 나름 장사가 잘 되었던 것으로 기억한다. 하지만 이 가게의 주인은 작은 손님 한분 한분을 소중히 생각하고 않고 겸손하지 않았기 때문에 오랜 기간 좋은 가게로 남아있지 못한 것이 아닌가 생각한다.

겸손하라는 의미는 늘 홈페이지를 방문해주는 사용자에게 감사하는 마음을 가지라는 이야기이다. 홈페이지 방문자 100명이 적다고 생각하는가? 필자는 그렇게 생각하지 않는다. 물론 엄청나게 뛰어난 서비스는 한번에 유저들을 끌어모으겠지만, 필자의 경우 누구나 좋아할 만한 완벽한 서비스를 만들 천재성도 없으며 또한 그러한 서비스를 개발할 능력도 없다.

그렇다면 내가 할 수 있는 일은 한 사람, 한 사람이 올려주는 콘텐츠에 감사하고 그 사용자들과 소통하고 고마워하다 보면 100명이던 방문자는 어느덧 1000명이되고 또 1만명이 될 것이라고 생각한다.

처음부터 모든 것을 잘할 수는 없다. 한분 한분 찾아주는 방문자에게 매번 최선을 다하다 보면 독자 여러분도 분명 200만 회원을 가진 홈페이지의 주인장이 되어 있을 것이다.

하지만 방문이 적은 방문자라고, 자료만 퍼가는 방문자라고, 나에게 비용을 쓰지 않는 방문자라고 무시했다가는 언젠가는 하루 방문 1만명의 홈페이지가 어느 날 0명이 되는 쓴 맛을 보게 될지도 모를 일이다.

시대의 흐름에 역행하지 말아라.

시대의 흐름을 잘 읽는 것은 일반적인 사업에서뿐만이 아니라 홈페이지 운영에도 그대로 적용되는 이야기이다.

게임세상의 첫번째 실수는 바로 2000년도 초반 온라인 게임이 대두되던 시기에 온라인 게임에 맞는 콘텐츠와 서비스를 제공하지 않고 오로지 PC게임에만 치우쳐 온라인 게임 관련 콘텐츠를 제공하지 못한 것이 가장 큰 실패의 이유이고, 두번째의 큰 실수는 모바일 게임 시대에 맞춰 모바일 게임에 맞는 서비스를 제공하지 못해서이기 때문이라고 생각된다.

이러한 사례는 비단 게임세상뿐만이 아니라 다양한 마케팅 사례에서도 확인이 가능하다. 디지털 카메라 시대가 다가옴에도 불구하고 필름 서비스만을 고집하다 몰락한 KODAK에서부터 CRT 모니터에서 LED 모니터로의 시대가 다가옴에도 불구하고 CRT 시장에 집중하다 세계 1위의 TV 시장을 삼성에게 빼앗긴 소니 등 시대의 흐름을 잘 읽지 못하고 서비스의 전환을 하지 않은 사례는 수없이 많다.

방문자수가 많은 홈페이지나 방문자수가 적은 홈페이지나 모두 시대의 흐름에 맞춰 지속적으로 유저들이 원하는 서비스를 제공해 주어야 한다.

우리는 대기업처럼 매우 앞서 시대의 흐름을 읽기에는 어려움이 있다. 하지만 분명한 건 홈페이지를 운영하면서 사용자들의 목소리에 귀를 기울인다면 이러한 시대의 흐름을 분명히 읽을 수 있다.

시대의 흐름을 역행하는 모습을 다르게 이야기하면 "고객의 소리에 귀를 기울이지 않는 모습"이다.

작은 오류를 무시하는 운영은 망하는 지름길

개발을 진행하면서 오류의 중요도에 따라 "Blocker/Critical/Major/Minor/Trivial"이라는 용어로 오류를 정의한다.

Blocker는 서비스를 지속하지 못할 중대한 오류고, Critical은 서비스 이용이 불가능한 심각한 오류, Major는 서비스를 이용하는 데는 문제가 없지만 중요한 오류, Minor는 서비스를 이용하는 데는 문제가 없지만 작은 오류, Trivial은 오탈자와 같은 작은 오류를 뜻한다.

당연히 서비스를 영위를 하려면 Blocker와 Critical, Major한 오류는 반드시 고쳐야 하는 오류다. 하지만 많은 운영자들이 Minor한 오류와 Trivial한 오류에 대해서는 무시하는 경향이 있다.

서비스에 큰 영향은 없지만 이러한 작은 오류들을 무시한다면 나중에는 중요한 오류를 무시하게 된다. 결국 사소한 오류는 홈페이지의 서비스를 지속할 수 없는 심각한 오류로 발전되며 이는 홈페이지를 망치는 주범이 된다.

게임세상 역시 작은 오류, 어떻게 보면 큰 오류라고 할 수 있는 오류를 방치하다가 쓴 맛을 본 적이 있다. 이 오류는 일부 사용자가 다른 업로드한 사용자의 다운로드 시 해당 자료를 업로드 한 사용자에게 GM이 정상적으로 제공되지 않던 오류였다. (이 오류는 발생된 지 몇 주가 지나서야 방문자의 문의로 겨우 확인하였고 수정되었다 ㅜㅜ)

사실 이러한 오류의 경우 몇번의 테스트만으로 쉽게 찾아낼 수 있는 오류였으나 작은 오류를 무시한 결과, 사용자들의 충성도에 매우 좋지 않은 인상을 주었을 것이라고 생각된다.

하지만 이러한 오류를 무시하고 지속적으로 오류가 쌓인다면? 이는 당연히 홈페이지를 방문하는 사용자를 떠나게 하는 매우 중요한 요소가 될 것이다.

이러한 작은 오류를 방치한다면 결국은 아무도 방문하지 않는 홈페이지 될 것이기 때문이다.

작은 오류, 오탈자 하나도 발생하지 않도록 꾸준히 관리하고 운영을 하는 것이 홈페이지를 지속적으로 발전시킬 수 있는 초석이 될 것이다.